여성과 법

이 상 욱

法 文 社

머 리 말

2001년 「여성과 법」이 처음 출간되었지만, 그동안 4차례의 개정판을 낼 때마다 부분적으로만 개정작업을 단행할 수밖에 없어서 내용의 미비함과 부족함이 늘 부담스러웠는데, 법학전문대학원 체제로 전환되면서 종래 강의 방식을 벗어나 새로운 패턴의 강의 준비에 신경을 쓰다 보니 그 모든 짐을 잠시 잊고 있었다.

이제 법학전문대학원이 출범한 지도 어느 정도 시간이 경과하고 보니 주위를 돌아볼 여유가 생기게 되었는데, 제일 먼저 생각나는 것이 그 사이에 절판되어 방치되고 있던 「여성과 법」을 다시 준비하여야 된다는 숙제였다.

마침 이번에 출판사를 법문사로 옮기게 되면서 전면적으로 다시 새롭게 준비하는 마음으로 원고 작성에 착수하였는데, 막상 작업을 시작하니 그렇게 쉽지만은 않았다. 몇 차례의 시행착오를 거치면서 개강에 맞추어 급하게 마무리하고 보니 처음 시작할 때의 패기와 욕심은 저만치 달아나고 여전히 미진한 부분만 눈에 들어왔다. 특히 「가정폭력」과 「아동학대」에 관한 내용은 다음 기회에는 꼭 보완하여야 할 과제로 남게 되었다. 이 모든 것은 필자의 부족한 능력 때문이지만, 일단 출간하고 앞으로 계속해서 보충하겠다고 스스로 위로하며 원고를 출판사에 넘기게 되었다.

새롭게 머리말을 준비하면서 2001년 처음 여성과 법을 출간할 때의 초심이 떠올라 당시의 머리말 일부를 그대로 인용하기로 한다. 더구나 여성의 법적 지위를 놓고 볼 때, 우리 사회의 현실은 15년 전의 상황과 크게 달라진 것은 없어 보이고, 여전히 남녀평등 문제는 사회 전반에서 뜨거운 화두가 되고 있기 때문이다.

『굳이 남성과 여성을 구별하여 남성이 알아야 할 법과 여성이 알아두어야 할 법의 구분이 따로 있는 것은 결코 아니다. 오히려 이러한 구분 자체가 웃음거리가 될 수도 있다. 그러나 남녀평등이란 관점에서 우리 사회의 현실을 직시한다면, 제도적으로나 의식적인 면에서 결코 가볍게 넘어갈 문제는 아니다. 1999년 유엔 개발계획의 「인간개발보고서」에 의하면 한국여성의 국제적 지위는 인간개발측면에서는 174개국 중에서 30위를 차지하고 있으나, 정치-경제적 의사 결정 참여정도를 나타내는 여성권한척도(GEM: Gender Empowerment Measure)에서는 174개국 중에서 78위에 위치하고 있는 것이다. 더구나 아직 우리 사회에는 「여자가 …」라는 의식이 여전히 지배하고 있는 실정이다.

이러한 현실을 직시하여 본교의 교양과목으로서 개설된 과목이 「여성과 법」이라는 강좌이다. 적어도 여성이라는 이유 때문에 받게 되는 불이익은 어떠한 것이라도 있어서는 안 되겠다는 기본적인 인식 하에, 여성 모두가 특히 법적 지식으로 무장하여 그러한 문제를 스스로 해결할 수 있는 능력을 갖도록 도움을 주는 데 본 강좌를 개설한 목적이 있다.

이제 더 이상 결혼은 여성의 모든 능력과 가능성을 묻어버리는 무덤이 될 수 없다. 이제는 아내의 일방적인 희생만을 강요하는 사회가 아니다. 왜 결혼을 하느냐는 물음에, 「Because I really conceived that I could be a better person with him.」 이라고 자신 있게 답할 수 있어야 한다.

여성의 사회진출 기회가 증폭될수록 그와 비례하여 법은 더욱 중요한 기능을 하게 된다. 적어도 자신에게 어떠한 권리가 부여되고 있는지는 알고 살아야 한다. 또한 특별한 사회활동을 하지 않더라도 우리가 살아가면서 부딪히는 가족관계나 재산관계에 관한 분쟁을 해결하기 위한 법적 지식은 남녀구별을 떠나서 우리가 슬기롭게 살아가는 데 큰 도움이 될 수 있다. (중략)

이 책은 이러한 취지에서, 「여성과 법」이라는 강좌의 기본교재로서 준비하게 된 것이다. 따라서 법학을 전공하지 않는 학생을 대상으로, 한 학기 강의 분량을 염두에 두고 집필하다 보니 쉽고 간략하게 되어야 한다는 압박감에 부분적으로 어색한 내용도 없지 않다. 그러나 주저하지 않고 과감하게 본서의 출간을 서두르게 된 것은 본 강좌의 개설을 앞장서서 주도하고서는 적절한 교재를 개발하지 못하여 학생들에게 불편을 주고 있다는 책임감과 비록 내용이 부실한 면이 있더라도 앞으로 보완하면 될 것이라는 안일한 생각에서이다.

이 책을 준비하면서 특히 중점을 두고 감안한 내용은 다음과 같다.

그 첫째는 법학을 전공하지 않은 학생을 대상으로 한다는 점이다. 학생들이 대학에서 교양과목으로서 수강한다는 점을 감안하여 법학에 대한 아무런 기본 지식이 없더라도 이해하는 데 별 어려움이 없도록 가능한 한 쉽게 설명하려고 노력하였다. 때문에 통설적 입장만을 소개하고 번잡한 법리구성이나 학설에 관한 소개는 피하였다.

둘째, 「여성과 법」이라는 강좌의 성격상 특히 여학생을 염두에 두고 그 내용을 기술하였다는 점이다. 물론 여학생만이 알아야 할 법이고, 남학생은 알 필요가 없거나 알아서 안될 내용은 없지만, 특히 여성으로서 알아두어야 할 법적 지식을 소개하는 데 역점을 두었다는 것이다. 물론 본 강좌의 수강 대상이 여학생에 한정되는 것은 결코 아니다.

셋째, 법학을 전공하지 않은 학생들을 감안하다 보니 법리나 학설 소개보다도 판례를 풍부하게 소개하는 데 역점을 두었다. 실제 발생한 분쟁의 해결방안으로서 제시되는 판례야말로 살아있는 법으로서의 기능을 하기 때문이다. 따라서 각 항목마다 관련된 판례를 가능한 한 많이 소개하고 있다.』

이제 그동안 이 책이 출간되기까지 도움을 받은 분들에게 감사의 뜻을 표시하고자 한다. 먼저 성낙현 교수님은 성범죄와 관련된 형법 자료를 보충해주시고 여러 가지 조언을 해주셨다. 이 자리를 빌려 감사를 드린다. 또한 대학원에 재학 중인 김민정 양은 도서관의 자료 찾기와 복사 등 번잡하고 성가신 일들을 도맡아 해주었다. 덕분에 원고를 준비하는 데 많은 도움이 되었기에 고맙다는 인사를 전한다. 또한 출판계의 어려운 사정에도 불구하고 출간을 적극적으로 추진해 주신 법문사 영업부정해찬 선생님과 필자의 게으름 때문에 몇 차례 지연된 원고를 끈기 있게 기다려준 유진걸 선생님을 비롯하여, 원고의 효과를 극대화할 수 있도록 편집하고 표지까지 화사하게 꾸며주신 편집부 김제원 부장님께도 깊은 감사를 드린다.

"學法者智, 用法者興, 守法者安"이라고 하였다.

소잡한 내용이나마 법학을 전공하지 않은 학생이라도 이 책을 통하여 여성의 권리의식이 고취될 수 있고, 자기개발에 도움이 되며, 스스로 권익을 보호할 수 있는 법적 지식을 보완할 수 있는 계기를 마련하는 데 일익을 담당할 수 있다면 그보다 더 큰 기쁨은 없을 것이다. 그리고 무엇보다도 미진한 부분은 계속해서 보완할 것을 약속드린다.

2016년 3월

이 상 욱

차 례

서 장

제1절 왜 법을 알아야 하는가
제2절 왜 여성인가?

서 장

제1절 왜 법을 알아야 하는가?

Ⅰ. 20원 사건

〔1〕 사실관계

서울에서 코로나 택시를 운행하고 있던 택시기사 K는 1968년 4월 28일 서울의 원효로에서 김포공항까지 가는 승객 M을 태우게 되었다. 당시 원효로에서 김포공항까지는 상당한 시간이 요구되는 꽤 먼 거리여서 택시기사 K와 승객 M 두 사람은 택시 안에서 이런 저런 얘기를 나누게 되었고, 승객 M은 중소기업을 경영하는 사장으로서 외국에서 온 바이어를 마중 나가기 위해서 공항으로 간다는 사실도 알게 되었다.

공항에 도착하니 요금을 산정한 미터기에는 460원의 금액이 표시되어 있었는데, 택시기사 K는 공항에 오는 도중 자신이 지불한 유료도로 통행료 20원을 포함하여 480원을 요구하였다. 이에 승객 M은 당시 통용되던 500원권 지폐로 지불하였으므로 택시기사 K는 잔돈 20원을 준비하여 뒷좌석에 앉아 있는 승객 M에게 전해주려는데, 승객 M이 잔돈은 수고비로 그냥 가지라는 말을 남기며 바쁘게 택시에서 내려 공항 청사로 들어가 버렸다.

택시기사 K는 기분 좋게 차를 출발시키려는데 공항경찰이 다가와서는 차를 세우고 면허증을 제시할 것을 요구하였다. 이유인즉, 방금 택시를 내린 승객으로부터 600원에 해당하는 부당요금을 징수하였다는 것이다. 택시기사 K는 요금은 480원이 나왔고 승객으로부터 500원을 받았지만 초과금액 20원은 수고비로 받은 것이라고 누누이 설명하고 항의하였지만 경찰의 태도는 완강하였다. 급기야 택시기사 K는 차를 주차하고 1시간 정도 공항을 누비며 조금 전에 내린 승객 M을 찾아 지초지종을 설명하고 양해를 구한 뒤 경찰에게 데리고 와서 자신은 초과요금을 준 적이 없다는 사실을 이야기하도록 하였지만, 공항경찰은 막무가내로 자신의 두 눈으로 확인하였다는 점을 고집하며 결국 딱지를 떼고 말았다.

택시기사 K는 너무나 억울하여 즉결재판을 청구하였는데, 당시의 승객 M을 증인으로 출석시키지 못한 때문에 1968년 5월 8일자로 벌금 5,000원에 운전면허정지 8일이 확정되었다.

택시기사 K는 다시 정식재판을 청구하기로 하였으나 재판이 진행되는 중에도 택시는 운행되어야 생활이 될 터이므로 고민을 하고 있던 터에, 주위에서 재판계류증명서라는 것을 발급받으면 운전면허정지처분의 효력이 잠정적으로 정지될 수 있으므로 택시 영업에 아무런 지장이 없을 것이라는 조언을 해주어 이를 발급받기로 하였다. 그런데 이 서류가 골치 아프게 되었다. 관할 경찰서로 관련 서류를 제출했더니 서울시에 제출하라고 하여 다시 서울시로 갔더니, 서울시에서는 그 서류는 관할 경찰서에 제출하는 것이라고 하는 등 서로 미루는 바람에, 택시기사 K는 지친 나머지 자신의 택시가 소속된 X 운수회사 사무실의 직원 P에게 관련 서류를 맡기면서 후속처리를 부탁하고는 택시를 그대로 계속 운행하였다. 그런데 X 운수회사의 직원 P가 재판계류증명서 등 관련 서류를 관할 관청에 제출하여 그 효력을 정지시키기도 전에, 다른 사소한 사건으로 문제가 되어 경찰에서 택시기사 K가 운행하는 차량을 조회하는 과정에서 운전면허정지 중인 택시가 불법적으로 운행되고 있다는 사실이 밝혀지는 불상사가 발생하였다. 그 결과는 매우 가혹하였다. 운행정지처분을 받은 택시로 계속 영업활동을 하였다는 이유로 가중 처벌되어 28일간의 운행정지라는 행정처분을 받게 되었던 것이다.

이로써 그 차량으로 택시 영업은 하지 못하게 되었지만, 생활비랑 소송비용 등의 경비를 충당하자니 다른 방안이 없어 할 수 없이 택시기사 K는 90만 원에 구입했던 그 택시를 25만 원의 헐값에 팔지 않을 수 없었다.

그 후 1969년 12월 26일 서울지방법원은 승객 M의 증언에 비중을 두어 택시기사 K의 무죄를 선고하는 승소판결을 내렸다. 그런데 그로부터 5일 후 검찰이 이 판결(서울지방법원이 K의 무죄를 선고한 판결)에 불복하는 항소를 제기하였다. 택시기사가 승객에게 거스름돈을 내주지 않은 것은 묵시적인 운전자의 요구라는 점이 항소이유였다.

1970년 12월 3일 선고된 항소심의 2심판결 역시 택시기사 K의 승소로서 검찰의 항소를 기각한다는 내용이었다. 그런데 검찰이 다시 대법원에 상고를 한 것이다. 택시요금으로 500원권 1매와 100원권 1매를 받은 사실을 목격하였다는 경찰의 증언은 무시당하고 일방적으로 택시기사 측의 증언만 채택되었다는 것이 상고이유였다.

1971년 2월 23일 대법원은 검찰의 상고를 기각한다는 판결을 내렸다. 이제야 택시기사 K가 무죄라는 법원의 최종확인을 받게 된 것이다.

돌이켜 보면 1968년 4월 28일 공항에서 맨 처음 문제가 발생했던 날로부터 3년의 세월이 흘러 버렸다. 그 사이에 K는 유일한 생계수단이었던 택시를 헐값에 팔아야 되었던 경제적인 손실은 차치하고라도 정신적인 고통 등, 단지 무죄라는 판결을 받기 위하여 택시기사 K가 치른 대가는 너무나 가혹한 것이 아닐까?

〔2〕 재판의 속성

위 내용은 당시 실제로 있었던 사건을 근간으로 하여 구체적인 사안을 재구성한 것으로서, 그로부터 상당한 시간이 경과된 지금은 상황이 많이 개선되었거나 달라져 있을 것이라고 생각할 수 있겠지만, 적어도 재판을 하게 되면 꽤 오랜 기간이 소요된다는 점은 여전히 변함없다고 할 수 있다. 이를테면 2014년도에 선고된 대법원의 판결이 있다면, 그 원심법원인 고등법원에서의 판결은 2011년 내지 2012년도에 선고된 것이 대부분이고, 더구나 1심법원에서의 판결은 2007년도에 내려진 것도 상당수 존재하는 것이 현실이다. 이처럼 재판은 시간적으로 장기간의 과정이 요구되는 것으로서, 결코 단거리 경주가 아니라 장거리 마라톤에 비유할 수 있을 것이다.

왜냐하면 재판(민사소송)이란 상대방과의 분쟁을 해결하기 위하여 국가가 마련한 제도로서, 법률이 정한 일정한 절차를 반드시 거쳐야 하도록 되어 있기 때문이다. 즉, 「모든 국민은 신속한 재판을 받을 권리를 가진다(헌법 제27조 제3항)」고 하여 헌법상 신속한 재판을 받을 권리가 보장되고, 「법원은 소송절차가 공정하고 신속하며 경제적으로 진행되도록 노력하여야 한다(민사소송법 제1조)」고 하여 민사소송법은 민사소송(재판)의 이상을 규정하고 있지만, 제도적으로 3심제도가 보장되고 있으므로 재판은 장기전이 될 수밖에 없는 것이다.

사실 헌법상 재판의 심급제에 관한 명문 규정은 존재하지 않지만, 「법원은 최고법원인 대법원과 각급 법원으로 조직된다(헌법 제101조 제2항)」는 헌법 규정은 간접적으로 법원의 심급제를 예상하고 있으며, 법원조직법에서 재판의 공정을 기하기 위하여 3심제를 채택하고 있다.

즉 민사재판 · 형사재판 · 행정재판 및 군사재판은 3심제를 원칙으로 하고 있는 것이다. 따라서 1심법원에서 내가 승소하는 판결을 받았다고 하더라도 상대방이 그 판결내용에 승복하지 않고 불복하여 2심법원에 항소를 한다면 본의 아니게 다시 재판에 응하지 않을 수 없게 되고, 상대방이 2심법원의 판결 내용에도 불복하고 다시 대법원에 상고한다면 어쩔 수 없이 그 재판에 응하지 않을 수 없게 되는 것이다.

이처럼 재판은 일단 시작된다면 넉넉한 마음으로 장기전에 임하는 자세를 견지할 것이지 결코 단시간 내에 승부를 결정내려는 조급한 마음으로 서두를 것은 아니다. 더구나 판사 1인당 수임사건의 숫자가 결코 만만하지 않은 현실을 감안한다면, 위에서 언급한 내용대로 재판을 시작하고 종국 판결을 받아 확정될 때까지는 적어도 3년 내지 4년이란 세월은 기본적으로 요구되는 기간이라고 하지 않을 수 없다.

〔3〕 분쟁해결 방안

이러한 재판을 꼭 하여야 하는가?

재판을 통해서만 내 억울함을 풀 수 있는가?

더구나 재판(민사소송)은 진실 발견만이 유일한 목적이라고 할 수 없다. 사권보호절차로서의 민사소송은 재판의 내용이 정당하고 과오가 없다는 의미에서의 「적정」 이외에도, 「공평」, 「소송 경제」, 「신속」 등의 이상도 함께 추구하고 있다는 점에서, 이러한 이상은 상호 충돌할 수도 있는 것이다.

그런데 분쟁을 해결하는 제도로서는 재판 이외에도 「화해」와 「조정」이라는 제도도 존재한다.

화해는 당사자간의 직접적 · 자주적 교섭을 통하여 서로 양보함으로써 분쟁을 해결하는 방식으로서, 재판외 화해와 재판상 화해가 있다. 재판외 화해는 민법상 전형계약(민법전에 규정되어 있는 계약)의 하나로서(민법 제731조-제733조), 그 내용에는 소송에 관한 합의가 포함되는 경우가 많다. 예컨대 교통사고가 발생한 경우, 피해자와 가해자가 "민 · 형사상 일체의 청구를 포기한다"는 권리포기계약과 더불어 소송을 제기하지 않기로 하는 부제소특약(不提訴特約) 또는 소취하특약(訴取下特約)을 합의하는 경우를 의미한다.

반면에 화해가 법관의 면전에서 이루어지고, 그 내용이 화해조서에 기재되는 경우를 재판상 화해라고 하는데, 이러한 재판상 화해에는 민사상의 다툼이 소송으로 발전하는 것을 방지하기 위하여 소송계속 전에 당사자가 법원에 출석하여 화해하는 「제소전 화해」와 일단 소송이 개시된 뒤에, 즉 소송계속 중에 당사자가 서로 양보하여 합의한 내용을 법원에 진술하여 재판에 의하지 않고 소송을 종료시키게 되는 「소송상 화해」가 있다.

재판상 화해가 성립되어 재판상 화해조서에 기재되는 경우 및 화해권고 결정이 확정되는 경우에는 확정판결과 동일한 효력이 있다(민사소송법 제220조, 제231조).

조정이란 중립적인 위치에 있는 제3자가 분쟁당사자 사이에 개입하여 이들의 합의를 도출함으로써 화해에 이르도록 하여 분쟁을 해결하는 절차를 의미한다. 중개가 필수적이라는 의미에서 반드시 중개를 요하지 않는 화해와 구별된다.

조정이 성립되어 조정조사가 작성되면 재판상 화해와 같이 확정판결과 동일한 효력이 있다(민사조정법 제29조). 따라서 분쟁이 발생하여 법적 · 사실적 다툼이 계속될 수 있는 모든 경우에 조정제도를 활용할 수 있을 것이다. 민사법 영역에서는 가족법, 물권법상의 상린관계 및 노동법 등이 주된 조정영역이 된다.

재판은 아무리 공정하게 진행된다고 하더라도 어차피 일방은 승소하고 그 상대방은 패소하게 된다. 물론 예외적으로 상환이행으로서 일부승소판결을 받는 경우(예컨대 토지에 대한 매매계약이 체결되어 매수인이 원고로서 매도인을 상대로 목적물의 소유권 이전을 청구하는 소송이 제기된 경우, 매수인은 매매대금을 지급함과 동시에 매도인은 소유권을 이전하라는 내용의 판결을 내리는 것처럼 동시이행관계가 인정되는 경우 등)도 있지만, 재판이란 이기는 측(승소)이 있는 반면에 반드시 지는 측(패소)이 발생하게 되는 것이다.

길고도 지루한 재판을 거치면서 경제적인 손실은 물론 정신적인 피로도 상당히 겹칠 터인데 이에 가중하여 재판에서 지게 된다면, 패소한 당사자는 경제적인 부담과 함께 많은 상처를 받게 될 것이다. 재판에서 승소한 자는 한편은 즐겁겠지만, 상대방과 영원히 원수처럼 지내게 되지는 않을까?

이처럼 재판은 발생한 분쟁에 대하여 명확한 해결책은 제시해 줄 수 있지만, 그 후유증으로서 패소한 당사자측의 가슴에 지울 수 없는 멍에를 남기게 된다는 점은 부정할 수 없는 현실이다.

〔4〕 사전 예방의 중요성

이렇게 본다면 재판에 의한 분쟁 해결 방안은 설사 내가 승소한다고 하더라도 그다지 유쾌하지 않을 수도 있고, 우리의 삶을 진정 행복하게 해주지는 않을 것이다.

그렇다면 그 대안은 무엇인가?

우선 앞에서 언급한 화해와 조정이라는 방법을 생각할 수 있다.

그러나 더욱 중요한 것은 처음부터 분쟁이 발생하지 않도록 아예 문제가 될 수 있는 여지를 두지 않는 것이다. 즉, 가장 현명한 방법은 분쟁이 발생하지 않도록 사전에 만반의 준비를 해두는 것이다. 그 지름길은 일상생활에 필요한 법적 지식으로 무장하고 법적 소양을 갖추어 두는 일이다.

지금 우리가 법에 관한 기초 지식을 익혀야 하는 가장 큰 이유는 바로 여기에 있다. 법적 지식의 사전 함양이야말로 행복한 삶을 영위할 수 있고, 살아가면서 불필요한 소모적인 분쟁을 피할 수 있는 훌륭한 방안이 될 것이다.

Ⅱ. 법의 속성

주위에서 자주 들을 수 있는 이야기로서, 법이란 "귀에 걸면 귀걸이 코에 걸면 코걸이 [耳懸鈴鼻懸鈴(이현령비현령)]"라고 하는데, 이는 법에 대하여 적지 않은 불신을 내포하고 있는 말이다.

동일한 내용의 법인데 사람에 따라서 이렇게도 해석되고 저렇게도 해석되는 경우를 두고 일컫는 것으로 볼 수 있다.

그런데 법 자체가 그런 것이라고 할 수 있다.

법 자체가 그렇다는 법의 속성에 관한 설명에 앞서서 다음 문제를 풀어보기로 한다.

$ax+b=0$일 때, x의 값은 얼마가 되는가?

여러분들은 아마도 다음과 같은 수순으로 이 문제를 풀어볼 것이다.

$ax+b=0$에서

$$ax=-b$$

$$x=-\frac{b}{a}$$

따라서 정답 $x=-\frac{b}{a}$

아니다. 위 풀이로서는 100점 만점을 받을 수 없다.
왜냐하면 이 문제는 다음과 같이 풀어야 하기 때문이다.

$ax+b=0$일 때, x의 값은?

이 문제는 $a \fallingdotseq 0$일 때와 $a=0$일 때를 나누어 풀어야 한다.

① $a \fallingdotseq 0$일 때, 위의 답은 맞는 것이 된다.
즉 $a \fallingdotseq 0$일 때, $ax=-b$, $x=-\frac{b}{a}$가 된다.
그러나
② $a=0$일 때에는 다시 b가 0인가 아닌가에 따라,
$b=0$일 때, $x=$부정
$b \fallingdotseq 0$일 때, $x=$불능으로 되는 것이다.

따라서 정답은 다음과 같다.
$a \fallingdotseq 0$일 때, $x=-\frac{b}{a}$
$a=0$일 때,
$b=0$일 때에는 부정,
$b \fallingdotseq 0$일 때에는 불능.

왜 느닷없이 위 방정식 문제를 소개하였을까?
위 문제를 푸는 과정에서 법의 속성을 발견할 수 있기 때문이다.
법을 적용할 때에는 사실관계가 매우 중요한 의미를 가진다.
어떠한 상태에서 발생한 사안이고, 어떠한 상황에서 야기된 행위

인지를 먼저 명확하게 규명할 필요가 있다는 것이다.

구체적인 예를 들어보도록 한다.

예컨대, A라는 사람이 B라는 사람을 흉기로 살해한 경우에 A에게 적용되는 형법상의 죄목은 살인죄(형법 제250조)가 된다.

살인죄에 관한 형법 제250조 제1항은 다음과 같이 규정하고 있다. "사람을 살해한 자는 사형, 무기 또는 5년 이상의 징역에 처한다."

따라서 사람을 살해하는 죄를 범한 자에게 부과될 수 있는 형벌은, 크게 사형으로부터 작게는 5년 이상의 징역이라는 상당히 넓은 폭을 지니고 있는 것이다. 더구나 살인죄를 범한 자가 심신장애 때문에 사물을 판별할 능력이 없었거나, 의사를 결정할 능력이 없던 자라면 처벌되지 않으며(형법 제10조), 또한 자신이나 타인에 대한 부당한 침해를 막기 위하여 정당방위로서 발생한 살인의 경우에도 처벌되지 않게 된다(형법 제21조).

이처럼 구체적으로 어떠한 사실 상태에서 야기된 살인 사건인지 그 사실관계가 명확하게 파악된 다음에 유죄·무죄가 결정될 수 있는 것이고, 그 밖에 정당방위가 성립되는지 정신적 장애 등 참작할 만한 다른 사정이 존재하는지 등의 여부를 검토한 연후에 그에 따라 적정한 형벌이 부과되는 것이다.

이와 같은 법의 속성은 형사상 사건의 형벌에만 국한된 것이 아니라 민사상의 문제에도 똑같이 적용된다.

예컨대, A가 B로부터 1,000만 원을 5개월 후에 갚기로 하고 빌렸다면, 약정한 5개월 후에 돈을 빌려준 채권자 B는 갚아야 할 채무자 A에게 빌려준 돈을 받으러 가야 하는가? 아니면 채무자 A가 채권자 B에게 갚으러 와야 하는가?

또한 1,000만 원을 갚을 때 A는 B에게 빌린 돈에 대한 이자를 주어야 하는가, 준다면 얼마를 주면 되느냐?라는 질문을 생각해보자.

성급하게 '빌린 사람이 당연히 갚으러 와야지', '이자는 주어야지'라든가, 또는 '줄 필요 없다'라고 답을 하기에 앞서서 잠시 생각하여야 할 내용이 있다.

우선 기본적으로 A와 B 사이에는 금전소비대차계약(민법 제598조)이 성립된 것이다. 그리고 금전채무의 이행장소는 특별히 별도로 변제하여야 할 장소를 정하지 않았다면 원칙적으로 채권자의 현주소가 된다(민법 제467조 제2항). 따라서 A가 B로부터 돈을 빌릴 때 어디에서 갚을 것인지 특별한 합의가 있었는지의 여부를 먼저 살펴야 한다는 것이다. A와 B가 자주 이용하는 X 까페에서 만나 돈을 갚기로 하였다면 제3의 장소인 그곳이 이행장소가 될 것이고, B가 A에게 받으러 가겠다고 했다면 A의 주소지가 이행장소가 된다는 것이다. 그런데 돈을 빌려주고 받을 때 갚는 장소에 대하여 특별히 아무런 언급이 없었다면 민법 규정에 따라 채권자의 주소(B의 주소)가 이행장소가 되므로 A는 돈을 갚으러 가야 한다.

그리고 상인이 아닌 개인적인 관계에서 금전거래를 할 때에 발생하게 되는 이자는 약정이자가 원칙이므로 A와 B 모두 상인이 아닌 일반인으로서 B가 A에게 돈을 빌려주면서 이자에 관한 약정을 한 경우에는 그에 따라 A는 B에게 이자를 지급할 의무가 있다. 그리고 그 이율 역시 약정이율이 원칙이기 때문에 돈을 빌려주면서 이율에 관한 합의가 있었다면, 합의에 따라 약정한 이율에 의한 이자를 지급하면 될 것이고, 만약에 이율에 관한 아무런 합의가 없었다면 법정이율이 적용되어 연 5푼(5%)에 의한 이자를 받게 되는 것이다(민법 제379조).

이와 같은 수순이 법의 속성이라고 할 때, 위에서 풀었던 방정식에서

$a=0$이냐, 아니면 $a \neq 0$이냐를 나누는 순서는 중요한 의미가 있

다.

구체적으로 어떠한 상황인지를 먼저 면밀히 검토한 연후에 관련된 법을 적용하여 분쟁을 해결하여야 한다는 것이다.

Ⅲ. 법이란 무엇인가?

〔1〕 법이란 무엇인가?

법이란 무엇인가?

이 간단하고도 근본적인 질문에 대하여 쉽게 답하기란 여간 어려운 일이 아니다. 우선 법이라고 하면 법전에 수록되어 있는 내용만 법이라고 생각하기 쉽지만 법전에 없는 내용도 법이 될 수 있다. 이를테면 관습법이나 사물의 이치인 조리도 일정한 경우에는 법으로써 재판할 때에 적용되는 기준이 될 수 있다(민법 제1조).

또한 법이라고 하면 곧바로 범죄행위를 연결시켜 형법을 연상하는 것이 일반적이지만, 법에는 형법 이외에도 민법이나 상법 헌법 행정법 등 여러 가지 종류의 법이 존재한다.

예컨대 사람의 성품이 좋고 성실하다는 의미에서 「그 사람은 법 없이도 살 사람이다」라고 평가할 때의 법이란 곧 형법을 의미하는 것으로 이해된다.

이러한 민법이나 형법의 의의는 비교적 쉽게 정리할 수 있다. 민법이란 「사법의 일반법(실질적 의미의 민법)」 또는 「민법전(형식적 의미의 민법)」을 지칭하는 것이며, 형법이란 「범죄와 형벌에 관한 법체계(실질적 의미의 형법)」 또는 「형법전(형식적 의미의 형법)」을 말한다.

그런데 추상적으로 총칭되는 의미에서 「법이란 무엇인가?」하는 물음은 법학에서는 참으로 어려운 과제로 되어 있다. 이 문제는 곧 「인간이란 무엇인가?」라는 질문과 결부되어 법학의 출발점인 동시에 궁극의 목표이기도 하다. 따라서 「법이란 무엇인가」라는 물음에 대한 해답은 자신의 가치관·인생관에 입각하여 제각기 다양한 주장을 할 수 있는 것이다. 때문에 법학자들은 아직도 법의 개념을 찾고 있다며 조롱한 철학자도 있다.

〔2〕「法」이라는 글자의 의미

「法」이란 글자를 분석함으로써 법이란 무엇인가에 대한 해답을 찾는 실마리를 풀어볼 수 있을 것이다. 특히 한자는 뜻글자이기 때문에 「法」이란 글자가 갖는 의미가 무엇인지 알아볼 필요가 있다.

우선 보기에 「法」은 「氵(水)〔삼수변〕＋去(갈거)」로 구성되어 있다.

이를 두고서 일부에서는 해석하기를, 법이란 물처럼 흘러가야 하는 것이라고 풀이하여 법이란 막힘이 없어야 한다는 식으로 나름대로 의미를 부여하고 있다.

또 다른 쪽에서는 물이 흘러가고 나니 건조하고 메마르고 딱딱하다는 식으로 풀이하여 법이란 무미건조한 것이고, 이렇게 딱딱한 법을 하는 사람조차 재미없고 융통성도 없을 뿐만 아니라, 아예 멋도 모르는 자로 매도해버리는 경우도 있다.

그러나 강단에서 30년을 넘게 법학을 강의하고 있는 필자에 대하여 어느 누구도 딱딱하기만 하고 멋도 모르는 사람이라고 치부하는 이야기는 아직까지 들어보지 못했다.

이러한 해석론에는 결코 동의할 수 없으며, 바른 해석론이라고 볼 수 없다.

왜냐하면 글자를 분석할 때는 정확하고 올바른 글자로 하여야 하기 때문이다.

사실 「法」이란 글자의 어원은 원래 중국에서 「灋」에서 나온 것이다. 「灋」은 삼수변(氵)이 붙어 있고 그 옆의 廌(치)는 해태란 상상의 동물로서 고대에서 재판할 때 부정직한 자를 뿔로 들이받고 간다(去)는 의미를 담고 있다. 설문법례(說文法例)에 의하면 灋刑也라고 하여 법은 형벌을 가리켰다. 이렇게 볼 때, 법이란 항상 바른 것, 즉 모범된 것을 의미한다고 볼 수 있다.

한편 중국의 「法」에 해당하는 순수한 우리만의 고유어는 「본」이라는 말에서 구하여야 한다는 의견도 있다. 문법(文法)이나 산법(算法)을 우리말로 「말본」이나 「셈본」이라고 한다는 점을 지적한다. 이 역시 그 의미는 본보기 즉 견본 · 모형 · 이상형 등이 된다.

〔3〕 법은 만든 것인가? 원래부터 있는 것인가?

법은 인간이 만든 것인가?

해마다 연말 정기국회의 회기 말이 되면 국회에서 밀린 법령을 통과시키는 국회의장의 방망이 소리가 요란하다는 우리나라의 현실을 알고 있는 자라면, 당연히 법은 인간이 만든 것이라고 쉽게 생각할 수 있다.

그러나 이 문제 역시 그렇게 쉽게 생각할 수 있는 것은 아니다.

법이란 인간이 만든 것이라고 주장하는 견해는 이른바 법실증주의 입장에서 법을 이해하고자 하는 태도이다. 즉 정당한 절차를 거쳐서 제정된 내용은 모두 법이라는 것이다.

이에 대하여 법이란 결코 인간이 만든 것이 아니라고 부정하는 입장으로서, 자연법론도 강하게 주장되고 있다.

이 견해에 의하면 법이란 원래 존재하는 것으로서, 인간의 이성에 의하여 발견되는 것이라고 한다. 다만 존재하는 법의 내용이나 양상에 대하여는 다양한 견해가 제기되고 있다. 즉, 법의 궁극을 자연의 법칙이나 사물의 본성에 두는 주장이 있는가 하면, 신과 같은 초월적인 존재를 상정하여 법의 내용을 발견하기도 하며, 인간의 본성에서 구하고자 하는 입장 등 여러 가지 측면에서 서로 다른 견해가 제기되어 일치를 보지 못하고 있다. 그러나 비록 그 내용은 다양하지만 공통되는 논지는 법이란 인간이 만든 것이 아니라 원래부터 존재한다는 것이다. 이러한 자연법론자들의 주장에 의하면 악법의 기준이 명확해진다는 장점이 있다.

그 밖에도 관습법이 축적되어 저절로 법이 된다는 견해(역사법학파), 국가 권력이 법을 만든다고 하여 법의 궁극을 권력자에게 두는 견해, 법의 궁극을 민중이나 민족에 두는 견해, 사회계약에서 구하자고 하는 견해, 경제구조로부터 비롯되어야 한다는 견해 등 다양한 주장이 제기되어 논의되고 있는 실정이다.

그런데 어떠한 주장을 하든지 법은 반드시 사회를 전제로 하는 것만은 분명하다. 그것도 이해관계를 다투는 사람들로 구성된 사회를 필요로 한다.

이 때문에 일찍부터 「사회 있는 곳에 법이 있다」고 한 것이다.

법이란 이와 같은 사회규범의 하나이다.

따라서 사회생활을 영위하지 않는다면 법은 더 이상 필요하지 않다고 할 수 있다. 예컨대 절해고도의 무인도에서 더불어 사는 사람 하나 없이 홀로 생활하고 있다면 그곳에서는 법은 무의미하다고밖에 할 수 없는 것이다.

Ⅳ. 법과 도덕

(1) 법과 도덕의 차이점

우리가 사회생활을 영위하는 데 필요한 규범 중에서 특히 중요한 것은 법과 도덕이라고 할 수 있다. 법과 도덕의 관계를 살펴보는 작업을 통하여 우리는 법이란 무엇인가라는 문제에 접근할 수 있는 길을 발견할 수 있을 것이다.

먼저 양자의 차이점부터 정리해 본다.

첫째, 법과 도덕의 이념은 공통된다고 하더라도 그 설명하는 형식이나 표현에 차이가 있음을 발견하게 된다. 「사람의 생명은 존중되어야한다」라는 도덕상의 명제에 비해, 법률은 「사람을 살해한 자는 사형, 무기 또는 5년 이상의 징역에 처한다(형법 제250조)」라고 규정하고 있다.

그러나 이처럼 비록 표현하는 방법에는 차이가 있지만, 어디까지나 그 근저에는 사람의 생명은 존엄하다는 공통된 이념이 존재하고 있다. 요컨대 살인이라는 행위는 법률에 의하여 금지되는 행위일 뿐만 아니라, 도덕상으로도 허용되지 않는 행위인 것이다. 즉 반사회적 행위라고 하는 점은 재론의 여지가 없다. 다만 법률은 직접적으로 「사람을 살해해서는 안된다」라는 표현을 하지 않고 있을 뿐이다.

둘째, 전통적인 입장에 따르면, 법은 외면적인 행위를 규율하는 것인데 대하여, 도덕은 내면적인 동기를 규율하는 규범이라는 점을 들 수 있다. 이를 법의 외면성, 도덕의 내면성이라고 한다. 그렇지만 법이 반드시 외부에 드러난 행위만을 규제하고 내면적인 동기나 범행의도 등에 관심이 없는 것은 아니다. 경우에 따라서는 내면적인 것에 대한 고려가 법적 판단에 꼭 필요한 경우도 있다.

그 구체적인 예를 들면, 민법상의 착오에서 동기의 착오는 착오의 성립에 중요한 영향을 미치는 요소가 될 수 있으며, 반사회적 행위로서 동기의 불법도 고려의 대상이 될 수 있다. 특히 계약의 성립여부는 당사자의 합의, 즉 의사표시의 합치여부에 의하여 결정되는데, 이는 의사표시와 달리 겉으로 드러나는 외면적인 것이 아니다. 또한 형법상으로도 살인죄(형법 제250조)가 성립되느냐 아니면 상해

치사죄(형법 제259조)가 되느냐를 판단하는 중요한 기준이 살인의 고의라고 하는 내면적인 요소에 의하여 결정되는 것이다.

이에 반하여 도덕의 경우에도 외부에 드러난 행위를 전혀 문제삼지 않는 것은 아니다. 도덕의 영역에서 내면적인 동기가 중요한 요소가 된다는 점은 말할 나위도 없지만, 그것이 외부에 드러난 행위를 부정한다는 의미는 결코 아니다. 오히려 외부에 드러날 것이 필요한 경우도 적지 않다. 예컨대, 지하철이나 버스 안에서 노약자에게 좌석을 양보하여야 한다고 아무리 마음속으로 생각한다고 하더라도, 실제로 자기 앞에 서 있는 노인에게 좌석을 양보하는 행위를 하지 않는 이상, 그것은 도덕적으로 높게 평가될 수 없는 일이다.

셋째, 법과 도덕 간의 가장 중요한 차이점으로 들 수 있는 것은, 법은 국가권력에 의하여 성문화되고, 법률로서 강제되며, 그 내용에 따르지 않을 때는 일정한 제재를 받게 된다는 것이다. 즉 법은 조직적인 강제규범이다. 그러나 도덕은 기본적으로 국가권력과 결부된 규범이 아니다. 즉 도덕은 국가권력에 의하여 형성되거나 강제되는 것이 아니기 때문에 국가권력에 의한 제재를 받지 않는다.

넷째, 법은 재판과 결부되는 것이지만, 도덕은 재판과 결부되지 않는다는 점에서 양자는 구별된다. 즉, 법은 재판규범이지만, 도덕은 행위규범인 것이다. 우리가 어떠한 법률의 내용을 위반할 경우에는 최종적으로 법원의 판결에 의하여 일정한 제재를 받게 되는데, 이 때 그 판단기준이 되는 법률의 적용이라는 모습으로 법원이 그 역할을 담당하게 된다. 이에 반하여, 도덕규범은 그 내용에 위반하여도 법원에서 문제되는 것이 아니라, 비난의 대상이 될 뿐이라는 점에서 행위규범이라는 성격을 갖게 되는 것이다. 다만, 본래 법(법률)은 기본적으로 재판규범으로서의 성격을 갖는 것이지만, 동시에 행위규범으로서의 성격도 가지고 있다. 즉, 재판규범은 법원에서 판단할 때에 기준이나 근거로 되기 때문에 재판할 때 문제로 되는 것이지만, 행위규범으로서의 의미를 갖는 경우도 있다. 예컨대 민법에는 부부간의 의무에 관한 내용으로서 「부부는 동거하며 서로 부양하고 협조하여야 한다(민법 제826조 제1항 전단)」는 규정이 있다. 이 내용은 부부 일방이 정당한 이유 없이 동거 의무를 이행하지 않기 때문에 그 상대방이 법원에 동거의무의 이행을 청구하는 소를 제기하게 되는 경우에는 재판규범으로서 작용하지만, 법원에서 다툼이 없는 경우에도 부부간의 법적 의무를 밝히고 있는 것이며, 그 의미에서 행위규범이라고 할 수 있는 것이다.

다섯째, 법이나 법률은 평균인을 대상으로 하고 있는 반면에, 도덕규범은 보다 고차원의 규범이라고 하겠다. 평균인을 대상으로 하는 규범이라는 의미는 그야말로 보통사람이 지킬 수 있는 정도의 규범으로서 그 이상의 것을 요구하지 않는다는 것이다.

이상과 같은 차이점을 정리한다면, 결론적으로 법의 목적과 도덕의 목적도 구별된다. 즉 법의 목적은 사회질서를 유지하며 평화적 공동생활을 가능하게 하는 데 있지만, 도덕의 목적은 완전한 인간을 만드는데 있다. 요컨대 도덕은 인격적 완성에 그 목적을 두고 있는 것이다.

〔2〕 법과 도덕의 관계

위에서 설명하였듯이 법과 도덕은 동일한 사회규범에 속하지만, 그 성질은 사뭇 다르다. 그렇지만 양자의 관계가 전혀 무관한 것만은 아니다. 비록 상이한 성질을 지니고 있지만, 서로 밀접한 연관을 지니고 있는 것이다.

일반적으로 법(법률)이 금지하고 있는 내용은 도덕에서도 허용되지 않는 행위이다. 예컨대 형법에서 범죄행위가 되는 행위는 대개

도덕적으로도 죄악시되는 행위라고 할 수 있다. 이처럼 법과 도덕이 중복되는 영역에서는 오히려 법(법률)이 도덕에 의하여 뒷받침되고 있다고도 할 수 있다. 특히 민법에서는 「권리의 행사와 의무의 이행은 신의에 좇아 성실히 하여야 한다(민법 제2조 제1항)」고 규정한 신의칙규정이나, 「선량한 풍속 기타 사회질서에 위반한 사항을 내용으로 하는 법률행위는 무효로 한다(민법 제103조)」고 규정한 공서양속 규정 등과 같이 도덕적 요소가 강하게 반영된 법률 내용이 다수 존재한다.

법과 도덕에 관한 관계는 이론적으로 다음과 같이 나누어 볼 수 있다.

그 첫째는 법과 도덕은 전혀 별개의 것이라고 생각하는 입장이다. 이러한 견해는 켈젠(Hans Kelsen)을 비롯한 법실증주의자들이 강하게 주장하고 있는 내용이다. 그러나 법과 도덕은 그 대상과 주체가 동일한 인간이기 때문에 양자를 분리하는 것은 타당하지 않다.

그 둘째는 법과 도덕은 근본적으로 동일하다는 주장이다. 헤겔(Hegel)과 마르크스(Marx) 등이 이러한 입장을 취한다. 그렇지만 법과 도덕이 완전히 동일한 것이라면 양자의 관계에 관한 문제가 제기될 까닭이 없을 것이다.

셋째는 법의 영역에 비하여 도덕의 영역이 훨씬 넓다고 이해하는 입장이다. 따라서 도덕에 반하는 행위 중의 일부가 법의 문제로 될 수 있다고 한다. 이러한 견해에 따르면 모든 법률의 문제는 도덕의 문제로서 파악할 수 있게 된다.

끝으로 앞의 견해와 정반대되는 입장을 들 수 있다. 즉 도덕은 법률의 일부라는 견해이다. 이론상으로는 가능하지만 동의하는 자는 없는 것 같다.

생각건대 법과 도덕의 관계에 대해서는 세 번째의 입장이 비교적 타당하다고 생각된다. 법은 반사회적인 행위를 규제하여 인간의 사회생활을 가능하게 하기 위한 규범이라고 할 수 있지만, 도덕은 이를 포함하여 보다 넓게 인간의 인격적 완성을 위한 규범인 것이다. 요컨대 법은 도덕과 구별되는 상이한 성질을 가지고 있으나, 궁극적으로는 도덕적 질서 안에 위치하는 것이라고 할 수 있다.

V. 법과 정의와 사랑

모든 법에 공통되는 일반적인 법의 목적이나 이념은 무엇인가?

이 문제는 결코 쉽게 답할 수 있는 것은 아니지만, 한마디로 표현한다면 단연코 법은 「정의의 실현」을 그 목적으로 한다고 할 수 있을 것이다.

그런데 정의라는 이 용어 또한 추상적인 것인 만큼, 정의란 무엇인가라는 물음에 대한 답 역시 여러 가지 측면에서 다양한 가치관에 따라 다르게 주장될 수밖에 없다.

그렇지만 정의의 개념은 이미 아리스토텔레스(Aristoteles)에 의하여 모든 시대에 타당할 수 있는 개념으로 정립된 바 있다. 그 이후부터 정의는 평등을 의미하게 되었는데, 다만 그것은 모든 인간, 모든 경우에 동일한 취급을 의미하는 것이 아니라, 취급의 기준에 따른 상대적 평등을 의미하는 것이다. 이것은 사람이나 구체적인 경우의 다양성에 비례하는 취급 그 자체의 다양성을 의미하는 것이며, 절대적인 평등을 의미하는 것은 아니다. 취급의 균형이 잡힌 평등, 즉 「각자에게 그의 몫을 주는 것(suum cuique)」을 의미하는 것이다. 이것이 곧 아리스토텔레스의 배분적 정의이다.

역사적으로 볼 때 법은 정의를 구현하기 위한 투쟁의 산물로서 발전하여 왔다고 할 수 있다. 법이 지배자의 일방적인 의사에 의하여 결정되고 집행됨으로써, 일반 민중이나 반대자를 탄압하기 위한 도구로 사용되었다는 어두운 역사도 있었으나, 이에 대하여 많은 사람들이 피를 흘리는 희생 하에 인권·자유·평등·생존의 보장 등을 추구해 왔던 것이다.

인권의 존중·자유·평등의 보장·생존권의 확보 등은 우리들의 행복한 삶의 기초가 되므로, 이제 이러한 내용들이 정의의 중심적 내용이 되어야 할 것이다.

정의의 여신은 눈을 가리고 한 손에는 저울을, 다른 한 손에는 칼을 들고 있다.

이는 무엇을 의미하는가?

정의는 심판의 대상인 「사람」이 구체적으로 누구인가를 살피지 않는다는 의미이다. 오직 합리적인 권리와 이 권리를 가지고 있는 사람만을 보는 것이다.

따라서 정의는 누구에게든지 이해될 수 있고 이해되어야 하는 것이며, 어디까지나 현실적이고 공평하며 냉정하고 합리적이다. 즉 정의는 아무런 대가없이 거저 주는 일이 없다. 더하지도 않고 덜하지도 않고, 각자가 마땅히 차지하여야 하는 것을 그대로 그 몫으로 돌릴 뿐이다.

이를 두고 정의는 「~때문에」가 지배하는 영역이라고 한다. 이를테면 이러이러한 잘못을 범했기 「때문에」 그 몫으로 이러한 벌을 받아야 하는 것이며, 착한 일을 했기 「때문에」 그 몫으로 상을 받는다는 것이다.

그런데 우리의 삶은 행복을 추구한다. 누구든지 행복할 권리가 있다. 즉 모든 국민은 인간으로서의 존엄과 가치를 가지며, 행복을 추구할 권리를 가지는 것이다(헌법 제10조). 그렇다면 법과 정의와 행복은 어떠한 관계에 있는 것인가?

과연 법은 우리에게 행복한 삶을 보장해주는 전령의 역할을 할 수 있는가?

행복은 무엇인가?

무엇이 우리를 행복하게 하는가?

행복의 핵심은 「사랑」에 있다고 본다. 즉 행복은 사랑에서 비롯되는 것이다.

따라서 이제 우리의 관심사는 사랑으로 넘어간다.

사랑은 정의와 여러 가지 점에서 다르다. 우선 먼저 사랑의 여신은 번잡스레 눈을 감고 저울과 칼을 들고 있는 정의의 여신과 달리, 간단하게 사랑의 표적을 향해 쏠 활과 화살만을 들고 있을 뿐이다. 사랑의 여신은 눈이 가려져 있지도 않다. 그러므로 사랑은 「○○야」 하고 부른다. 그리고 사랑은 다른 사람들에게는 도저히 이해될 수 없는 것일 수도 있다. 정의처럼 모든 사람들이 이해할 수 있거나 또는 이해되어야 하는 것이 아니다.

또한 사랑한다는 것은 「~때문에」가 아니라, 오히려 「~함에도 불구하고」 사랑하게 된다는 점에서도 정의와 구별된다.

이처럼 서로 많은 다른 점이 있지만, 우리가 이 세상의 제도 속에 살아가는 한, 정의와 사랑 모두 없어서는 안 될 중요한 요소이다.

그런데 정의는 제도의 세계에 속한다는 점을 감안한다면 사랑을 정의란 통화로 변경하지 않으면 안된다. 정의만이 제도의 세계에서 유통되는 법화(法貨)이기 때문이다. 즉 사랑의 사람이 제도의 세계에서 행동하지 않으면 안 될 때에는 그 사랑을 정의로 변경시켜야 한다는 것이다.

질서의 세계에서 정당하지 못한 사랑은 감상적인 사랑으로 흐르게 되거나 불륜에 불과하다.

정의는 항상 사랑의 전제조건이 되는 것이다. 사랑은 정의를 희생하거나 정의를 짓밟고 넘어갈 수 없다.

사랑은 정의를 초월해 있으나, 정의를 통하여 정의를 완수하면서 초월하는 것이다.

"오늘의 정의는 어제의 사랑이며, 오늘의 사랑은 내일의 정의이다"

쉬어가기

Ce qu'il y a de plus horrible au mande,

C'est la justice séparée de la charité.

(이 세상에서 가장 두려운 것은 자비를 동반하지 않은 정의이다)

제2절 왜 여성인가?

Ⅰ. 남녀불평등의 역사

20세기에 들어서면서 눈부신 과학의 발달은 인간 생명의 신비성에 도전하게 되었고, 특히 신경과학과 해부학 또는 유전공학 분야의 뇌에 관한 연구결과는 남성과 여성의 어떠한 차이가 선천적이라는 점을 확인하고 있다. 그러나 비록 남녀 간의 행동이나 지성의 차가 뇌의 선천적인 구조에 기인하고 있다는 것이 과학적으로 입증된다고 하더라도, 이 때문에 남성에 비하여 여성이 사회적으로 불평등한 대우를 받거나 법적으로 열등한 지위에 있어야 한다는 근거는 결코 될 수 없는 것이다.

이제는 인류역사 이래로 잘못 되어온 여성의 사회적・경제적・문화적・정치적・법적 위치를 바로 잡도록 하여야 한다.

모든 인간은 평등하다는 이상이 발달하게 된 역사적 기원은 그리스의 제논(Zenon)에 의하여 창설된 스토아(Stoa)학파에까지 거슬러 올라 갈 수 있지만, 남성과 여성이 적어도 법 앞에서 평등한 대우를 받아야 한다는 사상은 근대의 인권사상과 자유평등사상에서 비로소 대두되었다고 할 수 있다.

그 후 19세기에 이르러 보다 활발한 여권신장론(Feminism)이 전개되기에 이르렀지만, 남녀차별의 철폐 내지 남녀평등의 문제가 사회적으로 구체화하여 실현되기에는 너무나 많은 어려움이 놓여 있으며, 이 문제는 오늘에 이르기까지 완벽한 실현을 보지 못하고 있는 터이다. 그 동안 UN헌장을 비롯하여 1948년에 선포된 세계인권선언 등에서 남녀의 평등을 재차 확인하고, 1979년에는 「여성에 대한 모든 형태의 차별철폐에 관한 협약」이 채택되었으며 우리 헌법도 제11조 제1항에 성별에 의한 차별을 받지 않을 것을 명확하게 규정하고 있다.

1. 인권 확립 이전의 여성의 법적 지위

세계에서 가장 오래된 법전으로서 기원전 17세기에 제정된 「함무라비법전」에 의하면 원칙적으로 1부 1처제가 시행되었으며, 법률상의 아내에게는 법률상의 행위능력이 인정되었다. 아내는 단독으로 계약을 체결할 수 있었고, 남편이 사망한 때에는 자녀에 대한 부(父)의 권위도 계승되었으며, 배우자에 대한 잔혹한 학대행위가 자행된 경우에는 이혼도 인정되었다. 법률상의 처나 내연 관계의 처 및 기타 노예의 지위에 있는 여성 등 모든 여성에게는 자녀를 출산할 의무가 부가되었고, 자녀를 출산하지 못한 아내는 지참금 등을 반환하고 절연될 수 있었다는 점 등을 제외하면 당시 여성의 지위는 비교적 높았던 것으로 파악된다. 기원전 5세기에 제정된, 로마의 가장 오래된 법전인 「12표법」에는 가족법·상속법 및 소유권·불법행위법 등에 관한 규정을 두고 있었다. 「12표법」 이후 로마 가족법의 근간은 가족단체의 인적·물적 양면의 지배권을 부계(父系)의 혈연관계에 의하여 결정하는 가부장제로 정착되었다. 독자적 지위가 인정된 로마법상의 가장은 남성만 될 수 있었으며, 모든 가족원은 가장권에 종속되었다. 가장권은 자녀와 아내 및 노예에 대하여 그 생사 여부를 좌우할 수 있는, 이른바 생사여탈권을 가진 강력한 지배권을 향유하면서 부권(父權)·부권(夫權)·주인권(主人權) 등의 형태로 그들을 절대적으로 지배할 수 있었다. 즉 가장에게는 불구자인 자녀를 살해할 수 있는 권리, 자녀를 매각·처분할 수 있는 권리, 신생아를 유기할 수 있는 권리 등을 포함한 절대적 지배권이 인정되었던 것이다. 이처럼 절대권을 가진 가부장제 아래에서 여성은 가장인 남성에 복종하고 봉사하는 역할을 담당할 수 있을 뿐이었다.

이와 같은 여성의 권리에 대한 각종 제약이나 성차별이 증폭될 수 있었던 또 하나의 요인으로서 기독교와 교회법을 거론하지 않을 수 없다. 아담(Adam)의 뼈로부터 창조된 이브(Eve)의 원죄라고 하는 기본 설정이 현세의 여성을 낮게 평가하는 기원으로 되었다는 점을 부정할 수 없을 것이다.

중세 유럽에서 교회법은 교회 내부의 규범으로서의 성격뿐만 아니라 세속의 신분관계까지 규율하였다. 여성의 처녀성을 존중하고, 성사로서 혼인의 영속성을 강조하여 이혼을 금지하며, 아내의 간통·음주·낙태를 금지하는 등 당시 확립된 규범은 오늘날까지 상당한 영향을 미치고 있는 실정이다.

특히 애정관계가 파탄된 뒤에도 이혼을 허용하지 않는 가톨릭의 엄격한 이혼금지주의는 오늘날 현저하게 증가하고 있는 국제결혼이 해소될 때에 큰 문제점을 야기시킬 수 있다. 모든 사람은 하느님 앞에 평등하다는 기본적인 교리와 여성을 남성의 종속된 존재로 파악하는 부권(父權)주의적인 세계관은 여성의 권리 및 양성 평등이라는 측면에서 분명 모순되는 것임을 지적하지 않을 수 없다.

2. 근대 시민혁명에 의한 인권의 확립과 여성 배제

1789년 7월 14일 바스티유(Bastille)감옥의 습격으로 발발한 프랑스 혁명은 봉권적인 특권을 폐기하고, 그 해 8월 26일 성립된 「인권선언(사람 및 시민의 권리선언: Déclaration des Droits de L'Homme et du Citoyen)」은 프랑스 혁명의 중요한 성과라고 할 수 있다.

「인권선언」에 의하면, 「모든 사람」은 자유롭고 권리에 있어서 평등하다는 점(제1조)과 모든 정치적 결합(정부 내지 국가)의 목적은 사람의 자연권(droits naturels)을 보전함에 있다는 것을 규명하고(제2조), 「인권」은 국가보다 우선하며 〔인권의 전국가성(前國家性)〕, 국가는 인권을 지키기 위하여 존재한다는 점을 명확하게 밝히고 있다. 이 자연권이란 자유·안전·소유·억압에 대한 저항을 의미한다.

이처럼 프랑스의 「인권선언」은 「사람(homme)의 권리」와 「시민(citoyen)의 권리」를 명확하게 보장하여 체계적으로 선언한 것으로서, 「모든 사람」과 「모든 시민」의 전체적인 권리를 일반적으로 보장하였다는 점에서 「보편적인 인권선언」으로 해석된다. 이 「인권선언」은 보편적인 근대 인권선언의 전형으로서 높은 평가를 받고 그 후 모든 국가의 인권보장에 큰 영향을 미치게 되었다.

그런데 이 「인권선언」 후에 제정된 프랑스의 각종 법령의 내용을 살펴보면 여성을 배제한 남성만의 인권을 표방한 것으로 나타나고 있다. 예컨대 (제1차)선거인의 자격을 「1년 이상 그 지역(canton)에 주소를 가진 자로서 25세 이상의 프랑스 남성이며, 일정한 세금을 납부하고 피용자의 신분이 아닌 자」라는 조건을 부가하고 있는 것이다. 이에 따르면 여성뿐만 아니라 일정한 세금을 납부하지 않는 서민 남성도 선거권으로부터 배제된다. 그 후 1793년 제정된 프랑스 헌법은 「인민주권」의 원리와 남자 보통선거제를 표방하고 있지만, 역시 주권자를 구성하는 「시민」의 요건은 성년인 남자로 한정되고, 여성은 「시민」의 자격으로부터 배제됨으로써 주권자로서의 지위와 선거권을 박탈당하고 있다.

이러한 제반 사정을 고려할 때, 1789년의 인권선언에서 언급하고 있는 「사람(homme)」과 「시민(citoyen)」 속에는 여성(femme)과 여성시민(citoyenne)은 포함되지 않았던 것으로 풀이된다. 즉 「사람=남성」의 권리문제만 관심의 대상이 되었으며, 「사람 및 시민의 권리선언」은 「남성 및 남성시민을 위한 권리선언」은 아니었는지 의문을 제기하지 않을 수 없다.

당시 여성의 권리를 무시하는 이와 같은 추세에 대한 비판으로서 1791년에 이른바 여권선언으로서 「여성 및 여성시민의 권리선언(Déclaration des Droits de la Femme et de la Citoyenne)」이 발표되었던 것이다. 이 선언은 구즈(Olympe de Gouges, 본명 : Marie Gouze)에 의하여 작성된 것으로서, 그 구성과 내용은 1789년의 인권선언의 내용을 대부분 그대로 답습하고 있다. 다만 권리주체로서 「사람(homme)」을 「여성(femme)」 또는 「남성과 여성」으로, 「시민(citoyen)」을 「여성시민(citoyenne)」 또는 「남성시민 및 여성시민」으로 대체하고 있다. 이 「여성 및 여성시민의 권리선언」은 당시 여성의 제반 요구 사항을 처음 체계적으로 집약한 것으로서 프랑스 페미니즘 역사의 한 페이지를 장식한 것으로 볼 수 있다.

요컨대 근대 시민혁명의 전형으로서 프랑스 혁명은 특권사회로부터의 신분적인 해방을 달성하고 자유롭고 평등한 개인을 확립할 수 있었지만, 여성은 여전히 해방되지 않은 존재로 남아 있었다는 점에서 근대의 「인권」으로부터 여성의 권리는 배제되었던 것으로 풀이된다. 이러한 추세는 결국 남녀의 육체적 성차별을 기초로 한 여성의 특성론과 결부되어 20세기 초까지 지속된다. 그 과정에서 여성의 권리를 확립하기 위한 선각자들의 끝없는 투쟁과 희생이 수반됨으로써 각 국가별로 시기적인 차이는 있지만, 결국 여성의 권리가 제도적으로 보장받게 될 수 있었던 것이다. 예컨대 영국의 경우 1919년 「성차별 배제법」이 제정되고, 1927년에 21세 이상의 남녀에게 동등한 선거권과 피선거권을 인정하는 법안이 통과되어 1928년부터 시행될 때까지 여성에 대한 차별의식은 연면히 이어져 온 것이다.

3. 여성의 인권의식의 변천

역사적으로 본다면 국제인권법분야에서 여성의 인권을 논하게 된 과정은 크게 3단계로 구분할 수 있다.

제1단계는 여성을 「보호대상」으로 파악한 시기이다.

1919년 설립된 국제노동기구(ILO)의 제1차 총회에서 채택된 모성보호에 관한 협약이나 여성의 야간근로 협약은 이러한 경향을 단적으로 드러내는 것으로 볼 수 있다. 일하는 여성을 가혹한 노동조건에서 보호하여야 한다는 것이 그 기본자세였다.

제2단계는 제2차 세계대전 말기 이후에 등장한 「기능평등론」이다. 제2차 세계대전은 일하는 여성을 높이 평가하게 되는 계기가 되었다. 그 결과 1944년 5월 10일 필라델피아에서 채택되었던 ILO 목적에 관한 선언부터 남녀평등의 관점이 등장하기 시작하였던 것이다. 다만 당시 언급된 남녀평등론은 여성의 모성기능을 중시하고 가사와 육아는 여성의 특성이라는 인식위에 구축된 평등론이었다. 따라서 이 평등론은 여성을 가정책임의 주체로 설정한 후의 평등론이라는 점에서 결국 한정된 평등론에 불과하다고 볼 수 있다.

제3단계는 고착화된 남녀역할 분담의 관념을 타파하는 철저한 평등론으로서, 1975년 「국제여성의 해」 멕시코회의의 세계행동계획에서 비로소 등장한 것이다. 산업구조의 변화와 정보화·국제화사회의 도래, 여성의 고학력화, 유럽에서의 페미니즘운동의 전개 등이 이러한 이념의 등장을 촉진시켰다. 세계행동계획은 「남녀평등의 달성이란 양성이 자신의 능력과 재능을 자기 충족과 사회전체를 발전시킬 수 있는 평등한 권리와 기회 및 책임을 갖게 되는 것을 의미한다. 때문에 종래 가정과 사회에서 남녀 양성에 전통적으로 할당된 기능을 재검토하는 작업이 시급한 과제이므로 남녀의 전통적인 역할을 바꾸어야 할 필요성을 인식하지 않으면 안 된다」라고 명확하게 밝혔던 것이다.

따라서 이제 「남자는 사업, 여자는 가정」이라고 하는 성별분업론이나, 한술 더 떠서 「남자는 사업, 여자는 가정과 사업」이라는 관념에 빠지기 쉬운 기능평등론과 결별하고, 한 사람 한 사람 자신의 개성에 따라 자기실현을 도모한다는 것이 바로 「여성에 대한 모든 형태의 차별철폐에 관한 협약(이하 협약이라고 함)」의 기본자세라고 하겠다. 이러한 자세는 종래 남성이 주도했던 기업사회의 논리와는 첨예하게 대립하는 요소를 담고 있으며, 근본적인 사회변혁을 요구하는 것이다.

그렇지만 법적인 불평등은 그 사회의 문화 전통에 뿌리 깊이 박혀 있는 문화적 편견의 한 반영이라고 할 수 있다는 점을 감안할 때, 제도적 차원에서의 법 규정만으로 해결될 문제는 아니다. 우리 모두의 의식이 근본적으로 개혁되어야 할 과제라고 할 것이다.

Ⅱ. 여성에 관한 모든 형태의 차별철폐에 관한 협약

〔1〕 협약의 성립배경과 이념

1. 협약의 성립배경

「여성에 대한 모든 형태의 차별철폐에 관한 협약(Convention on the Elimination of All Forms of Discrimination against Women: CEDAW)」은 1979년 12월 18일 유엔 제34차 총회에서 채택되었으며, 1981년 9월 3일부터 효력을 발생하였다.

우리나라는 1984년 12월 18일 국회동의를 얻어 1985년 1월 26일부터 효력이 인정되고 있다(조약 제855호). 이 협약은 1967년의 여성차별철폐선언 후 12년 만에 채택된 것으로서 사실상의 남녀평등을 촉구하는 구체적인 개념을 담고 있다.

이 협약은 유엔의 여성지위위원회가 1970년부터 초안을 작성하였으며, 특히 개발도상국의 입장을 고려하고 있다. 그리고 그 내용은 남녀평등 이념을 바탕으로 한 비차별성 협약으로서 여성에 대한 「대헌장(Magna Carta)」 또는 「세계여성의 헌법」이라고 할 수 있다. 이데올로기나 경제발전상황 및 문화의 차이를 초월하여 2016년 1월 현재 191개국이 이 협약에 비준하고 있다.

2. 협약의 이념

여성의 지위를 향상시키기 위한 세계적인 투쟁이라는 큰 흐름 속에서 탄생한 「여성에 대한 모든 형태의 차별철폐에 관한 협약」은 세계행동계획에서 밝힌 「고착화된 남녀역할 분담 관념의 변혁」이라는 새로운 이념을 그 중심과제로 하고 있다.

이러한 이념은 「여성」과 「남성」이라는 성에 의한 질곡으로부터 해방된 「개인」이 자기의 「개성」에 따라 「인간다운 삶」을 추구할 권리를 도출하게 된다.

이 협약은 그 전문에서 「아동의 양육에는 남성, 여성 및 사회전체가 책임을 분담하여야 함을 인식하고 남성과 여성 사이에 완전한 평등을 달성하기 위해서는 사회와 가정에서의 여성의 역할뿐만 아니라 남성의 전통적 역할에도 변화가 필요함을 인식해야 한다」고 선언하고 있다.

〔2〕 협약의 내용

이 협약은 전문과 총 5부 30개 조항으로 구성되어 있으며, 제1조에서 제16조까지는 실체적 규정이고 제17조부터 제30조까지는 협약의 이행과 관련된 절차적 규정이다.

제1조에서는 「여성에 대한 차별」을 정의하고 있으며, 제2조에서 제6조까지는 국가의 의무를 규정하고 있다. 제7조에서 제16조까지는 여성의 시민적 · 정치적 · 사회적 · 문화적 권리와 국적문제, 행위능력에 관한 규정 및 이러한 권리의 평등한 실현을 이루기 위한 사실상의 장애제거, 평등촉진을 위한 적극적 조치 및 편견 · 관습, 태도와 행위의 제거 등에 관한 국가의 법적 의무를 규정하고 있다.

이 협약의 내용을 간략하게 소개하면 다음과 같다.

이 협약은 제1조에서 여성에 대한 차별을 「정치적, 경제적, 사회적, 문화적, 시민적 또는 기타분야에 있어서 결혼여부에 관계없이 남녀동등의 기초 위에서 인권과 기본적 자유를 인식 향유 또는 행사하는 것을 저해하거나 무효화하는 효과 또는 목적을 가지는 성에 근거한 모든 구별, 배제, 제한을 의미한다」고 정의하고 있다.

이와 같은 차별에 대한 정의는 다음과 같은 특징이 있다.

그 첫째는, 「구별」하는 것도 차별이 될 수 있음을 명확히 밝히고 있다.

둘째, 위 협약은 정치 · 경제 분야 이외에 문화적 · 시민적 · 기타 모든 분야를 망라하여 사회관습이나 관행에 의한 차별을 그 대상으로 하고 있다.

셋째, 위 협약은 인권이나 자유를 향유 · 행사함은 물론 「인식」하는 것도 그 대상으로 하고 있다.

넷째, 위 협약은 인권이나 자유를 해하는 행위를 무효가 되도록 하는데 그 목적이 있을 뿐만 아니라, 그와 같은 「효과」를 발생하게 하는 행위도 대상이 된다. 예컨대, TV나 만화 등 각종 매스컴에서 「여성의 행복은 결혼」이라고 하는 이미지를 계속 주지시킨다면, 이는 여성에게도 노동의 권리나 자유가 있다는 사실을 여성이 스스로 인식하는데 방해되는 효과가 발생하게 된다는 점에서 여성차별에 포함된다는 것이다.

제2조 이하에서 규정하고 있는 국가의 의무규정에서는, 생활의 모든 분야에 걸쳐 여성의 법적 평등권을 보장하는 정책을 추진할 국가의 의무와 이를 위하여 필요한 구체적 조치를 규정하고 있다. 즉 법적 평등이 실현되면 기회의 평등보다 결과의 평등을 촉진하는 적절한 특별조치를 취할 필요성을 인정하고 있다. 그리고 차별을 영속화시키는 사회 문화적 구조를 수정하기 위한 잠정적인 특별조치도 규정하고 있다(제5조 1항).

또한 이 협약은 각 국가가 성에 의한 차별을 하지 않는다는 원칙을 준수한다는 전제 하에, 그 국가의 사회문화적 구조에 가장 적합한 방법으로 이 협약을 해석 · 적용하는 것을 허용하고 있다. 따라서 각 국가는 이 협약의 정신에 따라 차별적인 법률을 폐지하고, 여성에게 불평등한 현재의 상태와 구조가 여성의 지위향상을 위해 변화되도록 사실상의 차별철폐를 위한 적극적 조치를 강구하여야 한다는 것이다(제4조).

그 뿐만 아니라 여성에 대한 차별을 철폐하기 위하여 각 국가가 취해야 할 법적 · 행정적 · 사법적 · 입법적 조치에 대하여도 제2조 이하에서 자세하게 규정하고 있다.

또한 여러 분야에 걸쳐 여성의 시민생활 및 법률상의 지위에 대한 구체적인 권리보장책을 밝히고 있다. 즉, 정치적 · 공적 생활에서의 권리(제7조), 국제기구의 참여권(제8조), 국적에 관한 권리(제9조), 교육권(제10조), 고용 분야에서의 권리(제11조), 보건 분야에서의 권리(제12조), 경제 · 사회적 권리(제13조), 농촌 여성의 권리(제14조), 법적능력(제15조), 혼인 · 가족관계에서의 권리(제16조) 등에 관하여 규정하고 있다. 그리고 매 규정마다 이러한 권리의 평등한 실현을 위하여 국가가 적절한 조치를 취할 의무를 명시하고 있다.

특히 이 협약은 제5조에서 사회적 기능의 하나로서 모성에 대한 적절한 이해와 인식을 강조하고 있으며, 자녀양육의 책임을 여성과 남성이 공동으로 부담하도록 요구하고 있다. 물론 모든 경우에 자녀의 이익이 최우선적으로 고려되어야 한다는 단서도 빠뜨리지 않는다.

제4조에서는 모성보호를 목적으로 하는 본 협약에 의한 특별조치가 차별이 아님을 분명히 하고 있으며, 모성보호와 아동 양육을 위한 규정은 본질적인 권리로서 고용, 가족, 건강, 교육 등 모든 관련 분야에 규정하고 있다.

그리고 제10조에서 국가는 교육 프로그램 가운데 가족계획에 관한 정보와 조언을 해줄 의무가 있다고 규정하고 있다.

제11조에서는 고용분야에서의 여성에 대한 모든 차별을 철폐하기 위하여 국가는 적절한 조치를 취할 의무가 있음을 밝히고, 특히 여성이 가사와 공적인 생활의 참여를 병행할 수 있도록 국가는 적절한 보육시설을 설치해야 한다고 규정하고 있다.

뿐만 아니라 제16조에서는 혼인과 가족관계에 관한 모든 차별을 철폐하여야 한다는 전제 하에, 여성이 자녀의 수 및 출산간격을 자기 책임 하에 자유롭게 결정할 권리를 보장하도록 규정하고 있다.

이 협약에 비준한 당사국은, 협약 내용을 실시하기 위하여 채택한 입법, 사법, 행정 또는 기타 조치에 관한 보고서를 유엔여성차별철폐위원회에 제출할 의무가 있다(제18조).

우리나라는 1986년에 제1차 보고서를 제출하여 1987년 제 6차 유엔여성차별철폐위원회에서 심의를 받았으며, 1989년 제출한 제2차 보고서는 1993년 1월 제12차 위원회에서 심의를 받았다.

〔3〕 협약의 특징

협약 제1조는 여성에 대한 차별이란 「정치적, 경제적, 사회적, 문화적, 시민적 또는 기타 분야에 있어서 결혼여부에 관계없이 여성이 남녀 동등한 기초 위에서 인권과 기본적 자유를 인식, 향유 또는 행사하는 것을 저해하거나 무효화하는 효과 또는 목적을 가지는 성에 근거한 모든 구별, 배제 또는 제한을 의미한다」고 정의하고 있다.

이 정의로부터 다음과 같은 특징을 지적할 수 있다.

첫째, 종래 「구별」은 「차별」이 아니라는 견해가 우세를 점하고 있었는데 대하여, 이 협약은 구별도 차별이 될 수 있음을 명확하게 밝히고 있다는 점이다.

둘째, 이 협약은 문화적 · 시민적 · 기타 어떠한 분야든 포함하고 있으며, 사회관습과 관행상의 차별까지도 그 대상으로 하고 있다는 점이다.

셋째, 이 협약은 인권이나 자유를 향유하거나 행사하는 것은 물론, 「인식」하는 것까지도 그 대상으로 하고 있다.

넷째, 이 협약은 인권이나 자유를 침해하거나 무효를 「목적」으로 하는 행위뿐만 아니라 그와 같은 「효과」가 발생하는 행위까지도 포함하고 있다. 이를테면 TV나 라디오 등 언론매체를 통하거나 또는 만화에서 「여성의 행복한 결혼」이라는 이미지를 끊임없이 주입하는 것은, 여성도 일할 권리나 자유가 있다는 점을 여성 스스로 인식하지 못하도록 방해하는 효과가 발생할 수 있기 때문에 그러한 행위는 여성차별이라고 지적될 수 있다는 것이다.

Ⅲ. 헌법상 여성의 지위

헌법 제11조는 「모든 국민은 법 앞에 평등하다. 누구든지 성별·종교 또는 사회적 신분에 의하여 정치적·경제적·사회적·문화적 생활의 모든 영역에 있어서 차별을 받지 아니한다」라고 규정하고 있다.

이 조항은 국가가 개인에게 권리를 보장하고, 의무를 부과할 때에는 차별하여 취급하지 않는다는 법원칙을 선언한 것이지만, 동시에 국민이 국가에 대하여 평등하게 취급할 것을 청구할 수 있는 근거가 되는 기본적 인권에 관한 것이다.

헌법 제11조에서 언급하고 있는 차별금지 사유로서는 「성별·종교 또는 사회적 신분」을 들고 있지만, 이러한 차별금지 사유는 단순히 예시적으로 제시한 것에 불과하므로 그 밖에 학력·건강·연령 등 어떠한 사유로도 불합리한 차별을 하여서는 아니 된다는 의미이다.

또한 헌법 제11조가 밝히고 있는 「성별에 의한 차별의 금지」는 「남녀평등」을 의미하며, 그 평등은 공법의 영역에서는 물론이고 사법의 영역에서도 성에 관한 가치판단을 기초로 하는 차별대우는 허용되지 아니한다는 원칙이다.

따라서 정치적 관계에서의 성에 의한 차별(참정권이나 선거권의 제한 등)은 물론, 경제적 관계에서의 성차별(직업선택이나 노동조건 또는 사회보장상의 차별 등) 및 사회적 관계에서의 성차별(교육을 받을 권리 등)은 허용될 수 없다.

다만 성에 관한 가치판단의 결과가 아니라 남녀의 사실적(생리적) 차이에 의거한 차별이나 그 밖에 합리적인 이유가 있는 차별은 허용된다고 할 것이다. 예컨대 남녀의 육체적 차이에 따라 여성의 노동을 특별히 보호한다든가 업무의 특성 때문에 직업상 자격에 구별을 두는 것은 헌법상 허용된다. 대법원은 "형법 제297조 강간죄에 있어서 그 객체를 부녀로 한 것은 남녀의 생리적, 육체적 차이에 의하여 강간이 남성에 의하여 감행됨을 보통으로 하는 실정에 비추어 사회적, 도덕적 견지에서 피고자인 부녀를 보호하려는 것이고 이로 인하여 일반 사회관념상 합리적인 근거 없는 특권을 부녀에게만 부여하고 남성에게 불이익을 주었다고는 할 수 없다 할 것이고 이는 병역법에서 남자에게만 병역의 의무를 인정하고 여자에게는 인정하지 아니함이 헌법에 위반된다고 할 수 없음과 같다"고 판시한 바 있다(대판 1967. 2. 8, 67도1). 또한 대법원은 강간죄의 보호법익이 여성의 성적 자기결정권임을 강조하면서 부부 간의 동거의무에는 강요된 성관계를 감내할 의무가 포함되어 있지 않으므로 아내도 강간죄의 대상이 될 수 있다고 본다. 즉, 「헌법이 보장하는 혼인과 가족생활의 내용, 가정에서의 성폭력에 대한 인식의 변화, 형법의 체계와 그 개정 경과, 강간죄의 보호법익과 부부의 동거의무의 내용 등에 비추어 보면, 형법 제297조가 정한 강간죄의 객체인 '부녀'에는 법률상 처가 포함되고, 혼인관계가 파탄된 경우뿐만 아니라 혼인관계가 실질적으로 유지되고 있는 경우에도 남편이 반항을 불가능하게 하거나 현저히 곤란하게 할 정도의 폭행이나 협박을 가하여 아내를 간음한 경우에는 강간죄가 성립한다」는 것이다(대판 2013. 5. 16, 2012도14788 전원합의체). 이제는 형법이 개정되어 강간죄의 객체는 「부녀」가 아니라 「사람」으로 변경되었다.

그리고 헌법 제34조 제3항은 「국가는 여자의 복지와 권익의 향상을 위하여 노력하여야 한다」고 규정하고 있으며, 헌법 제36조는 「① 혼인과 가족생활은 개인의 존엄과 양성의 평등을 기초로 성립되고 유지되어야 하며, 국가는 이를 보장한다. ② 국가는 모성의 보호를 위하여 노력하여야 한다」고 국가의 책무를 밝히고 있다.

이와 같은 헌법상의 남녀평등이념을 구현하기 위하여 국가와 지방자치단체의 책무 등에 관한 기본적인 사항을 규정하여 정치·경제·사회·문화의 모든 영역에서 남녀평등을 촉진하고 여성의 발전을 도모할 목적으로 「여성발전기본법(1995. 12. 30 제정)」이 제정되었다. 그 후 사회 환경, 여성에 대한 인식, 관련 법제도 등의 변화에 부응하고, 실질적인 양성평등을 지향하고 헌법에서 보장하고 있는 양성평등 이념을 명확하게 실현하기 위하여 위 「여성발전기본법」이 20여년 만에 「양성평등기본법」으로 법제명이 변경되었으며, 이 「양성평등기본법」은 2015년 7월 1일부터 시행되고 있다.

「양성평등」이란 성별에 따른 차별, 편견, 비하 및 폭력 없이 인권을 동등하게 보장받고 모든 영역에서 동등하게 참여하고 대우받는 것을 의미한다(양성평등기본법 제3조 제1호).

그리고 이 법률에 의하면, 모든 국민은 가족과 사회 등 모든 영역에서 양성평등한 대우를 받고 양성평등한 생활을 영위할 권리를 가지며(양성평등기본법 제4조 제1항), 국가 기관 등은 양성평등 실현을 위하여 노력하여야 하며, 국가와 지방자치단체는 양성평등 실현을 위하여 법적·제도적 장치를 마련하고 이에 필요한 재원을 마련할 책무를 부담한다(양성평등기본법 제5조 제1항, 제2항). 즉, 국가와 지방자치단체는 정책결정과정(양성평등기본법 제21조)·공직참여(동법 제22조)·정치참여(동법 제23조) 등에 여성과 남성이 평등하게 참여하거나 동등한 참여를 지원하기 위한 시책을 마련하여야 하고, 관련 법률에 정하는 바에 따라 근로자의 모집·채용·교육훈련·승진·퇴직 등 고용 전반에 걸쳐 양성평등이 이루어지도록 하여야 하며(동법 제24조), 관계 법률에서 정하는 바에 따라 성차별 금지를 위한 시책 마련에 노력하여야 한다(동법 제29조).

그 밖에도 헌법의 평등이념에 따라 고용에서 남녀의 평등한 기회와 대우를 보장하고 모성 보호와 여성 고용을 촉진하여 남녀고용평등을 실현하고자 1987년에 「남녀고용평등법」이 제정되었는데, 그 후 근로자의 일과 가정의 양립을 지원함으로써 모든 국민의 삶의 질 향상에 이바지함을 목적으로 위 「남녀고용평등법」은 2007년에 「남녀고용평등과 일·가정 양립 지원에 관한 법률」로 전면 개정되어 현재 시행되고 있다.

이러한 일련의 조치는 여성정책의 패러다임 전환을 실천하는데 매우 큰 의미가 있는 고무적인 현상이라고 할 수 있다.

■ 종중 구성원의 자격을 성년 남자만으로 제한하는 종래의 관습법은 유효한가?

판결이유

종중 구성원(종원)의 자격을 성년 남자로 제한하는 종래 관습법의 효력

(1) 종중에 대한 사회일반의 인식 변화

종중은 조상숭배의 관념을 바탕으로 제사를 일족일가(一族一家)의 최중요사로 하는 종법사상(宗法思想)에 기초한 제도로서, 조상에 대한 제사를 계속 실천하면서 남계혈족 중심의 가(家)의 유지와 계승을 위하여 종원들 상호간에 긴밀한 생활공동체를 달성하는 것을 주된 목적으로 성립되었으며, 성년 남자만을 종중의 구성원으로 하는 종래의 관행은 이러한 종법사상에 기초한 가부장적, 대가족 중심의 가족제도와 자급자족을 원칙으로 한 농경중심의 사회를 그 토대로 하고 있었다.

그런데 우리 사회는 1970년대 이래의 급속한 경제성장에 따른 산

업화 · 도시화의 과정에서 교통과 통신이 비약적으로 발달하고 인구가 전국적으로 이동하면서 도시에 집중되며 개인주의가 발달하는 한편 대중교육과 여성의 사회활동참여가 대폭 증대되고 남녀평등의식이 더욱 넓게 확산되는 등 사회 환경이 전반적으로 변화하였고, 이에 따라 가족생활과 제사문화 등에 있어서도 커다란 변화가 있게 되었다.

가족생활에서는 부모와 미혼의 자녀를 구성원으로 하는 핵가족의 생활공동체를 바탕으로 출산율의 감소와 남아선호 내지 가계계승 관념의 쇠퇴에 따라 딸만을 자녀로 둔 가족의 비율이 증가하게 되었고, 부모에 대한 부양에 있어서도 아들과 딸의 역할에 차이가 없게 되었으며, 핵가족의 확산 등에 따라 과거의 엄격한 제사방식에도 변화가 생겨 여성이 제사에 참여하는 것이 더 이상 특이한 일로 인식되지 않게 되었다.

그리고 국토의 효율적인 이용을 위한 국토이용계획의 수립과 묘지제도의 변화로 화장이 확산됨에 따라 조상의 분묘수호를 주된 목적의 하나로 하는 종중의 존립기반이 동요될 수 있는 요인이 생겼고, 개인주의의 발달과 함께 조상숭배관념이 약화됨으로써 종중에 대하여 무관심한 현상이 일부 나타나고 있기도 하며, 다른 한편으로는 교통 · 통신의 발달, 경제적 생활여건의 개선과 더불어 자아실현 및 자기존재확인 욕구의 증대 등으로 종중에 대한 관심이 고조되는 현상도 일부 나타나고 있다.

이러한 변화된 사회현실은 종중의 구성원에 대한 국민의 인식에도 적지 않은 변화를 가져오게 되었는바, 종중이 종원의 범위를 명백히 하기 위하여 일족의 시조를 정점으로 그 자손 전체의 혈통, 배우자, 관력 등을 기재하여 반포하는 족보의 편찬에 있어서 과거에는 아들만을 기재하는 경우가 보통이었으나 오늘날에는 딸을 아들과 함께 기재하는 것이 일반화되어 가고 있고, 전통적인 유교사상에 입각한 가부장적 남계혈족 중심의 종중 운영과는 달리 성년 여성에게도 종원의 지위를 부여하는 종중이 상당수 등장하게 되었으며, 나아가 종원인 여성이 종중의 임원으로 활동하고 있는 종중들도 출현하게 되었다.

결국, 위와 같은 사회 환경과 인식의 변화로 인하여 종원의 자격을 성년 남자로만 제한하고 여성에게는 종원의 자격을 부여하지 않는 종래의 관습에 대하여 우리 사회 구성원들이 가지고 있던 법적 확신은 그것이 현재 소멸되었다고 단정할 수는 없으나 상당 부분 흔들리거나 약화되어 있고, 이러한 현상은 시일의 경과에 따라 더욱 심화될 것으로 보인다.

(2) 우리 사회 법질서의 변화

우리 헌법은 1948. 7. 17. 제정 시에 모든 국민은 법률 앞에 평등이며 성별에 의하여 정치적 · 경제적 · 사회적 생활의 모든 영역에 있어서 차별을 받지 아니한다고 선언하였으나, 가족생활관계를 규율하는 가족법 분야에서는 헌법에서 선언한 남녀평등의 원칙이 바로 반영되지는 못하였다.

그 후 1980. 10. 27. 전문 개정된 헌법에서는 혼인과 가족생활은 개인의 존엄과 양성의 평등을 기초로 성립되고 유지되어야 한다는 규정이 신설되었는바, 이는 유교사상에 의하여 지배되던 우리의 전통적 가족제도가 인간의 존엄과 남녀평등에 기초한 것이라고 보기 어렵기 때문에 헌법이 추구하는 이념에 맞는 가족관계로 성립되고 유지되어야 한다는 헌법적 의지의 표현이라고 할 것이다.

한편, 1985. 1. 26.부터 국내법과 같은 효력을 가지게 된 유엔의 여성차별철폐협약(CONVENTION ON THE ELIMINATION OF ALL FORMS OF DISCRIMINATION AGAINST WOMEN)은 '여

성에 대한 차별'이라 함은 정치적, 경제적, 사회적, 문화적, 시민적 또는 기타 분야에 있어서 결혼 여부와 관계없이 여성이 남녀동등의 기초 위에서 인권과 기본적 자유를 인식, 향유 또는 행사하는 것을 저해하거나 무효화하는 것을 목적으로 하는 성별에 근거한 모든 구별, 제외 또는 제한을 의미한다고 규정하면서, 위 협약의 체약국에 대하여 여성에 대한 차별을 초래하는 법률, 규칙, 관습 및 관행을 수정 또는 폐지하도록 입법을 포함한 모든 적절한 조치를 취할 것과 남성과 여성의 역할에 관한 고정관념에 근거한 편견과 관습 기타 모든 관행의 철폐를 실현하기 위하여 적절한 조치를 취할 의무를 부과하였다. 그리고 1990. 1. 13. 법률 제4199호로 개정되어 1991. 1. 1.부터 시행된 민법은 가족생활에서의 남녀평등의 원칙을 특히 강조하고 있는 헌법정신을 반영하여 친족의 범위에 있어서 부계혈족과 모계혈족 및 부족인척(夫族姻戚)과 처족인척(妻族姻戚) 사이의 차별을 두지 아니하고, 호주상속제를 폐지하는 대신 호주승계제도를 신설하면서 실질적으로 가족인 직계비속 여자가 호주승계인이 되어 조상에 대한 제사를 주재할 수 있도록 하였으며, 재산상속분에 있어서도 남녀의 차별을 철폐하였다.

또한, 1995. 12. 30. 법률 제5136호로 제정되어 1996. 7. 1.부터 시행된 여성발전기본법은 정치 · 경제 · 사회 · 문화의 모든 영역에 있어서 남녀평등을 촉진하고 여성의 발전을 도모함을 목적으로 하여, 모든 국민은 남녀평등의 촉진과 여성의 발전의 중요성을 인식하고 그 실현을 위하여 노력하여야 하고, 국가 및 지방자치단체는 남녀평등의 촉진, 여성의 사회참여확대 및 복지증진을 위하여 필요한 법적 · 제도적 장치를 마련하고 이에 필요한 재원을 조달할 책무를 지며, 여성의 참여가 현저히 부진한 분야에 대하여 합리적인 범위 안에서 여성의 참여를 촉진함으로써 실질적인 남녀평등의 실현을 위한 적극적인 조치를 취할 수 있도록 규정하였다.

나아가 2005. 3. 31. 법률 제7428호로 개정된 민법은, 호주를 중심으로 가를 구성하고 직계비속의 남자를 통하여 이를 승계시키는 호주제도가 남녀평등의 헌법이념과 시대적 변화에 따른 다양한 가족형태에 부합하지 않는다는 이유에서 호주에 관한 규정과 호주제도를 전제로 한 입적·복적·일가창립·분가 등에 관한 규정을 삭제하고, 자녀의 성과 본은 부의 성과 본을 따르는 것을 원칙으로 하되 혼인신고 시 부모의 협의에 의하여 모의 성과 본을 따를 수도 있도록 규정하기에 이르렀다.

(3) 종중 구성원에 관한 종래 관습법의 효력

앞에서 본 바와 같이 종원의 자격을 성년 남자로만 제한하고 여성에게는 종원의 자격을 부여하지 않는 종래 관습에 대하여 우리 사회 구성원들이 가지고 있던 법적 확신은 상당 부분 흔들리거나 약화되어 있고, 무엇보다도 헌법을 최상위 규범으로 하는 우리의 전체 법질서는 개인의 존엄과 양성의 평등을 기초로 한 가족생활을 보장하고, 가족 내의 실질적인 권리와 의무에 있어서 남녀의 차별을 두지 아니하며, 정치·경제·사회·문화 등 모든 영역에서 여성에 대한 차별을 철폐하고 남녀평등을 실현하는 방향으로 변화되어 왔으며, 앞으로도 이러한 남녀평등의 원칙은 더욱 강화될 것인바, 종중은 공동선조의 분묘수호와 봉제사 및 종원 상호간의 친목을 목적으로 형성되는 종족단체로서 공동선조의 사망과 동시에 그 후손에 의하여 자연발생적으로 성립하는 것임에도, 공동선조의 후손 중 성년 남자만을 종중의 구성원으로 하고 여성은 종중의 구성원이 될 수 없다는 종래의 관습은, 공동선조의 분묘수호와 봉제사 등 종중의 활동에 참여할 기회를 출생에서 비롯되는 성별 만에 의하여 생래적으로 부여하거나 원천적으로 박탈하는 것으로서, 위와 같이 변화된 우리의 전체 법질서에 부합하지 아니하여 정당성과 합리성이 있다고 할 수 없다. 따라서 종중 구성원의 자격을 성년 남자만으로 제한하는 종래의 관습법은 이제 더 이상 법적 효력을 가질 수 없게 되었다고 할 것이다(대판 2005. 7. 21, 2002다1178 전원합의체).

제 1 장

가족관계와 법

제 1 장 가족관계와 법

제1절 혼 인

Ⅰ. 약 혼

〔1〕 약혼의 의의

약혼이란 장차 결혼을 하고자 하는 남녀 두 당사자가 혼인을 예약하면서 맺는 계약을 의미하며, 혼인예약 또는 혼약이라고도 부른다.

따라서 실질적인 혼인생활을 하면서 다만 혼인신고를 하지 않고 있는 사실혼과는 전혀 다르다. 또한 혼인할 남녀 양가의 주혼자들이 혼인할 당사자들을 위해서 혼인시킬 것을 약속하는 이른바 「정혼(定婚)」도 약혼과 구별된다.

민법에 약혼에 관한 명문 규정은 두고 있지만(민법 제800조 - 제806조), 약혼은 특별한 형식을 요하지 않으며(불요식계약), 당사자 사이의 합의만 있으면 성립한다(낙성계약).

■ 약혼식은 특별한 절차가 요구되는가?

판결요지

(가) 일반적으로 약혼은 특별한 형식을 거칠 필요 없이 장차 혼인을 체결하려는 당사자 사이에 합의가 있으면 성립하는 데 비하여, 사실혼

은 주관적으로는 혼인의 의사가 있고, 또 객관적으로는 사회통념상 가족질서의 면에서 부부공동생활을 인정할 만한 실체가 있는 경우에 성립한다.

(나) 일반적으로 결혼식(또는 혼례식)이라 함은 특별한 사정이 없는 한 혼인할 것을 전제로 한 남녀의 결합이 결혼으로서 사회적으로 공인되기 위하여 거치는 관습적인 의식이라고 할 것이므로, 당사자가 결혼식을 올린 후 신혼여행까지 다녀온 경우라면 단순히 장래에 결혼할 것을 약속한 정도인 약혼의 단계는 이미 지났다고 할 수 있으나, 이어 부부공동생활을 하기에까지 이르지 못하였다면 사실혼으로서도 아직 완성되지 않았다고 할 것이다(대판 1998. 12. 8, 98므961).

〔2〕 약혼의 성립요건

1. 당사자 간 약혼의사의 합치

약혼은 장차 혼인하려는 남녀 두 당사자(1남 1녀)가 결혼하기로 약속하는 합의만으로 성립한다(낙성계약). 때문에 종래 우리나라에서 흔히 있었던 양가 부모들 사이의 합의인 정혼은 무효가 된다. 만 19세 이상의 성년 남녀라면 누구의 허락도 받을 필요 없이 자유롭게 자기들끼리 약혼할 수 있다(민법 제800조).

낙성계약과 요물계약

낙성계약은 계약을 체결하려는 당사자들의 합의만 있으면 성립하는 계약으로서, 매매 · 임대차 · 증여 · 도급 등 민법상의 계약 대부분은 낙성계약이다. 이에 반하여 당사자들의 합의 이외에 목적물이 인도되거나 대금이 지급되어야 하는 등 일정한 행위를 하여야만 계약이 성립하는 경우를 요물계약이라고 한다. 민법상 계약으로서는 현상광고가 이에 해당하며, 계약금계약도 요물계약에 속한다.

■ 묵시적인 의사의 합치로도 약혼은 성립될 수 있는가?

사실관계

A(여)와 B(남)는 우연히 만나 교제하게 되면서 3개월 후 1박2일 여행을 하게 되었는데 B가 성관계를 요구함에 A가 처음에 거절하였으나 B가 '잘 생각해 보아라, 너 왜 이래'라고 말하여 A는 B가 자신의 장래를 책임져 줄 의사가 있는 것으로 받아들여 B의 요구에 따라 성관계를 맺고 교제와 성적 교섭을 계속하였다. 그 사이에 A는 3차례에 걸쳐 임신을 하였으나, 그 때마다 낙태시켰으며, B는 A에게 결혼에 대하여 명시적으로 언약하지 않은 채 단지 '사랑한다. 좋아한다'는 말을 되풀이할 뿐이었다. 이와 같이 교제한 지 2년여가 경과된 후, B가 A의 가정환경을 이유로 A에게 사랑하지만 헤어지자는 말을 하자 A는 가정환경은 이미 알고 있었지 않았냐고 하며 절대로 헤어질 수 없다고 완강하게 거절하면서, 또 다시 임신하였음을 알리고 아이를 출산하였으나(8개월 후 폐렴으로 사망함), B는 그로부터 6개월 후 맞선을 본 C와 결혼식을 올리고 신혼살림을 시작하였다.

이에 A는 B를 상대로 약혼 파기에 대한 책임을 물어 7,000만 원의 손해배상(위자료)을 청구하는 소를 제기한 것이다.

판결이유

(가) 피고(B)는 원고(A)에게 위와 같은 약 2년에 걸친 일련의 행동 및 계속되는 성적 교섭에 의하여 간접적이고 묵시적이나마 원고와 혼인하겠다는 의사를 표현하여 원고에게 약혼의 성립에 대한 신뢰를 주었다고 할 것이므로 이러한 원고의 신뢰보호를 위하여 원·피고 사이에는 약혼이 성립되었다고 보는 것이 상당하다.

(나) 피고(B)는 원고(A)와 교제를 시작할 당시 이미 알고 있었던 원고의 가정환경 및 학력을 핑계삼아 일방적으로 원고와 별거를 선언함으로써 위 약혼을 부당하게 파기하였다 할 것이며, 따라서 피고는 원고에게 위 약혼이 부당하게 파기됨으로써 원고가 입은 정신적 고통에 대한 위자료를 지급할 의무가 있다.

(다) 피고가 배상하여야 할 위자료의 액수는, 원·피고의 나이, 학력, 가족관계, 직업, 재산정도, 약혼이 부당하게 파기되기에 이른 경위와 그

책임 정도, 특히 원고도 정상적인 약혼식을 거행한 것도 아니고 결혼에 대한 어떤 명시적인 확약도 이루어지지 않은 상태에서 피고와 무분별하게 성관계를 가지고 수회에 걸친 임신중절수술을 하였으며 급기야는 아기까지 출산함으로써 스스로 피해를 확대시킨 잘못이 있는 점 등 이 사건 변론에 나타난 제반 사정을 참작하여 보면 피고가 원고에게 지급하여야 할 위자료의 액수는 금 2,000만 원으로 정함이 상당하다(서울가정법원 1995. 7. 13, 94드37503).

■ **양가부모들과 상견례를 하고 혼인예식일자를 정하여 예식장을 예약한 상태에서 일방이 정당한 사유 없이 혼인을 거부하는 경우 약혼 성립은 인정되는가?**

판결요지

양가 부모들과 함께 상견례를 하고 혼인예식의 일시를 정하여 예식장을 예약한 상태에서 정당한 사유 없이 일방적으로 혼인을 거부한 경우, 장차 혼인을 체결하려는 합의인 약혼이 성립하였다가 일방적인 혼인 거부에 의하여 혼인에 이르지 못한 채 해제된 것으로 보아 약혼해제에 따른 손해배상책임은 인정된다(서울가정법원 2005. 9. 1, 2004드합7422).

2. 약혼연령과 부모의 동의

남녀 모두 만 18세(약혼 적령기)에 달하여야 약혼할 수 있다(민법 제801조). 이를 위반하여 만 18세가 되지 않은 어린 나이에 약혼을 했을 때는 당사자 또는 그 부모가 가정법원에 취소를 청구할 수 있다.

약혼 적령기(만 18세)에 도달한 남녀일지라도 19세 미만의 미성년자인 경우에는 당사자끼리의 약속만으로는 약혼이 성립되지 못하고, 부모의 동의를 얻어야만 유효한 약혼이 된다. 만약에 약혼하려고 하는 미성년자에게 부모 양쪽이 모두 없는 경우에는 할아버지나 할머니 또는 삼촌 가운데서 제일 웃어른을 후견인으로 삼아 그 사람의 동의를 받으면 된다.

부모의 동의를 받지 않고 미성년자끼리 맺은 약혼은 당사자나 법정대리인이 취소할 수 있다.

3. 조건부 · 기한부 약혼의 효력

약혼을 하면서 조건이나 기한을 붙일 수 있지만(예컨대 "대학을 졸업하면 약혼하자", "앞으로 1년 후 5월 1일 약혼하자"는 등), 선량한 풍속 기타 사회질서에 위반되는 조건이나 기한을 붙여서는 안 된다. 이를테면 "약혼 후 얼마간 동거를 해보고 임신이 되면 결혼을 한다"거나 "앞으로 5년간 같이 살아보고 혼인하자"는 등의 약혼은 선량한 풍속에 위반되므로 무효가 된다.

또한 사실상 혼인관계가 파탄되어 장기간 별거하면서 사실상의 이혼상태에 있는 부부의 일방이 "앞으로 아내(또는 남편)와 이혼하면 결혼하자"는 내용의 약혼은 유효할 수 있지만, 지금 당장 멀쩡하게 있는 아내나 남편을 내쫓고 혼인하자든지, 현재 같이 생활하고 있는 아내나 남편의 사망을 조건으로 하는 약혼은 무효가 된다. 따라서 지금의 부인과는 장차 이혼을 하겠으니 약혼을 하자는 유부남의 말을 믿고 약혼을 하였다면 그 약혼은 사회질서에 위반한 것이 되어 무효가 되므로 나중에 남자가 결혼약속을 이행하지 않더라도 아무런 항의를 제기할 수 없게 된다.

4. 2중 약혼, 근친자간의 약혼이 아닐 것

배우자가 있는 사람(유부남 또는 유부녀)은 원칙적으로 약혼할 수 없으며, 이쪽 저쪽과 2중으로 약혼을 하는 것도 선량한 풍속 기타 사회질서에 반하므로 무효이다. 또한 결혼할 수 없는 근친관계에 있는 자(8촌 이내의 혈족) 사이의 약혼도 무효가 된다.

5. 불요식계약

그 밖에 약혼의 체결 형식은 특별한 문제가 되지 않는다(불요식계약). 반드시 약혼식을 거행하여야 하는 것도 아니고, 서류상으로 절차를 밟지 않아도 무방하며, 약혼예물을 주고받지 않아도 좋다. 다만 진실한 결혼 약속의 의사로 서로 구두약속을 하면 그것으로써 충분하다고 하겠다.

그러나 만일의 경우, 사기약혼 등 약혼에 대한 분쟁이 벌어졌을 때에는 역시 확실한 증거자료가 있는 것이 분쟁해결을 위하여 유익하다고 할 것이므로 일정한 의식 기타 관행상 약혼이라고 인정될 수 있는 외형적인 사실이 상당한 의미를 가진다고 할 것이다.

〔3〕 약혼의 효과

1. 성실교제의 의무

약혼한 당사자는 몸가짐을 단정히 하여 서로 성실하게 교제하고 가까운 시기에 부부공동체를 성립시킬 의무를 부담한다.

2. 가까운 시기에 혼인을 성취시킬 의무

약혼자끼리는 서로 가까운 장래에 결혼하여 부부공동체를 성립시킬 의무를 부담한다. 그렇지만 어느 한 쪽이 정당한 이유 없이 결혼을 장기간 지연시킨다면 그것은 파혼사유에 해당되며, 상대방은 손해배상을 청구할 수 있을 뿐 강제로 결혼을 성사시킬 수는 없다. 혼인할 의사가 없는 사람을 강제로 결혼시켜 보았댔자 혼인의 목적을 달성할 수 없기 때문이다.

3. 약혼권 침해와 손해배상

장차 약혼자와 결혼할 것으로 예약이 이루어져 있는 약혼상의 권리도 물론 하나의 권리로서 제3자가 이 권리를 침해하였을 때에는 약혼권 침해로 인한 손해배상청구가 가능하다.

예를 들면 A 녀와 B 남은 약혼한 사이인데 C 남이 그러한 사실을 알면서 A 녀와 성관계를 하였다면, B 남은 C 남과 A 녀에게 약혼권 침해라는 공동불법행위를 근거로 손해배상을 청구할 수 있다.

■ 파혼한 당사자의 부모도 손해배상책임이 있는가?
파혼을 당한 자의 부모도 손해배상을 청구할 수 있는가?

판결요지

약혼해제로 인한 손해배상청구에 있어서는, 첫째로 약혼을 부당히 파기한 약혼 당사자 뿐만 아니라 그 당사자의 부모된 자가 부당파기에 가담한 경우에는 그들에게도 손해배상을 청구할 수 있으며, 둘째로 약혼을 부당히 파기당한 자뿐만 아니라 이로 인하여 당연히 정신적 고통을 받게 되는 파혼당한 자의 부모 또한 손해배상을 청구할 수 있다(대판 1975. 1. 14, 74므11).

4. 약혼과 친족관계

약혼을 했다고 하더라도 친족법상 약혼자 및 그 가족 간에는 아무런 친족관계도 생기지 않는다. 엄격히 말하면 약혼기간 중에는 아직도 법률상으로 남남에 불과하다.

5. 약혼과 성행위

약혼 중에는 성행위를 요구할 권리가 없으며, 잠자리를 같이 해주어야 할 의무도 없다. 만일 약혼 중에 아이를 낳게 되었다면 그 아이는 「혼인 외의 출생자(사생아)」가 되는 것이다. 다만 후에 그들이 혼인을 하게 되면 「준정(準正)」이라는 제도에 의하여 혼인 외의 출생자가 혼인중의 출생자로 된다(민법 제855조 제2항).

6. 혼인의 강제이행 여부

약혼은 강제이행을 청구하지 못하므로(민법 제803조), 약혼 후 상대방이 정당한 이유 없이 혼인에 응하지 않더라도 혼인의 강제이행을 청구할 수 없다. 혼인은 당사자의 진정한 자유의사에 따라 이루어져야 하지 때문이다. 정당한 이유 없이 혼인의무를 위반하면 위자료 등 손해배상의무를 부담하게 될 뿐이다.

〔4〕 약혼의 해제

약혼은 정당한 사유가 있으면 언제든지 해제할 수 있다. 정당한 이유 없이 부당하게 약혼을 해제(파혼)한다면 그 상대방에게 손해배상의 책임을 부담하게 된다. 따라서 손해배상을 해주기만 한다면 사실상 파혼은 자유라고 할 수 있다.

1. 약혼해제 사유

민법에 열거되어 있는 약혼을 해제할 수 있는 정당한 사유는 다음과 같다.

(1) 약혼 후 자격정지 이상의 형을 선고받은 때

형의 종류에는 사형 · 징역 · 금고 · 자격상실 · 벌금 · 구류 · 과료 · 몰수 등이 있는데, 자격정지 이상의 형이란 사형 · 징역 · 금고 · 자격상실 · 자격정지를 말하는 것이다. 형이 확정될 필요는 없기 때문에 1심에서 유죄선고를 받고 항소와 상소를 하여 나중에 무죄임이 확정되었다고 하더라도 현재 형이 선고된 시점에서 약혼을 해제할 수 있다.

(2) 약혼 후 성년후견개시나 한정후견개시의 심판을 받은 때

(3) 성병, 불치의 정신병 기타 불치의 악질이 있는 때

약혼자로부터 성병을 감염받았다면 파혼과 동시에 상해죄로서 형사고발할 수도 있다. 질병의 발생 시기는 약혼 전이든 후이든 관계없다.

■ 저시력증으로 인한 제1급 시각장애인은 약혼해제사유로서 불치의 악질에 해당하는가?

판결요지

약혼 상대방이 저시력증으로 인한 제1급 시각장애인으로서 상대방과 시선접촉이 쉽지 않고, 사물을 명확히 식별하지 못하며 글씨를 읽을 때 보조기구를 사용해야 한다는 등의 사정만으로는 그 저시력증이 민법 제804조 제3호의 약혼해제를 정당화할 만한 불치의 악질에 해당한다고 볼 수 없다(서울가정법원 2005. 9. 1, 2004드합7422).

(4) 약혼 후 타인과 약혼 또는 혼인을 한 때

혼인에는 사실혼도 포함된다.

(5) 약혼 후 타인과 간음한 때

(6) 약혼 후 1년 이상 그 생사가 불명한 때

(7) 정당한 이유 없이 혼인을 거절하거나 그 시기를 지연하는 때

파혼 당하지 않고 혼인을 지연시킬 수 있는 정당한 이유란 학업을 마친 후에 결혼하겠다는 경우, 건강이 악화되어 당분간 요양이 필요한 경우, 급격한 경제상태의 악화로 즉시 결혼하는 것이 곤란한

경우 등을 들 수 있다.

(8) 기타 중대한 사유가 있는 때

파혼할 수 있는 중대한 사유란, 예컨대 사기에 의한 약혼이나 강박에 의한 약혼, 상대방의 불성실, 약혼자 또는 그 부모에 의한 모욕이나 냉대, 미성년자의 경우 결혼에 대한 부모의 동의 거부, 약혼자가 불구자가 된 경우, 가족을 부양할 능력이 없을 정도로 재산상태가 악화된 경우, 재산상태의 착오, 행복한 결혼의 가능성이 아주 없어졌을 경우, 애정상실, 기타 혼인 조건이 못 이루어질 것이 확정된 경우 등을 들 수 있다.

그러나 구체적인 경우에 실제로 파혼을 시킬 만큼 중대한 사유인가 아닌가의 결정은 약혼 당사자의 사회적인 위치를 고려하여 그들의 약혼을 계속시키는 것과 결혼을 성립시키는 것이 조리에 맞을 것인가의 여부에 따라 결정하여야 할 것이다.

■ 임신 불능 사실은 약혼해제 사유가 되는가?

판례요지

임신 불능은 혼인예약의 해제사유가 아니다(대판 1960. 8. 18, 4292민상995).

■ 학력과 경력을 속인 것이 약혼해제사유가 되는가?

사실관계

간호보조원 자격을 취득하고 한국방송통신대학 법학과에 재학 중이던 A는, 1991. 11. 11. 경 C의 중매로 B와 맞선을 본 후, 같은 달 21경 A와 B 및 양가 부모 등이 참석한 가운데 같은 해 12. 12. 결혼식을 올리기로 약속하였다. 그 후 A와 B는 각자 혼인을 준비하던 중, B가 맞선을 볼 당시 A에게 자신이 J고등학교 부설 방송통신고등학교를 나

왔음에도 불구하고 J고등학교를 졸업하였으며, 서울시 산하 세종문화회관 소속 기능직 8등급 공무원이었음에도 불구하고 서울시 일반 행정직 7급 공무원으로 세종문화회관에 파견 근무하고 있는 것처럼 거짓말을 한 사실이 밝혀지게 되었다. 이와 같이 속은 사실을 알게 된 A는 1991. 12. 11.경, 이를 이유로 B에게 약혼을 해제한다는 의사표시를 하였다. 이에 B는 A의 약혼해제는 부당함을 이유로 손해배상 및 위자료 지급을 청구하는 소를 제기하였고, A 역시 반소로 약혼해제로 입은 정신상의 고통에 따른 손해배상을 청구한 것이다.

판결이유

(가) 혼인이란 법률상, 사회생활상 중요한 의미를 가지는 신분상 계약으로서 그 본질은 양성간의 애정과 신뢰에 바탕을 둔 인격적 결합에 있다고 할 수 있고, 약혼은 혼인할 것을 목적으로 하는 혼인의 예약이므로 당사자 일방은 자신의 학력, 경력 및 직업과 같은 혼인의사를 결정하는 데 있어 중대한 영향을 미치는 사항에 관하여 이를 상대방에게 사실대로 고지할 신의성실의 원칙상의 의무가 있다.

(나) 종전에 서로 알지 못하던 A와 B가 중매를 통하여 불과 10일간의 교제를 거쳐 약혼을 하게 되는 경우에는 서로 상대방의 인품이나 능력에 대하여 충분히 알 수 없기 때문에 학력이나 경력, 직업 등이 상대방에 대한 평가의 중요한 자료가 된다고 할 것인데 B가 학력과 직장에서의 직종 · 직급 등을 속인 것이 약혼 후에 밝혀진 경우에는, B의 말을 신뢰하고 이에 기초하여 혼인의 의사를 결정하였던 A의 입장에서 보면 B의 이러한 신의성실의 원칙에 위반한 행위로 인하여 B에 대한 믿음이 깨어져 B와의 사이에 애정과 신뢰에 바탕을 둔 인격적 결합을 기대할 수 없어 B와의 약혼을 유지하여 혼인을 하는 것이 사회생활 관계상 합리적이라고 할 수 없으므로 민법 제840조 제6호 소정의 '기타 중대한 사유가 있는 때'에 해당하여 B에 대한 약혼해제는 적법하다.

(다) 위의 (나)항의 경우 약혼관계가 해소됨으로 인하여 A(속은 여자)가 상당한 정신적 고통을 받았을 것임은 경험칙상 명백하므로 B(속인 남자)는 A에게 위자료 300만원을 지급할 의무가 있다.

(라) (나) 항의 경우 A로서도 B의 학력이나 직급 등을 시간을 갖고 정확히 확인하여 보지 아니한 채 경솔히 약혼을 한 잘못은 있다고 할 것이지만, 이를 가리켜 A에게 중대한 과실이 있다고 할 수 없고 약혼의 해제에 대한 귀책사유가 B에게 있는 이상 이러한 A의 잘못은 B의

A에 대한 위자료 액수를 산정함에 있어 참작할 사정에 불과하다(대판 1995. 12. 8, 94므1676, 1683).

【위의 판결내용과 상반되는 종래의 판례】

사실관계

A는 C의 중매로 B와 맞선을 보고 약혼하였다가 파혼을 하게 되었는데, 그 이유는 B가 맞선 볼 당시 자신을 소개하기를 K고등학교를 졸업하고 포항종합제철주식회사의 간부사원으로 월급은 120,000원(1977년 당시) 상당으로서 식구도 단출하여 혼인하면 포항으로 신접살림을 난다고 하였는데, 사실 이는 거짓말이었으니, B는 8남매의 장남으로서 초등학교를 졸업하고 노무자로 종사하여 월급도 50,000원 정도로서 생활이 어려운 편이었다. 그러나 당시 이 사실을 전혀 알지 못했던 A의 오빠 D는 A에게 B와의 혼인을 종용하여 A는 B와 약혼을 하였다. 그 후 혼인을 준비하는 과정에서 B의 말들이 허위임을 알게 된 D는 A에게 파혼을 종용하여 결국 A는 기망을 이유로 B와의 약혼을 해제하였다. 이에 B는 A와 D를 상대로 약혼이 부당하게 파기됨으로 인한 손해배상을 청구한 것이다.

판결이유

이 사건 약혼은, 피청구인(A) 등이 청구인(B)의 학력·경력·재산상태·가족관계 등 통상 약혼 성립 전에 당사자들이 확인하는 주변상황을 전혀 확인해 보지 아니한 채 우선 약혼의 합의에 이르게 되었으나, 그 후 피청구인(A) 측이 위 사항에 관하여 확인한 후 사실과 상이하다는 이유를 내세워 해제한다는 이름으로 이를 파기한 것이라고 할 것이어서 이는 법률상 정당한 이유 없는 것으로, 법률상 정당한 이유 없이 위 약혼을 파기한 피청구인과 파혼을 교사한 피청구인의 오빠(D)는 공동불법행위자로서 위 약혼의 파기로 인하여 청구인이 입은 손해를 배상할 책임이 있다(대구고등법원 1978. 6. 16, 77르49, 50).

2. 해제 방법

파혼은 상대방에게 약혼을 해제한다는 의사를 표시함으로써 이루어진다. 이러저러한 이유 때문에 당신과의 약혼을 해제한다고 상대방에게 알리면 되고 다른 특별한 절차는 필요 없다. 만나서 말로 전하거나 전화로 통고하거나 우편(보통우편이나 내용증명우편)으로 알리든 상관없다. 다만 생사불명인 때와 같이 파혼할 의사를 상대방에게 알릴 수 없는 경우에는 이 쪽 약혼자가 파혼사유 있음을 안 때로부터 약혼은 이미 해제된 것으로 본다.

〔5〕 해제의 효과

1. 손해배상청구

약혼은 혼인예약이다. 신분상의 계약인 약혼에 있어서도 최초의 약속을 위반하여 약혼을 깨뜨린 경우에는 과실 있는(책임 있는) 당사자가 상대방에게 파혼으로 인한 손해배상을 해주어야 한다. 이 때 양측이 원만하게 합의하여 배상 금액을 주고받으면 별 문제가 없으나, 그렇지 못하여 소송으로 손해배상금을 청구할 경우에는 먼저 가정법원에 조정을 신청하여야 하고, 조정에 실패하면 그 때 재판으로 넘어가게 된다.

법원에서 상대방 약혼자에게 과실이 있느냐 없느냐를 판단할 때에는 약혼으로 쌍방 간에 발생한 생활관계, 파혼하게 된 양측의 행위 모습, 기타 약혼 성립 당시의 사정까지 고려하게 된다. 약혼 당사자 쌍방에게 모두 파혼에 대한 과실이 있는 때에는 법원이 과실상계 규정을 준용하게 되므로 제반 사정을 참작하여 배상금액을 감경하거나 아예 면제할 수도 있다.

2. 손해배상의 범위

파혼하게 됨으로써 받을 수 있는 손해배상의 범위는 「재산상 손해」 및 「정신상 손해」에 관한 것이 된다.

(1) 재산상 손해

첫째, 약혼 및 결혼 준비에 쓴 혼사비용 일체(예를 들면, 약혼비용·중매인 사례금·교통비·전화비·식사대 등과 교제비, 혼수감 장만에 소비한 금전 등)가 포함된다.

둘째, 약혼 및 결혼준비 때문에 포기한 이익(예를 들면, 결혼하기 위하여 다니던 직장을 사직한 경우의 봉급 및 보너스 등)도 포함될 수 있다.

셋째, 파혼으로 충격을 받아 입원을 하였다면 그 병원비 등이 된다.

(2) 정신상 손해

파혼을 당함으로 말미암아 받게 된 정신적 고통에 대한 위자료를 말한다.

(3) 육체상 손해

「육체상 손해」도 배상받을 수 있는가? 약혼을 하였다고 해서 동침할 의무가 있는 것은 아니므로 약혼 중의 성행위로 정조를 상실한 경우는 특별한 사유가 없는 한 각자의 위험부담으로 돌아가고 만다고 볼 수도 있다.

약혼녀와 육체관계까지 맺은 후 정당한 이유 없이 파혼한 남자에게 처녀성 상실의 대가를 포함하여 위자료를 청구한 사건에서(1965년), 서울가정법원은 「본 건 순수한 약혼 당사자 사이의 성행위는 각자의 의사에 의하여 각자의 위험부담 하에 스스로 일정한 한계선을 넘어서 함부로 저지른 결과에 불과하니, 그 누구라도 자신의 행동에 의한 자신의 위험결과를 상대방에게 귀속시킬 수 없고, 따라서 순수한 약혼 부당파기에 관한 위자료 가운데 위와 같은 정조 상실의 대가까지는 포함시킬 수 없다(서울가심 1966. 2. 7.)」고 판시한 바 있다. 이 판례의 내용에는 동의할 수 없다.

그런데 1980년대 이후의 판례는, 약혼 중의 성관계로 정조를 상실하였다는 이유로 위자료를 청구한 사안에서 손해배상책임을 인정하고 있다(대판 1980. 4. 22, 79므79).

(4) 손해배상책임자 및 손해배상청구권자

부당하게 파혼한 약혼 당사자뿐만 아니라 약혼을 부당하게 파혼한 약혼자의 부모가 그 약혼을 부당하게 파혼하는데 가담한 경우에는 그들도 손해배상책임을 지게 되며, 또한 부당하게 파혼당한 약혼자 자신뿐만 아니라 그 때문에 당연히 정신적 고통을 받게 된 그 부모들도 손해배상을 청구할 수 있다.

(5) 손해배상금액

일반적으로 파혼으로 인한 손해배상금의 액수는 당사자가 합의하여 결정되었을 때는 비교적 낮은 액수이고, 가정법원의 조정이나 심판에 의하여 결정되었을 때가 높은 액수인 것으로 나타나고 있다.

■ A(아내)와 B(남편)의 혼인생활이 1개월 만에 파탄된 경우(혼인신고 전), 결혼 후 동거할 주택구입 명목으로 A가 B에게 교부한 금전은 반환받을 수 있는가?

판결이유

아내가 결혼 후 동거할 주택구입 명목으로 남편에게 금원을 교부함으로써 남편이 자신의 명의로 주택을 소유하게 되었을 뿐 아니라 향후 그 주택의 시가상승으로 인한 이익까지 독점적으로 보유하게 된다는 점 등을 고려할 때, 결혼생활이 단기간에 파탄되었다면 형평의 원칙상 위 금전은 원상회복으로서 특별한 사정이 없는 한 전액 반환되어야 한다(대판 2003. 11. 14, 2000므1257).

■ 위 경우, 혼인생활에 사용하기 위하여 A가 가재도구를 구입한 것이 있다면 그 구입비용 상당액을 손해배상으로 청구할 수 있는가?

판결이유

A와 B 사이의 사실혼관계(혼인신고 전이므로)가 불과 1개월 만에 파탄된 경우, 혼인생활에 사용하기 위하여 결혼 전후에 A 자신의 비용으로 구입한 가재도구 등을 B가 점유하고 있다고 하더라도 이는 여전히 A의 소유에 속한다고 할 것이어서, A가 소유권에 기하여 그 반환을 구하거나 원상회복으로 반환을 구하는 것은 별론으로 하고, 이로 인하여 A에게 어떠한 손해가 발생하였다고 할 수 없으므로 그 구입비용 상당액의 손해배상청구는 인정되지 않는다(대판 2003. 11. 14, 2000므1257).

3. 약혼예물의 반환

약혼할 때에 당사자가 서로 주고받는 약혼예물이란 혼인의 성립을 예정하고 선물한 증여이며, 혼인이 성립하지 않으면 주지 않았을 증여이다. 법률적으로는 「혼인의 불성립을 해제조건으로 한 증여」라고 할 수 있다.

따라서 혼인이 성립하지 않는 것으로 확정되었을 때에는 부당이득의 법리(법률상 원인없이 타인의 재산 또는 노무로 인하여 이득을 얻고 이로 인하여 타인에게 손해를 가한 자는 그 이익을 반환하여야 한다. 민법 제741조)에 따라서 약혼자는 서로 교환한 예물의 반환을 청구할 수 있다.

특히 혼인 성립 후 매우 짧은 시일 내에 이혼을 하게 된 경우에는 신의·형평의 원칙상 혼인불성립에 준하여 약혼예물을 반환하게 된다.

■ 혼인이 파탄되면 약혼할 때에 주고받은 약혼예물도 반환되어야 하는가?

▣ 판결요지

약혼예물의 수수는 약혼의 성립을 증명하고 혼인이 성립한 경우 당사자 내지 양가의 정리를 두텁게 할 목적으로 수수되는 것으로 혼인의 불성립을 해제조건으로 하는 증여와 유사한 성질을 가지므로, 예물의 수령자측이 혼인 당초부터 성실히 혼인을 계속할 의사가 없고 그로 인하여 혼인의 파국을 초래하였다고 인정되는 등 특별한 사정이 있는 경우에는 신의칙 내지 형평의 원칙에 비추어 혼인 불성립의 경우에 준하여 예물반환의무를 인정함이 상당하나, 그러한 특별한 사정이 없는 한 일단 부부관계가 성립하고 그 혼인이 상당 기간 지속된 이상 후일 혼인이 해소되어도 그 반환을 구할 수는 없으므로, 비록 혼인 파탄의 원인이 며느리에게 있더라도 혼인이 상당 기간 계속된 이상 약혼예물의 소유권은 며느리에게 있다(대판 1996. 5. 14, 96다5506).

▣ 판결요지

약혼예물의 수수는 혼인불성립을 해제조건으로 하는 증여와 유사한 성질이기는 하나 약혼의 해제에 관하여 과실이 있는 유책자로서는 그가 제공한 약혼 예물은 이를 적극적으로 반환을 청구할 권리가 없다(대판 1976. 12. 28, 76므41).

(1) 쌍방의 합의하에 결혼하지 않기로 한 경우

양측이 서로 부당이득의 법리에 따라 약혼했을 때 교환했던 예물을 반환하여야 한다. 자기가 받은 물건은 돌려주고 자기가 선물했던 예물은 찾아오면 된다.

(2) 당사자 일방에게만 파혼의 책임이 있는 경우

파혼에 대하여 책임이 있는 자는 자기가 받은 예물은 상대방에게 돌려주어야 하되, 자기가 상대방에게 주었던 예물은 돌려 달라고 요구할 수 없다.

Ⅱ. 혼인의 성립

결혼이 합법적으로 성립하기 위하여 갖추어야 할 요건은 무엇일까?

혼인이 유효하게 성립하기 위해서는 민법이 규정하고 있는 일정한 요건을 갖추어야 한다. 즉, (1) 당사자 사이에 혼인의사의 합치가 있을 것, (2) 혼인적령에 달하였을 것, (3) 미성년자는 부모의 동의를 얻을 것, (4) 일정한 근친자가 아닐 것, (5) 중혼이 아니어야 한다(실질적 요건). 뿐만 아니라 가족관계등록법이 정하는 내용에 따라서 혼인신고를 하여야 한다(형식적 요건). 이를 법률혼주의(法律婚主義) 또는 신고혼주의(申告婚主義)라고 한다.

〔1〕 실질적 요건

1. 혼인의사의 합치

혼인할 의사란 두 사람이 결혼하여 부부관계를 성립시키겠다는 의사를 말하는 것으로서, 장차 두 남녀가 육체적·정신적으로 하나가 되어 결합하겠다는 의사이기도 하다. 따라서 혼인은 하더라도 육체관계는 갖지 않겠다는 내용의 동거하지 않기로 하는 혼인, 또는 남성과 남성이나 여성과 여성의 이른바 동성간의 혼인(同性婚; same-sex marriage), 이미 사망한 자와 정신적으로나마 영원히 사랑하겠다면서 결혼식을 올리는 이른바 영혼결혼, 애초부터 다른 목적을 위하여 혼인신고만 해놓는 위장결혼 등은 모두 처음부터 무효가 된다.

그렇지만 사형수와의 혼인을 무효라고 단정할 수는 없다. 사형수라도 장래 사면으로 석방될 수 있기 때문이다.

또한 법률상 혼인의사의 합치는 혼인신고라는 형식으로 표시되는 것이기 때문에 결혼할 당초부터 혼인신고는 하지 않기로 하고 법률적으로 자유로운 상태에서 결혼생활만을 즐기기로 약속한 것이었다면 그것은 진정한 결혼의사가 없었다고 보아야 한다.

■ 실질적인 혼인의사도 없이 혼인신고를 하는 것은 범죄가 되는가?

판결요지

당사자간에 일응 법률상의 부부라는 신분관계를 설정할 의사는 있었다고 인정되는 경우라도 그것이 단지 다른 목적을 달성하기 위한 방편에 불과한 것으로서 그들 간에 참다운 부부관계의 설정을 바라는 효과의사가 없는 경우에는 그 혼인은 무효라고 할 것이어서, 해외이주의 목적으로 위장결혼을 하고 혼인신고를 하여 그 사실이 호적부에 기재되었다면 공정증서원본 부실기재죄를 구성한다(대판 1985. 9. 10, 85도1481).

판결요지

A가 중국 국적의 조선족 여자와 참다운 부부관계를 설정할 의사 없이 단지 그의 국내 취업을 위한 입국을 가능하게 할 목적으로 형식상 혼인하기로 한 것이라면, A와 조선족 여자 사이에는 혼인의 계출에 관하여는 의사의 합치가 있었으나 참다운 부부관계의 설정을 바라는 효과의사는 없었다고 인정되므로 A의 혼인은 우리나라의 법에 의하여 혼인으로서의 실질적 성립요건을 갖추지 못하여 그 효력이 없고, 따라서 A가 중국에서 중국의 방식에 따라 혼인식을 거행하였다고 하더라도 우리나라의 법에 비추어 그 효력이 없는 혼인의 신고를 한 이상 A의 행위는 공정증서원본 부실기재 및 동 행사 죄의 죄책을 면할 수 없다(대판 1996. 11. 22, 96도2049).

※ 형법 제228조(공정증서원본 등의 부실기재)

① 공무원에 대하여 허위신고를 하여 공정증서원본 또는 이와 동일한 전자기록 등 특수매체기록에 부실의 사실을 기재 또는 기록하게 한 자는 5년 이하의 징역 또는 1천만원 이하의 벌금에 처한다.

(1) 사기나 강박에 의한 혼인이 아닐 것

혼인의 의사는 자기의 판단에 의하여 자유롭게 결정되어야 한다. 상대방이나 제3자의 사기나 강박으로 인하여 혼인을 한 자는 완전한 자유의사에 의한 것이 아니므로 취소문제가 생긴다.

「사기결혼」이란 상대방 또는 중매인이 고의적으로 상대방의 재산·신분·건강·환경 등에 관하여 사실을 감추거나, 덧붙이거나, 거짓말을 했기 때문에 그것에 속아서 착오로 결혼을 하게 된 경우를 말한다.

「강박결혼」이란 요구대로 하지 않으면 해악을 가하겠다고 위협하는 바람에 두려워서 마지못해 결혼하게 된 경우를 말한다.

이러한 사기결혼이나 강박결혼이 처음부터 무효가 되는 것은 아니다. 일단은 유효한 결혼으로 인정을 하되, 다만 속았다는 사실을 안 날 또는 강박을 면한 날로부터 3개월 이내에 가정법원에 결혼의 취소를 청구할 수 있도록 되어 있다. 어물어물 하다가 3개월을 넘겨버리면 취소할 수 없게 되고 만다.

그러나 어떠한 혼담이라도 다소 과장이나 착오는 조금씩 있게 마련이므로 결혼하기 전의 사소한 거짓말 따위를 이유로 혼인을 취소할 수는 없다. 적어도 사기결혼으로 취소할 수 있으려면 그 사기의 정도가 사회통념에 비추어 도저히 묵과할 수 없을 정도로 상당히 무거워야 하고, 그 사기행위가 상당한 정도로 위법하여야만 하는 등의 요건이 필요한 것이다.

이를테면 여자가 사생아를 낳은 사실을 숨기고 결혼하였다면 이는 사기결혼에 해당하여 취소할 수 있을 것이다. 보통 사람들 누구라도 그러한 사실을 알았더라면 결코 그러한 결혼은 하지 않았을 정도의 사기성이 있기 때문이다.

■ **처녀인 줄 알고 결혼했는데 첫날밤 신방을 치르고 보니 처녀가 아니더라는 경우에, 남자가 속았다는 배신감 때문에 결혼을 취소할 수 있을 것인가?**

판결요지

우리는 누구나 결혼 전에 정조를 지켜야 하는 것이 우리의 전통적인 미풍양속임으로써 이는 당위적인 명제이며, 도덕적으로 매우 찬양할 일이고 또 권장할 만한 일임에는 틀림이 없다. 그러나 그렇다고 하여 이에 배치되는 혼전 부도덕적 행위가 있었을 때, 설사 그녀가 사회적・도덕적 비난의 대상은 될지언정 그것이 결혼 후에 발생하는 혼인의무의 위반이라고 할 수는 없지 않겠는가? 그렇다면 결혼 전의 정조 상실 그 자체를 가지고 결혼을 해소시킬 수 없는 것이다(서울가정법원 1964. 11. 29, 64드320).

(2) 조건부 기한부 혼인이 아닐 것

혼인의사의 합치에는 그 성질상 조건부 또는 기한부가 있을 수 없다. 혼인의사는 무조건・무기한이어야 한다. 따라서 장차 공무원 시험에 합격하면 결혼을 하겠다는 등의 조건부 결혼 약속은 약혼은 될지언정 혼인의 합의는 될 수 없다. 또한 결혼한 지금부터 5년 동안만 부부로 함께 지내자는 등의 기한부 계약결혼도 무효가 된다.

(3) 일방적 혼인신고가 아닐 것

일방당사자에게 혼인할 의사가 없는데 다른 일방의 당사자 또는 제3자, 특히 부모들이 일방적으로 혼인신고를 하는 경우가 있는데, 이러한 경우에는 혼인의사의 흠결로서 원칙적으로 무효가 된다.

결혼식을 거행하고 사실혼관계에 있었지만, 일방이 뇌졸중으로 혼수상태에 빠져 있는 사이에 타방이 임의로 혼인신고를 하였다면, 특별한 사정이 없는 한 위 신고에 의한 혼인은 무효가 된다(대판 1996.

6. 28, 94므1089).

다만 당사자가 사실상 혼인의사를 가지고 있음에도 불구하고 혼인신고를 게을리하고 있는 경우에는(사실상 혼인관계가 있는 경우), 다른 사람(이를테면 부모)이 신고를 하였다고 하더라도 혼인은 성립하는 것으로 보아야 한다. 예컨대, 관례에 따라 결혼식을 하고 부부로서 상당기간 동거하며 그 사이에 자녀까지 출산하여 혼인의 실제는 갖추었으나 혼인신고만 되어있지 않은 관계에서, 당사자 일방의 부재중 혼인신고가 이루어졌다고 하여도 특별한 사정이 있는 경우를 제외하고는 그 신고에 의하여 이루어진 혼인을 당연히 무효라고 할 수는 없다(대판 1980. 4. 22, 79므77).

혼인 당사자간의 혼인할 의사의 합치는 혼인신고서를 작성할 때는 물론이고 혼인신고서를 담당공무원에게 신고할 때에도 존재하여야 한다. 따라서 일단 혼인의사가 합치되어 유효하게 신고서를 작성하였더라도 이를 제출하기 전에 혼인의사를 철회한 경우나 담당공무원에게 혼인의사를 철회하였으니 그 수리를 하지 말도록 말한 경우에는 혼인의 의사합치가 없다고 할 것이므로 그 신고서가 제출되었더라도 그 혼인은 무효가 된다(대판 1983. 12. 27, 83므28).

2. 혼인 적령

(1) 남녀 만 18세

민법상 혼인할 수 있는 최저 연령은 남녀 모두 만 18세이다. 이 나이는 사실상의 나이가 아니라 가족등록부상의 연령을 기준으로 한다.

(2) 혼인적령 미달자의 혼인

혼인적령을 위반한 혼인신고는 수리되지 않지만, 잘못 수리된 경우에는 취소할 수 있는 혼인이 된다. 즉, 혼인 적령 미달자의 혼인은 무효가 되는 것이 아니라 당사자 또는 그 법정대리인이 취소를 청구할 수 있게 된다. 취소를 청구하는 절차는 먼저 가정법원에 혼인취소조정신청을 하여 조정을 받아본 다음, 그 조정에서 해결이 되지 않고 실패하면 혼인취소심판청구의 소로 넘어가게 된다.

다만 적령 미달인 나이에 혼인을 하였다고 할지라도 그 후에 몇 해가 흘러 이미 혼인 적령의 나이를 넘어섰다면 새삼스레 옛날 혼인에 관하여 취소를 청구할 필요는 없으며, 아직 적령 미달의 나이일 때라도 혼인 후 임신이 되어 있는 경우라면 역시 취소를 청구할 수 없다.

3. 미성년자는 부모의 동의를 얻을 것

(1) 부모의 동의

혼인 적령에는 도달하였으나 아직 미성년자인 경우(만 18세-만 19세)에는 부모의 동의를 얻어야 한다.

단순히 부모라는 자격으로서 동의권이 있다고 규정하고 있으므로 부모인 이상, 이혼하여 가족등록부가 달라진 어머니일지라도 혼인동의권이 있다. 부모 중 한 사람을 알 수 없거나(이를테면 혼인외의 출생자가 생부의 인지를 받지 못한 경우), 부모 중 한 사람이 사망·실종선고·행방불명 등으로 동의권을 행사할 수 없는 때에는 나머지 한 사람의 동의만으로 혼인 할 수 있다. 친부모와 양부모가 모두 생존해 있는 경우에는 양부모의 동의만으로 혼인할 수 있다. 1990년 가족법 개정에서 법정모자관계가 폐지되었기 때문에 계모와 적모는 혼인 동의권이 없다.

(2) 미성년후견인의 동의

만 18세 이상의 미성년자가 혼인할 경우에 부모가 모두 동의권을 행사할 수 없는 때에는 미성년후견인의 동의를 받아야 한다.

부모나 후견인이 정당한 이유 없이 혼인동의를 거부하는 경우에는 권리남용이 될 수 있을 것이다.

(3) 동의의 방식

동의의 표시는 특별한 방식을 필요로 하지 않으므로 요식행위가 아니다. 일반적으로 부모 동의의 표시는 혼인신고서에 동의서를 첨부하든가 또는 혼인신고서에 「동의한다」고 기재하면 된다.

(4) 동의 없는 혼인

부모의 동의가 없는 미성년자의 혼인신고는 담당 공무원이 접수조차 받지 않겠지만, 사무 착오 등 잘못하여 수리가 될 수 있는데, 그러한 경우에는 당사자 또는 그 법정대리인이 취소할 수 있다. 다만 당사자가 이미 만 19세가 넘어버렸다거나, 혼인 후 임신이 된 경우에는 그들의 혼인을 취소할 수 없게 된다.

4. 근친자 사이의 혼인이 아닐 것

동성동본간의 혼인을 금지하는 규정은 1997년 7월 헌법재판소의 헌법불합치결정을 받아 그 적용이 중지되었고, 1999년 1월부터 그 효력을 상실하였는데, 2005년 가족법이 개정됨으로써 동성동본금혼 규정은 삭제되고 아래와 같은 내용으로 금혼범위가 축소되었다(민법 제809조).

(1) 8촌 이내 혈족 간의 혼인

8촌 이내의 혈족 사이에서는 혼인하지 못한다. 조부모·부모·자녀, 손자·손녀 같은 직계혈족 사이, 또는 형제자매, 백·숙부, 고모, 그 밖의 8촌 이내의 방계혈족 사이는 혼인할 수 없다.

이처럼 직계혈족·방계혈족 이외에 부계혈족·모계혈족(외숙부, 이모, 외4촌 형제자매, 외6촌 형제자매 등), 자연혈족·법정혈족(양부모계의 혈족) 및 사실상 혈족(인지 전의 자녀와 생부 등)도 모두 포함된다.

이 규정에 위반하여 혼인하면 그 혼인은 무효가 된다.

(2) 인척간의 혼인

인척이란 혼인으로 말미암아 생기는 친족관계를 의미한다. 6촌 이내의 혈족의 배우자, 배우자의 6촌 이내의 혈족, 배우자의 4촌 이내의 혈족의 배우자인 인척이거나 인척이었던 사람 사이에는 혼인하지 못한다.

혈족의 배우자는 6촌 이내에서 금지되므로, 예컨대 형제의 처·고모부·자매의 남편·조카의 배우자 등과는 혼인이 금지된다.

배우자의 혈족은 배우자의 6촌 이내의 혈족까지 혼인이 금지되므로, 예컨대 시숙·시동생, 처형·처제, 처의 외사촌뿐만 아니라 배우자의 부모, 조부모, 형제자매, 형제자매의 子, 백·숙부, 종형제, 고모, 고모의 子 등이 해당된다.

배우자의 4촌 이내의 혈족의 배우자까지 혼인이 금지되므로, 예컨대 배우자의 백·숙부 또는 형제의 처, 배우자의 고모·이모 또는 자매의 남편 등이 해당된다.

이 규정에 위반하여 혼인하면 무효가 되는 것이 아니라 취소할 수 있는 혼인이 된다.

(3) 양친자 관계의 친족 간의 혼인

6촌 이내의 양부모계의 혈족이었던 자와 4촌 이내의 양부모계의 인척이었던 자 사이에서는 혼인하지 못한다. 양친자관계가 존속중이면 8촌 이내의 혈족까지 혼인이 금지되지만, 파양 등으로 양친자관계가 종료된 경우에는 6촌까지만 혼인할 수 없다.

■ 형부와 처제의 결혼이 가능한가?

과거 우리나라의 전통은 형부와 처제의 혼인이 관습상으로 허용되었다고도 하여 한때 논란의 대상이 된 적이 있다. 그러나 형부와 처제는 근친혼 금지에 관하여 민법 제809조 제2호가 규정한 6촌 이내의 혈족의 배우자 또는 배우자의 6촌 이내의 혈족에 해당되므로 〔처제 측에서 볼 때 형부는 언니(2촌의 방계 혈족)의 배우자이고, 형부 측에서 볼 때 처제는 배우자의 2촌 방계혈족이 된다〕 법률상 혼인이 금지된다. 만일 혼인하면 취소할 수 있는 혼인이 된다.

5. 중혼이 아닐 것

중혼이란 법률상의 혼인이 이중으로 되어 있는 경우를 의미한다. 이는 일부일처(一夫一妻)제도를 유지하기 위한 것으로서, 배우자 있는 자가 중복해서 거듭 혼인할 수 없다는 것이다.

중혼이 생기는 경우는 드물지만 다음과 같은 경우를 예상할 수 있다.

① 공무원이 부주의하여 혼인신고를 이중으로 수리한 경우,

② 이혼한 후 재혼하였는데 그 이혼이 무효로 되거나 취소된 경우,

③ 전장에 나간 남편의 전사통보를 받고 재혼을 하였는데 나중에 남편이 살아 돌아온 경우,

④ 실종선고 후 재혼하였는데 그 실종선고가 취소된 경우,

⑤ 국내에서 결혼한 사람이 외국에서 그 외국 방식으로 또 결혼한 경우 등이다.

중혼이 된 경우에 전혼(먼저 한 결혼)의 배우자는 이혼을 청구할 수 있는데, 중혼을 한 자가 악의(중혼임을 알면서)로 중혼한 것이라면 「배우자에게 부정행위가 있는 것」을 이유로 들어 재판상 이혼을 청

구할 수 있고, 중혼을 한 자가 선의(알지 못하고서)로 중혼한 것이라면 「혼인을 계속하기 어려운 중대한 사유가 있는 것」을 이유로 재판상 이혼을 청구할 수 있다.

또한 나중에 한 결혼에 대하여는 결혼 당사자 및 그 배우자, 직계혈속, 4촌 이내의 방계혈족 또는 검사가 취소를 청구할 수 있다(민법 第818조).

〔2〕 형식적 요건

1. 신고혼주의

혼인은 「가족관계의 등록 등에 관한 법률」에 정해진 내용에 따라 신고함으로써 성립한다(혼인의 성립요건). 우리나라에서는 결혼식을 올리지 않았다고 하더라도 두 사람이 서로 합의하여 혼인신고만 해 놓으면 그 때부터 법적인 부부로 인정되는 이른바 법률혼주의(신고혼주의)를 채택하고 있다.

2. 혼인신고 절차

(1) 혼인신고의 주체와 장소

혼인신고는 당사자 본인이 신고하여야 하며, 당사자의 등록기준지 또는 주소지나 현재지의 시(구)·읍·면의 사무소에서 할 수 있다.

(2) 혼인신고 방법

혼인신고서 용지에 남편과 아내의 등록기준지·주소·성명·생년월일·양가부모의 등록기준지와 성명 등을 기재하고, 성년인 증인 두 사람의 서명·날인을 받은 다음, 신랑 신부가 각각 서명·날인한 서면으로 한다. 다만 구술신고로서 당사자가 시(구)·읍·면의 사무소에 출석하여 기재사항을 진술하고 서명·날인하는 방법도 가능하다. 그러나 대리인에 의한 신고는 허용되지 않는다.

혼인신고서에 기재할 사항은 법으로 정하여져 있으며, 앞으로 출생할 자녀의 성·본을 어머니의 성·본에 따르기로 합의한 경우에는 그 협의도 기재하여야 한다.

혼인신고서를 담당 공무원에게 제출하는 일은 당사자 자신이 직접 하지 않아도 된다. 당사자가 혼인신고서에 직접 서명·날인하였다면 그것을 우편으로 우송하여도 좋고 다른 사람에게 위임하여 대신 제출하게 하여도 좋다.

(3) 가족관계등록 공무원의 형식적 심사권

혼인신고서를 접수한 공무원은 혼인신고서 소정의 형식적 요건이 제대로 구비되어 있는가를 조사하는 형식적 심사권만 있다. 이 형식적 심사의 대상에는 혼인당사자의 생존 여부를 조사하는 것도 당연히 포함된다(대결 1991. 8. 13, 91스6). 혼인은 생존한 사람들 사이에서만 이루어질 수 있기 때문이다.

■ 사망한 자와의 혼인신고도 가능한가?

판결요지

우리 법제상 사망자 사이 또는 생존하는 자와 사망한 자 사이에서는 혼인이 인정될 수 없고, 혼인신고특례법과 같이 예외적으로 혼인신고의 효력의 소급을 인정하는 특별한 규정이 없는 한 그러한 혼인신고가 받아들여질 수도 없는 것이므로, 사실혼 배우자의 일방이 사망한 경우 생존하는 당사자가 혼인신고를 하기 위한 목적으로서는 사망자와의 과거의 사실혼관계 존재확인을 구할 소의 이익이 있다고는 할 수 없다(대판 1995. 11. 14, 95므694).

(4) 혼인신고의 효력

공무원이 혼인신고서를 수리하면 혼인은 성립된다. 수리된 신고는 어떠한 이유로 가족관계등록부에 기재되지 않더라도 혼인은 성립한다.

다만 가족관계등록부에 기재되지 않으면 혼인신고 사실을 증명할 수 없으므로 신고할 때 담당공무원으로부터 혼인신고접수증명서를 받아두면 좋을 것이다.

(5) 영사혼(領事婚)

해외에 나가 있는 한국인끼리 외국에서 결혼을 하는 경우에는 그 외국에 주재하는 대사나 공사 또는 영사에게 혼인신고를 하면 된다. 이를 영사혼(領事婚)이라고 한다.

(6) 혼인신고수리 불가신고서

당사자가 혼인하기로 하여 결혼식까지 올렸다고 하더라도 상대방과 진정으로 혼인할 뜻이 없는 경우에는 「혼인신고수리 불가신고서」를 신고인의 등록기준지, 주소지 또는 현재지의 시(구)・읍・면에 출석하여 제출하여야 한다. 신고인은 6개월 이내의 범위에서 혼인신고를 수리하지 말라고 요구할 수 있으며, 그 기간을 명확히 하여야 한다.

Ⅲ. 혼인의 효과

결혼을 하면 어떠한 법률적 효과가 생기는가? 혼인의 효과는 신분상의 효과인 일반적 효과와 재산상의 효과로 크게 나눌 수 있다.

〔1〕 혼인의 일반적 효과

1. 친족관계의 발생

(1) 배우자 신분의 취득

혼인을 하게 되면 혼인 당사자는 배우자라는 신분을 가지게 됨과 동시에 서로 친족이 된다. 다만 부부가 친족이라고는 하지만 촌수는 0촌, 무촌(無寸)이 된다. 또한 혼인을 하게 되면 부부는 상대방(시가나 처가)의 4촌 이내의 부계·모계혈족과 4촌 이내의 혈족의 배우자 사이에 서로 인척관계가 발생한다.

(2) 상속권

배우자(부부) 중 한 사람이 먼저 사망하면 나머지 한 사람은 당연히 재산상속권을 취득한다.

2. 가족관계등록부의 기재

남녀가 혼인을 하면, 부부 각자의 가족관계등록부에 혼인신고가 되어 혼인사실이 기록(전산입력)된다. 따라서 가족관계증명서나 혼인관계증명서에 배우자의 성명 등 인적사항이 표시된다.

3. 성(姓) 불변

외국에서는 남녀가 결혼하면 여자는 남편의 성을 따르도록 되어 있으나, 우리나라에서는 결혼을 하더라도 부부는 각자 본래의 성을 그대로 사용하여 왔다. 부부 사이에 자녀가 태어나면 그 자녀는 아버지의 성을 따라 가족등록부에 기록되지만, 혼인 당시 부부가 협의하면 어머니의 성을 따를 수 있다.

4. 동거의무

(1) 동거의 개념

결혼을 하면 그 때부터 부부는 함께 살아야 할 의무인 동거의무가 생긴다. 동거의무란 거소를 같이 하면서 동고동락할 의무를 말한다. 이것은 혼인의 본질에 비추어 볼 때 당연한 것이다.

동거라는 것은 한 장소에서 의식주를 같이 하면서 함께 살아야 한다는 의미 이상이다. 따라서 한 지붕 밑에서 살아가면서 잠자리를 같이 하지 않거나, 다른 방을 쓰면서 생활하는 것은 동거라고 볼 수 없다. 말하자면 부부의 동거란 정신적 의미 외에 육체적 동거까지 수반하는 것이다.

(2) 별　거

정당한 이유로 일시적으로 별거하는 하는 경우에는 서로 인용하여야 한다. 정당한 이유란, 예를 들면 해외유학이나 해외 또는 지방근무, 장기간의 입원, 자녀교육상의 필요, 육체상의 일시적인 요양의 필요 등을 들 수 있다.

부부의 일방이 징역이나 금고형을 받고 교도소에서 복역 중인 때, 부부 일방으로부터의 참기 어려운 폭행이나 구타를 당하여 일시적으로 피신해 있는 경우, 부부관계가 파탄되어 이혼소송을 제기 당한 경우 등에는 동거의무를 지지 않는다.

(3) 동거의 장소

부부가 동거할 장소는 부부가 협의하여 정한다. 만일 협의가 잘 이루어지지 않으면 당사자의 청구에 의하여 가정법원이 결정하게 된다.

부부 중 일방이 동거 장소에서 동거하기를 끝내 거부하는 경우에는 상대방은 가정법원에 동거 청구에 관한 조정 및 심판을 청구할 수 있다. 그러나 이 때 한 쪽이 승소하여 동거를 명하는 판결을 받았다고 하더라도 상대방이 순순히 동거에 응해오지 않는 한 동거를 강요할 방법은 없다. 동거를 하도록 하기 위한 강제집행은 있을 수 없다. 정당한 이유 없이 끝내 동거를 거부한다면, 「악의의 유기」를 이유로 이혼소송을 제기하는 수밖에 없을 것이다. 동거를 거부하는 자는 부양청구를 할 수 없다.

■ 동거 거부는 이혼사유가 되는가?

판결요지

혼인은 남녀의 애정을 바탕으로 하여 일생의 공동생활을 목적으로 하는 도덕적·풍속적으로 정당시되는 결합으로서 부부 사이에는 동거하며 서로 부양하고 협조하여야 할 의무가 있는 것이므로(민법 제826조 제1항), 혼인생활을 함에 있어서 부부는 애정과 신의 및 인내로써 서로 상대방을 이해하며 보호하여 혼인생활의 유지를 위한 최선의 노력을 기울여야 하는 것이고, 혼인생활 중에 그 장애가 되는 여러 사태에 직면하는 경우가 있다 하더라도 부부는 그러한 장애를 극복하기 위한 노력을 다하여야 할 것이며, 일시 부부간의 화합을 저해하는 사정이 있다는 이유로 혼인생활의 파탄을 초래하는 행위를 하여서는 안되는 것이고, 따라서 이러한 부부간의 동거, 부양, 협조의무는 애정과 신뢰를 바탕으로 일생에 걸친 공동생활을 목적으로 하는 혼인의 본질이 요청하는 바로서, 부부 사이에 출생한 자식이 없거나 재혼한 부부간이라 하여 달라질 수 없는 것이고, 재판상 이혼사유에 관한 평가 및 판단의 지도원리로 작용한다고 할 것이며, 배우자가 정당한 이유 없이 서로 동거, 부양, 협조하여야 할 부부로서의 의무를 포기하고 다른 일방을 버린 경우에는 재판상 이혼사유인 악의의 유기에 해당한다(대판 1999. 2. 12, 97므612).

■ 남편이 아내에게 강제적인 성행위를 하였을 때, 강간죄가 성립하는가?

판결요지

(가) 1953. 9. 18. 법률 제293호로 제정된 형법은 강간죄를 규정한 제297조를 담고 있는 제2편 제32장의 제목을 '정조에 관한 죄'라고 정하고 있었는데, 1995. 12. 29. 법률 제5057호로 형법이 개정되면서 그 제목이 '강간과 추행의 죄'로 바뀌게 되었다. 이러한 형법의 개정은 강간죄의 보호법익이 현재 또는 장래의 배우자인 남성을 전제로 한 관념으로 인식될 수 있는 '여성의 정조' 또는 '성적 순결'이 아니라, 자유롭고 독립된 개인으로서 여성이 가지는 성적 자기결정권이라는 사회 일반의 보편적 인식과 법감정을 반영한 것으로 볼 수 있다. 부부 사이에 민법상의 동거의무가 인정된다고 하더라도 거기에 폭행, 협박에 의하여 강요된 성관계를 감내할 의무가 내포되어 있다고 할 수 없다. 혼인이 개인의 성적 자기결정권에 대한 포기를 의미한다고 할 수 없고, 성적으로 억압된 삶을 인내하는 과정일 수도 없기 때문이다.

(나) 결론적으로 헌법이 보장하는 혼인과 가족생활의 내용, 가정에서의 성폭력에 대한 인식의 변화, 형법의 체계와 그 개정 경과, 강간죄의 보호법익과 부부의 동거의무의 내용 등에 비추어 보면, 형법 제297조가 정한 강간죄의 객체인 '부녀'에는 법률상 처가 포함되고, 혼인관계가 파탄된 경우뿐만 아니라 혼인관계가 실질적으로 유지되고 있는 경우에도 남편이 반항을 불가능하게 하거나 현저히 곤란하게 할 정도의 폭행이나 협박을 가하여 아내를 간음한 경우에는 강간죄가 성립한다고 보아야 한다. 다만 남편의 아내에 대한 폭행 또는 협박이 피해자의 반항을 불가능하게 하거나 현저히 곤란하게 할 정도에 이른 것인지 여부는, 부부 사이의 성생활에 대한 국가의 개입은 가정의 유지라는 관점에서 최대한 자제하여야 한다는 전제에서, 그 폭행 또는 협박의 내용과 정도가 아내의 성적 자기결정권을 본질적으로 침해하는 정도에 이른 것인지 여부, 남편이 유형력을 행사하게 된 경위, 혼인생활의 형태와 부부의 평소 성행, 성교 당시와 그 후의 상황 등 모든 사정을 종합하여 신중하게 판단하여야 한다(대판 2013. 5. 16, 2012도14788 전원합의체).

5. 부양의무

(1) 부양의 내용

결혼을 하면 부부는 서로 부양할 의무가 생긴다. 「결혼을 하더라도 부양의무는 서로 면제하자」는 내용의 계약 등, 부부 사이에 부양의무 또는 협조의무를 면제하거나 부양청구권을 포기하는 특약은 무효가 된다. 부양·협조의무는 혼인의 본질적 의무가 되기 때문이다.

부양의무는 미성년인 자식을 포함하여 부부공동체로서의 부부공동생활에 필요한 것을 부부가 서로 제공하는 것을 말한다. 이 부부생활비용에는 의식주의 비용은 물론 자녀의 출산비·양육비·의료비·교육비 등이 포함된다.

(2) 부양의무의 유형

원래 민법이 인정하는 부양에는 두 가지 종류가 있다.

첫째는 부부간 또는 부모·자식간의 부양의무로서, 「제1차적 부양의무」 또는 「생활유지적 부양의무」라고 한다. 이를테면 한 조각의 빵이나 한 알의 콩이라도 서로 나누어 먹는 관계, 즉 상대방의 생활을 자기의 생활로써 보장해야 하는 부양을 말한다.

둘째는 친족 간의 부양의무로서 「제2차적 부양의무」 또는 「생활부조적 부양의무」라고 한다. 자기의 생활에 여유가 있는 경우에 한하여 친족의 궁핍을 지원하는 정도의 부양을 말한다. 이 경우에는 자기의 생활을 희생해 가면서까지 친족을 부양할 의무는 없다.

그런데 미성숙의 자녀를 포함하는 부부일체로서의 공동생활에 필요한 부양은 위 두 가지 중 바로 「제1차적 부양」인 것이다.

(3) 부양의무 위반의 효과

부양책임이 있는 사람이 부양의무를 이행하지 않고 위반하였을 경우에 그 부양의무 불이행은 불법행위가 되어 손해배상책임이 발생한다. 또한 고의적으로 부양의무를 이행하지 않는 행위는 악의의 유기로서 재판상 이혼사유가 될 수 있다.

동거의무는 성질상 강제집행이 곤란하지만, 부양의무는 그 내용이 재산적이기 때문에 강제집행이 허용된다. 그러나 자기 쪽에서 먼저 부부로서의 동거의무나 협조의무 등을 위반해 놓고서 상대방에게만 부양의무를 이행하라고 청구할 수는 없다. 물론 정당한 사유가 있어서 별거를 하고 있는 경우에는 별거 중에도 부양의무의 이행을 청구할 수 있음은 당연하다.

6. 협조의무

결혼한 부부는 함께 동거하며 부양할 뿐만 아니라 서로 협조하여야 할 의무가 있다. 부부는 일상생활의 모든 분야를 통하여 동고동락하며 서로 돕고 사랑하여 원만한 가정공동체를 영위하는데 협조하여야 한다. 협조의무 불이행에 대한 강제집행은 불가능하다.

■ 협조의무를 위반하여도 부양료를 청구할 수 있는가?

판결요지

민법 제826조 제1항이 규정하고 있는 부부간의 동거·부양·협조의무는 정상적이고 원만한 부부관계의 유지를 위한 광범위한 협력의무를 구체적으로 표현한 것으로서 서로 독립된 별개의 의무가 아니라고 할 것이므로, 부부의 일방이 정당한 이유 없이 동거를 거부함으로써 자신의 협력의무를 스스로 저버리고 있다면, 상대방의 동거청구가 권리의 남용에 해당하는 등의 특별한 사정이 없는 한, 상대방에게 부양료의 지급을 청구할 수 없다(대판 1991. 12. 10, 91므245).

7. 정조의무

(1) 부부쌍방의 정조의무

부부간의 정조의무에 관하여 민법에 명문 규정은 없지만, 1부1처(一夫一妻)제도의 본질상 부부는 서로 정조를 지킬 의무가 있다. 과거에는 아내에게만 이 정조의무가 부과되었으나 오늘날에는 부부 쌍방 모두에게 이 의무가 인정된다. 남편에게도 정조의무가 있다.

(2) 부정한 행위

정조의무에 반하는 부정한 행위란 간통을 포함하는 보다 넓은 개념으로서 간통에까지는 이르지 않았다 하더라도 1부1처제 하에서 부부의 정조의무에 충실하지 않은 일체의 행위를 포함한다.

부정한 행위라고 하기 위해서는 ① 외형적으로 혼인의 순결성에 반하는 사실이 있어야 하고, ② 내심적으로 자기의 자유의사에 의하여 그 행위가 저질러졌다는 두 가지 요소가 필요하다.

(3) 정조의무 위반의 효과

정조의무를 위반하여 부정한 행위를 저지르게 되면 이혼원인이 되고, 위반자는 물론 부정행위의 상대방(상간자)도 손해배생책임을 지게 되며, 간통한 경우에는 이혼사유가 된다.

※ 형법상의 간통죄는 폐지됨.

■ 헌법재판소는 형법상 간통죄가 위헌이라고 결정함

사회 구조 및 결혼과 성에 관한 국민의 의식이 변화되고, 성적 자기결정권을 보다 중요시하는 인식이 확산됨에 따라 간통행위를 국가가 형벌로 다스리는 것이 적정한지에 대해서는 이제 더 이상 국민의 인식이 일치한다고 보기 어렵고, 비록 비도덕적인 행위라 할지라도 본질적으로 개인의 사생활에 속하고 사회에 끼치는 해악이 그다지 크지 않거나 구체적 법익에 대한 명백한 침해가 없는 경우에는 국가권력이 개입해서는 안 된다는 것이 현대 형법의 추세여서 전세계적으로 간통죄는 폐지되고 있다.

또한 간통죄의 보호법익인 혼인과 가정의 유지는 당사자의 자유로운 의지와 애정에 맡겨야지, 형벌을 통하여 타율적으로 강제될 수 없는 것이며, 현재 간통으로 처벌되는 비율이 매우 낮고, 간통행위에 대한 사회적 비난 역시 상당한 수준으로 낮아져 간통죄는 행위규제규범으로서 기능을 잃어가고, 형사정책상 일반예방 및 특별예방의 효과를 거두기도 어렵게 되었다. 부부 간 정조의무 및 여성 배우자의 보호는 간통한 배우자를 상대로 한 재판상 이혼 청구, 손해배상청구 등 민사상의 제도에 의해 보다 효과적으로 달성될 수 있고, 오히려 간통죄가 유책의 정도가 훨씬 큰 배우자의 이혼수단으로 이용되거나 일시 탈선한 가정주부 등을 공갈하는 수단으로 악용되고 있기도 하다.

결국 심판대상조항(형법 제241조 간통죄)은 과잉금지원칙에 위배하여 국민의 성적 자기결정권 및 사생활의 비밀과 자유를 침해하는 것으로서 헌법에 위반된다(헌재 2015. 2. 26, 2009헌바17 등).

■ 정조의무 위반의 의미

판결요지

고령이고 중풍으로 정교능력이 없어 실제로 정교를 갖지는 못하였다 하더라도 배우자 아닌 자와 동거한 행위는 배우자로서의 정조의무에 충실치 못한 것으로서 민법 제840조 제1호의 "부정한 행위"에 해당한다(대판 1992. 11. 10, 92므68).

■ 간통한 자는 간통한 상대방의 자녀에 대하여도 손해배상책임을 부담하는가?

판결요지

배우자 있는 부녀와 간통행위를 하고, 이로 인하여 그 부녀가 배우자와 별거하거나 이혼하는 등으로 혼인관계를 파탄에 이르게 한 경우 그 부녀와 간통행위를 한 제3자(상간자)는 그 부녀의 배우자에 대하여 불법행위를 구성하고, 따라서 그로 인하여 그 부녀의 배우자가 입은 정신상의 고통을 위자할 의무가 있다고 할 것이나, 이러한 경우라도 간통행위를 한 부녀 자체가 그 자녀에 대하여 불법행위책임을 부담한다고 할 수는 없고, 또한 간통행위를 한 제3자(상간자) 역시 해의를 가지고 부녀의 그 자녀에 대한 양육이나 보호 내지 교양을 적극적으로 저지하는 등의 특별한 사정이 없는 한 그 자녀에 대한 관계에서 불법행위책임을 부담한다고 할 수는 없다(대판 2005. 5. 13, 2004다1899).

8. 성년의제

(1) 의 의

미성년자가 혼인하였을 때에는 성년에 달한 것으로 본다. 결혼을 한 미성년자는 성년자와 동일한 능력을 가지게 되는 것이다. 따라서 부모의 친권은 소멸하고 후견도 종료한다. 또한 자기의 자녀에 대한 독립된 친권을 행사할 수 있으며, 타인의 후견인이 될 수 있다.

(2) 적용범위

민법 이외의 법률에 대해서는 적용이 없다. 이를테면 청소년기본법, 근로기준법, 공직선거법, 조세법 등에서는 여전히 미성년자로 취급된다. 따라서 미성년자가 혼인하였더라도 만 19세가 될 때까지는 대통령이나 국회의원의 선거권이 인정되지 않는다.

(3) 성견의제 후 혼인의 해소

일단 성년의제로 행위능력이 취득되면 그 뒤에 이혼이나 사망 등으로 인하여 혼인이 해소될지라도 그 효과는 소멸되지 않는다. 한 번 성년이 되고 나면 이혼을 하더라도 다시 미성년자로 환원되지 않는다는 것이다.

〔2〕 혼인의 재산적 효과

부부간의 재산관계는 부부가 계약으로 정할 수 있다(부부재산계약). 부부 사이에 재산관계에 관한 계약을 체결하지 않거나 불완전한 경우에는 법에 규정된 재산제(법정재산제)로 보충된다(민법 제291조 제1항).

1. 계약재산제

(1) 의 의

부부 사이의 재산관계를 규율할 목적으로 혼인하고자 하는 당사자간에 체결되는 계약을 의미한다(민법 제829조).

즉, 이제 막 결혼하려고 하는 남녀가(엄밀히 말하면 부부가 아니고 혼인하려는 남녀) 장차 그들이 부부로서 함께 사는 동안에 두 사람의 재산관계는 이렇게 저렇게 하자 하는 것을 미리 약정하여 두는 것을 「부부재산계약」이라고 한다.

이처럼 당사자들의 자유로운 부부재산계약에 따라서 그들 부부간의 재산관계가 자율적으로 규율되도록 하는 것이 계약재산제이다. 실제로 혼인 전에 부부가 계약으로 재산 문제를 처리하는 경우란 그렇게 많지는 않지만 최근 증가하고 있는 추세이다.

(2) 계약체결 시기

부부재산계약은 반드시 혼인신고를 하기 전에 부부가 아닌 상태에서 체결하는 혼전 계약이어야 되지, 혼인 신고를 마친 뒤에는 부부재산계약을 할 수 없다.

이처럼 부부재산계약은 혼인 성립 전에 체결되어야 하지만, 그 효력은 혼인 성립 후에 발생한다.

(3) 계약의 변경

「부부가 혼인 성립 전에 그 재산에 관하여 약정을 한 때에는 혼인 중 이를 변경하지 못한다(민법 제829조 제2항)」. 따라서 혼인하기 전에 체결한 부부재산계약의 사후변경은 원칙적으로 금지되지만, 예외적으로 다음과 같은 경우에는 혼인 전의 부부재산계약을 혼인 중에 변경할 수 있다.

① 혼인 전 부부재산계약에 의하여 부부의 일방이 다른 일방의 재산을 관리하는 경우에 부적당한 관리로 그 재산을 위태롭게 한 때에는 원소유자는 그 재산을 자기가 관리할 것을 법원에 청구할 수 있는데, 이 때 법원이 조정을 거쳐 재산관리권을 원래의 소유자에게 옮기라고 판결한 경우,

② 혼인 전에 부부재산계약을 체결하면서 그 계약 내용 가운데에 결혼 후에도 필요하다면 재산관리자를 바꾸거나 또는 공유재산을 분할할 수 있다고 미리 약정을 해놓은 경우,

③ 그 밖에도 정당한 사유가 있는 때에는 가정법원의 허가를 얻어 부부재산계약을 변경할 수 있다(민법 제829조 제2항 단서).

(4) 계약 내용

부부재산계약의 내용에 관하여는 얼마든지 자유롭게 당사자의 의사에 따라 약정할 수 있다. 다만 혼인의 본질적 요소나 남녀평등의 이념 내지 사회질서에 반하는 내용이어서는 안 될 것이다. 예를 들면 처의 재산은 무조건 남편의 소유로 귀속한다는 계약, 부부사이의 부양의무를 면제하기로 하는 계약, 아내가 재산거래를 할 때에는 남편의 동의를 받아야만 한다는 계약 등은 그 효력이 인정될 수 없다.

(5) 방식과 등기

부부재산 계약을 체결하는 방식도 특별한 규제가 없다. 반드시 서

면으로 하여야 하는 것은 아니고, 단순한 구두에 의한 계약도 유효하다.

그러나 이러한 혼인 전 부부계약을 혼인신고 때까지 등기해 두지 않으면 나중에 그런 계약이 있었다는 것을 제3자 또는 부부의 승계인(상속인 등) 등에게 대항하지 못한다. 즉 이 등기는 계약의 성립요건이 아니고 대항요건이 된다. 예를 들면, 부부가 혼인 중에 취득한 재산은 전부 각자 지분이 1/2씩 동일하게 공유하기로 약정하고 혼인 전 부부재산계약을 체결하였는데, 이를 등기하지 않았다면 혼인 후에 남편이 사망하여 상속이 개시된 경우, 다른 상속인들이 남편 명의의 재산에 대하여 자신의 법정 상속분을 주장할 수 있다. 그렇지만 위 내용을 등기하였다면 남편의 상속인들은 남편 몫(1/2의 공유 지분)에 해당하는 재산에 대해서만 법정상속분을 주장할 수 있게 되는 것이다.

부부재산약정의 등기는 남편이 될 자의 주소지를 관할하는 지방법원, 그 지원 또는 등기소에 약정한 부부 쌍방이 신청하여야 한다. 등기를 신청할 때에는 약정서를 첨부하여야 한다.

(6) 존속기간

부부재산계약은 혼인이 성립한 때부터 혼인이 종료(이혼·혼인의 취소·배우자 일방의 사망 등)할 때까지 유효하므로, 혼인이 성립하기 전의 재산관계나 혼인 종료 후의 재산관계를 부부재산계약으로 정할 수는 없다.

2. 법정재산제

부부가 결혼하기 전에 자기들끼리 부부재산계약을 체결해 놓지 않았다면 결혼 후 그들 부부의 재산관계는 그들의 의사에 관계없이 법률의 규정에 따라서 획일적으로 규율될 수밖에 없다. 바로 이러한 제도가 법정재산제이다.

앞에서도 지적했듯이 현실적으로 결혼하는 남녀 사이에 장차 재산문제를 놓고 각박하게 계약을 체결하자고 하기도 어려운 일이고, 더욱이 그 계약 내용을 등기하자고 말하기란 더욱 힘든 일이기 때문에, 우리나라에서는 계약재산제는 거의 이용되지 않고 대부분 법정재산제에 의하여 부부재산관계가 규율되고 있는 실정이다. 그 내용은 부부별산제, 부부생활비용 부담문제, 부부의 일상가사 대리권과 연대책임에 관한 것이다.

(1) 부부별산제

① 특유재산

부부 각자의 재산은 결혼하더라도 여전히 각자 별개의 재산으로 된다는 것이 부부별산제이다. 결혼 전부터 자기가 소유하였던 재산은 결혼 후에도 여전히 자기의 것이라는 의미이다.

예를 들면 결혼 전에 벌어서 저축해 둔 예금, 결혼 전 부모로부터 상속받은 재산, 결혼할 때 가지고 온 패물이나 의복, 결혼할 때 부모가 사준 자동차나 아파트 등은 끝까지 자기 개인의 특유재산이 된다.

결혼생활을 하는 도중에 자신의 명의로 취득한 재산도 역시 자기만의 소유로 된다. 이를테면 맞벌이 부부인 경우에 각자가 벌어들이는 소득은 각자의 소유로 귀속되며, 자기 개인재산으로 부동산투기나 주식투자를 하여 벌어들인 수익도 자기 것이 된다. 또한 결혼 후에 부모가 사준 자동차도 자기만의 것이 되며, 출가한 후 부모가 사망하여 상속받은 유산도 역시 특유재산으로서 자기만의 개인소유가 된다.

부부별산제 하에서는 부부의 채무도 역시 별도로 책임을 지게 된다. 부부공동생활을 유지하기 위한 채무를 제외하고는 남편 개인의 채무는 남편 개인의 재산으로 책임져야 하며, 아내가 갚아주어야 할 하등의 의무가 없다.

② 공유재산

부부의 누구에게 속한 것인지 분명하지 아니한 귀속불명재산은 부부의 공유재산으로 추정된다. 부부의 공동생활에 필요한 가재도구 등을 들 수 있다.

공유로 추정되는 재산에 대해서는 부부가 균등하게 지분권을 갖게 되며, 혼인이 해소된 경우에는 그 지분에 대한 소유권을 주장할 수 있고, 부부의 채권자도 공유지분에 대하여 권리를 주장할 수 있다.

그런데 명의는 부부 중 한사람 앞으로 되어 있지만 실질적으로는 부부의 공유에 속한다고 보아야 할 재산들이 있다.

통상 남편의 단독 명의로 되어 있는 가옥이나 대지, 아파트 등도 사실은 부부가 함께 근검절약하고 협력하여 취득한 경우가 많을 것이며, 부부 공동생활의 기금이 되는 것이라면 아내 명의의 예금이나 남편 명의의 주식 등도 부부공유라고 하여야 할 것이다.

재산을 마련하기 위한 공동의 노력과 출재에는 주부의 가사노동도 포함된다. 가사노동에는 가정생활을 위한 단순노동, 가정관리, 육아, 자녀교육 등이 모두 포함된다. 가사노동을 어떻게 평가할 것인가는 논의가 있다.

■ 특유재산 추정이 번복되는 경우

판결요지

부부의 일방이 혼인중에 자기 명의로 취득한 재산은 그 명의자의 특유재산으로 추정된다. 다만 실질적으로 다른 일방 또는 쌍방이 그 재산의 대가를 부담하여 취득한 것이 증명된 때에는 특유재산의 추정은 번복되어 그 다른 일방의 소유이거나 쌍방의 공유라고 보아야 할 것이지만 그 재산을 취득함에 있어 '상대방의 협력이 있었다'거나 '혼인생활에 있어 내조의 공이 있었다'는 것만으로는 위 추정을 번복할 사유가 된다고 할 수 없다(대판 1992. 12. 11, 92다21982).

판결요지

그 부동산을 부부각자가 대금의 일부씩을 분담하여 매수하였다거나 부부가 연대채무를 부담하여 매수하였다는 등의 실질적 사유가 주장 입증되는 경우에 한하여 위 추정을 번복하고 그 부동산을 부부의 공유로 인정할 수 있다(대판 1986. 9. 9, 85다카1337).

판결요지

부동산매입자금의 원천이 남편의 수입에 있다고 하더라도 처가 남편과 18년간의 결혼생활을 하면서 여러 차례 부동산을 매입하였다가 이익을 남기고 처분하는 등의 방법으로 증식한 재산으로써 그 부동산을 매입하게 된 것이라면 위 부동산의 취득은 부부쌍방의 자금과 증식노력으로 이루어진 것으로서 부부의 공유재산이라고 볼 여지가 있다(대판 1990. 10. 23, 90다카5624).

판결요지

부부 중 일방인 남편의 명의로 된 농지나 예금 등 재산은 남편의 특유재산으로 추정되는바, 그 취득에 아내가 대가나 채무를 부담하였다거나 적극적인 재산증식의 노력이 있었다는 등의 실질적인 사유에 관한 아무런 입증이 없는 이상, 아내가 가정주부로서 남편의 약국 경영을 도왔다는 것만으로는 그 추정을 번복하기에 부족하다(대판 1998. 6. 12, 97누7707).

(2) 공동생활비용의 부담

① 공동생활비용의 내용

부부 공동생활에 필요한 비용이란 그 부부의 재산·수입·사회적 지위 등에 상응하는 보통의 혼인(공동)생활을 하는 데 필요한 일체의 비용을 의미하는 것이다. 예컨대 의식주 비용·출산비·의료비·장례비·교제비·문화비 등을 포함할 뿐만 아니라, 미성숙 자녀의 양육비와 교육비까지를 모두 포함한다.

② 부담의 결정

부부는 공동생활에 필요한 비용의 분담을 협의로 정할 수 있고, 협의를 할 수 없으면 가정법원에 심판을 청구할 수 있다. 누가 공동생활비용을 부담할 것인가에 대하여 특별한 협의나 심판이 없으면 부부가 공동으로 부담한다(민법 제833조).

③ 공동부담의 의미

부부의 공동부담이란 반드시 같은 금액을 부담하여야 한다는 의미가 아니라, 각자의 경제적 능력에 따라 분담한다는 의미이다. 따라서 남편에게 아무런 자산이나 수입이 없을 경우에는 아내가 모든 비용을 부담하여야 한다.

(3) 부부의 일상가사대리권과 연대책임

부부는 서로 일상가사 업무에 대해 대리권이 있으며, 일상가사로 인하여 부담하게 된 채무는 부부가 연대하여 책임을 진다.

① 부부의 일상가사대리권

부부는 일상가사에 관하여 서로 대리권이 있다. 이러한 내용은 민법에 규정되어 있으므로 배우자에게 서로 일일이, 그때그때마다 대리권을 준다는 의사표시를 하지 않아도 되며, 부부와 일상가사에 속하는 거래를 하는 상대방은 일일이 대리권을 확인할 필요가 없다.

일상가사 대리권은 혼인신고를 한 부부에게만 주어지는 것이 아니라, 사실혼의 부부에게도 인정된다.

② 일상가사의 범위

일상가사란 날마다 늘 행하여지는 가정 사무 즉, 부부의 공동생활을 유지하기 위하여 혼인 공동생활에 필요한 통상의 사무를 말한다. 일상가사의 내용과 범위 및 그 정도는 그 부부의 사회적 위치라든가 직업·재산·수입 등 현실적 생활 상태를 고려해서 각 가정에 대하여 개별적·구체적으로 결정하여야 한다.

일반적으로 학설과 판례가 인정하는 일상가사의 내용을 보면 다음과 같다.

즉, 부부공동생활에 통상 필요로 하는 쌀·소금·부식류 등 식료품의 구입, 주방기구·의복류·침구류 등 생활용품과 가재도구 등 일용품의 구입(고가품은 제외), 전세나 사글세 등 가옥의 임차, 집세·방세를 지급하거나 받는 일, 전기·수도·전화요금을 지급하는 일, 세금을 납부하는 일 등 가족의 의식주에 관한 사무와 그밖에 약값·병원비 등 가족의 보건에 관한 의료비 지출, TV시청료 등의 오락비나 회식대금 등 교제비의 지출, 자녀의 양육비, 학용품대금이나 등록금 등 교육비의 지출, 자녀의 결혼 준비를 위한 혼수품의 구입 등의 사무는 일상가사에 속하는 전형적인 것이라고 하겠다. 또한 비교적 부유한 가정에서는 집안일을 돌보는 사람의 고용, 가정교사의 채용도 일상가사에 속한다고 할 수 있다.

위에서 열거한 범위를 넘는 행위는 일상가사로 보기 어려울 것이다.

구체적인 예를 들어 보면, 부부일방의 순수한 직업상의 직무를 다른 일방이 대신 처리한 행위, 남편의 부재중에 남편명의로 어음에 배서를 하는 행위, 남편의 출장 중에 아내가 남편의 인감을 사용하여 타인의 빚보증을 서주는 행위, 부부일방의 명의로 되어 있는 재산을 다른 일방이 처분하는 행위, 부부일방의 명의로 되어 있는 재산을 다른 일방이 담보로 제공하는 행위, 신원보증·연대보증, 주택을 임대하는 행위, 일상의 생활비 범위를 초과하는 거액의 금전차용 등은 일상가사에 해당되지 않는다. 또한 융단이나 고급오디오 시스템, 승용차 등의 구입은 일반가정의 경우에는 일상적인 가사라고 볼 수 없다. 치과치료를 받는 것은 일상가사이지만 고액의 금니를 해 넣는 일은 그 부부의 재산 상태에 따라서 일상가사일 수도 있고 아닐 수도 있을 것이다.

요컨대 부부 중 한 쪽이 다른 배우자가 소유하는 재산을 처분하거나 또는 저당권을 설정하는 행위가 유효하기 위해서는, 다시 말하면 다른 배우자가 책임을 지기 위해서는, 처분의 목적이 부부 공동생활의 유지를 위해 필요했다는 충분한 사정이 존재하여야 한다.

■ 일상가사의 범위 밖의 것

판결요지

처가 당연히 남편을 대리할 수 있는 일상가사의 범위는 일용품의 구입 등 가정생활상 항시 행하여지는 행위에 한하는 것이고, 아내가 남편 소유의 부동산을 매각하는 것과 같은 재산상 중요한 법률행위는 도저히 일상가사에 속한 행위라고 할 수 없다(대판 1966. 7. 19, 66다863).

판결요지

부인이 교회에의 건축 헌금, 가게의 인수대금, 장남의 교회 및 주택 임대차보증금의 보조금, 거액의 대출금에 대한 이자 지급 등의 명목으로 금원을 차용한 행위는 일상 가사에 속한다고 볼 수는 없으며, 주택 및 아파트 구입비용 명목으로 차용한 경우 그와 같은 비용의 지출이 부부공동체를 유지하기 위하여 필수적인 주거 공간을 마련하기 위한 것이라면 일상의 가사에 속한다고 볼 여지가 있을 수 있으나 그 주택 및 아파트의 매매대금이 거액에 이르는 대규모의 주택이나 아파트라면 그 구입 또한 일상의 가사에 속하는 것이라고 보기는 어렵다(대판 1997. 11. 28, 97다31229).

③ 일상가사 채무의 연대책임

일상가사로 인하여 발생한 채무는 그 채무를 남편이 졌든 아내가 졌든 간에 부부가 연대하여 책임을 지게 된다. 거래에 관여하지 않은 배우자도 갚을 책임이 있는 것이다. 따라서 일상가사로 인하여 생긴 채무가 아니라면 다른 배우자는 책임이 없다.

또한 일상가사의 채무라도 부부 중 한 사람이 거래의 상대방에게 자기 배우자의 채무에 대하여 자신은 책임을 지지 않는다고 미리 명시적으로 의사표시를 한 경우에는 책임을 지지 아니한다. 책임을 지지 아니한다는 표시는 신문에 광고를 내는 식으로 불특정 다수인에게 하는 일반적인 통지로는 안 되고, 자기 배우자와 일상가사에 관한 거래를 하는 하나하나의 상대방에게 일일이 사전통지를 해 두어야 한다. 그런 제한을 알지 못하고 거래한 제3자는 제한을 가한 배우자에게 그 채무에 대한 연대책임을 요구할 수 있다.

일상가사채무가 연대채무인 이상, 이미 이혼 전에 성립되었던 책임은 이혼을 하여 혼인이 종료되더라도 면제되는 것이 아니다. 그러나 이혼한 뒤부터는 혼인공동체가 해소되었으므로 일상가사 대리권 자체나 연대책임 문제가 발생할 여지가 없다.

■ 결혼 축의금은 누구의 소유가 되는가?

판결요지

결혼축의금이란 우리 사회의 전통적인 미풍양속으로 확립되어 온 사회적 관행으로서 혼사가 있을 때 일시에 많은 비용이 소요되는 혼주인 부모의 경제적 부담을 덜어주려는 목적에서 대부분 그들과 친분 관계에 있는 손님들이 혼주인 부모에게 성의의 표시로 조건 없이 무상으로 건네는 금품을 가리킨다.

그 교부의 주체나 교부의 취지에 비추어 신랑 신부인 결혼 당사자와의 친분 관계에 기초하여 결혼 당사자에게 직접 건네진 것이라고 볼 부분을 제외한 나머지는 전액 혼주인 부모에게 귀속된다(서울행법 1999. 10. 1, 99구928).

결혼 기념일

1주년: 지혼식(紙婚式)
→ 종이에 쓴 글씨도 채 마르지 않은 초보 부부
5주년: 목혼식(木婚式)
→ 나무 키우는 정성
10주년: 석혼식(錫婚式)
→ 놋그릇에 녹여 날 정도의 세월
20주년: 도혼식(陶婚式)
→ 질그릇은 깨져도 붙여 쓸 수 있음
30주년: 진주혼식(眞珠婚式)
→ 상처 난 단점을 감싸 진주로 승화시킴
50주년: 금혼식(金婚式)
→ 반백년 동안 서로를 금같이 귀히 여김
60(70)주년: 금강혼식(金剛婚式)
→ 단단한 금강석처럼 긴 세월을 함께 하여 존경받을 만함

■ **아내가 남편 명의로 분양받은 45평형 아파트의 분양금을 납입하기 위한 명목으로 금전을 차용하여 분양금을 납입하였고, 그 아파트가 남편의 유일한 부동산으로서 가족들이 거주하고 있다면, 그 금전차용행위는 일상가사에 해당하는가?**

판결요지

(가) 민법 제832조에서 말하는 일상의 가사에 관한 법률행위라 함은 부부가 공동생활을 영위하는데 통상 필요한 법률행위를 말하므로 그 내용과 범위는 그 부부공동체의 생활 구조, 정도와 그 부부의 생활 장소인 지역사회의 사회통념에 의하여 결정되며, 문제가 된 구체적인 법률행위가 당해 부부의 일상의 가사에 관한 것인지를 판단함에 있어서는 그 법률행위의 종류·성질 등 객관적 사정과 함께 가사처리자의 주관적 의사와 목적, 부부의 사회적 지위·직업·재산·수입능력 등 현실적 생활상태를 종합적으로 고려하여 사회통념에 따라 판단하여야 할 것이다.

(나) 금전차용행위도 금액, 차용 목적, 실제의 지출용도, 기타의 사정

등을 고려하여 그것이 부부의 공동생활에 필요한 자금조달을 목적으로 하는 것이라면 일상가사에 속한다고 보아야 할 것이므로, 아파트 구입비용 명목으로 차용한 경우 그와 같은 비용의 지출이 부부공동체를 유지하기 위하여 필수적인 주거 공간을 마련하기 위한 것이라면 일상의 가사에 속한다고 볼 여지가 있다. 남편 명의로 분양받은 아파트(45평형)는 현재 남편의 유일한 부동산으로서 남편 가족들이 거주하고 있는 것이므로 아파트 분양금을 납입하기 위한 명목으로 금전을 차용하여 이를 납입하였다면 그와 같은 금전차용행위는 일상가사에 해당한다(대판 1999. 3. 9, 98다46877).

Ⅳ. 이　　혼

우리 민법상 이혼은 협의이혼과 재판상 이혼의 두 가지가 있다.

〔1〕 협의이혼

1. 의　　의

부부는 특별한 이유가 없이도 언제든지 협의하여 이혼할 수 있다. 부부가 서로 협의하여 헤어지기로 합의하고 가정법원에 함께 찾아가서 판사의 확인을 받은 다음, 남편의 등록기준지나 주소지에 이혼신고서를 제출함으로써 부부관계가 해소되는 이혼을 협의이혼 또는 합의이혼이라고 한다.

2. 성립요건

협의이혼은 어떻게 하는 것인가?

(1) 당사자간의 이혼합의

당사자 간에 이혼의사의 합의가 있어야 한다. 이혼합의가 안되면 협의이혼을 할 수 없고 재판상 이혼을 해야 한다. 이혼합의는 무조건 · 무기한부이어야 한다.

협의이혼의 사유는 무엇이든 묻지 않는다. 성격불일치 · 애정상실 · 불화 · 권태 · 성적 불만 · 금전문제 · 건강문제 등 어떤 명목으로든지 부부간에 이혼의사가 합치되기만 하면 이혼이 가능하다.

(2) 제출서류

협의이혼을 하고자 하는 부부는 신분증과 도장을 지참하고 등록기준지 또는 주소지를 관할하는 가정법원에 같이 가서, 부부 양쪽의 가족관계증명서와 혼인관계증명서 각 1통, 주민등록등본 1통(주민등록지가 서로 다르면 각각 1통), 이혼신고서 3통과 협의이혼의사확인신청서 1통을 작성하여 제출하여야 한다.

또한 양육하여야 할 미성년자가 있는 경우에는 협의이혼의사확인신청서에 그 자녀의 양육(양육자 결정, 양육비부담)과 면접교섭(행사 여부 및 방법) 및 친권자 결정에 관한 협의서를 첨부하여 제출하여야 한다. 부부가 이혼하더라도 미성년자녀들은 건전하게 성장하게 할 수 있도록 하려는 배려에서 마련된 규정이다. 2007년 민법개정으로 자녀의 양육사항이 정하여지지 않은 상태에서는 이혼이 불가능하다.

(3) 이혼안내와 상담권고

협의이혼을 하려는 부부는 관할 가정법원이 제공하는 이혼에 관한 안내를 받아야 하고, 가정법원은 필요한 경우에는 당사자에게 전문적인 지식과 경험을 갖춘 전문상담인의 상담을 받을 것을 권고할 수 있다. 특히 미성년자녀가 있는 경우에는 가정법원은 자녀 양육과 친권자결정에 관하여 상담위원의 상담을 받도록 권고하여야 한다.

즉, 법원사무관 또는 가사조사관은 이혼절차, 이혼의 결과(재산분할, 친권, 양육권, 양육비, 면접교섭권 등) 및 이혼이 자녀에게 미치는 영향 등을 이혼하려는 부부에게 안내하여야 하고 상담위원의 상담을 받을 것을 권고할 수 있다. 또한 양육 및 친권자 결정에 관한 협의가 원활하지 않아 협의서를 확인기일 1개월 전까지 제출할 수 없을 것이 예상되는 경우에는 지체 없이 가정법원에 심판을 청구할 것을 안내하여야 한다.

이혼에 관한 안내를 받아야만 협의이혼의사확인기일이 지정되므로 법원사무관 등은 당사자에게 자녀양육안내를 받지 않으면 숙려기간이 진행되지 않아 협의이혼의사확인신청기일이 지정되지 않는다는 사실을 알려주어야 하고, 협의이혼의사확인신청을 한 다음날부터 3개월 안에 자녀양육안내를 받지 않아도 협의이혼의사확인신청이 취하되는 것으로 처리된다는 사실을 안내하여야 한다. 부부 중 한쪽 또는 양쪽이 이혼의사확인신청을 한 다음날부터 3개월 내에 이혼에 관한 안내를 받지 않은 때에는 확인신청을 취하한 것으로 본다.

(4) 확인기일의 지정과 이혼숙려기간의 경과

가정법원에 이혼의사의 확인을 신청한 당사자는 가정법원으로부터 안내를 받은 날부터 다음과 같은 일정기간(이혼숙려기간)이 경과한 후에 이혼의사의 확인을 받게 된다. 즉, 양육하여야 할 자녀가 있는 경우(임신 중인 경우도 포함)에는 3개월, 자녀가 없거나 성년인 자녀만 있는 경우는 1개월이 경과한 후에 확인기일이 지정되어 이혼의사의 확인을 받게 된다. 다만, 가정폭력으로 인하여 당사자 일방에게 참을 수 없는 고통이 예상되는 등 이혼을 하여야 할 급박한 사정이 있는 경우에는 위 기간을 단축하거나 면제할 수 있다. 경솔한 이혼을 예방하기 위하여 이혼숙려기간제도를 도입한 것이다.

(5) 가정법원의 이혼의사 확인

협의이혼은 가정법원의 확인을 받아야 이혼신고가 가능하다. 이는 협의이혼이라는 미명 하에 남자가 강제로 아내를 쫓아내는 축출이혼을 막고, 일시적 감정에 북받친 경솔한 이혼합의도 규제하며, 위자료 및 자녀 보호대책을 합리적으로 고려한다는 등의 이유에서 가정법원의 확인을 받도록 하고 있다.

이혼의사확인신청이 있는 때에는 가정법원은 부부 쌍방이 이혼에 관한 안내를 받은 날부터 위에 언급한 일정한 기간이 지난 후에, 부부 양쪽을 출석시켜 진술을 듣고 이혼의사의 유무를 확인하여야 한다. 당사자가 출석하지 않으면 이혼의사가 없는 것으로 본다.

가정법원의 판사는 출석한 부부의 진정한 이혼의사를 확인한 다음 확인서(이혼신고서가 첨부된 것)를 작성하여 부부 쌍방에게 교부하거나 송달하여야 한다.

(6) 이혼신고

법원으로부터 이혼신고서와 판사의 서명날인이 있는 확인서등본을 부부 쌍방이 각각 1통씩 교부받아 그로부터 3개월 이내에 부부 중 어느 한 사람이 담당 공무원에게 이혼신고를 하여야 한다. 협의이혼신고는 주소지 또는 현재지에서 할 수 있다.

판사의 확인을 받고 3개월 이내에 이혼신고를 하지 않게 되면 법원의 확인서는 그 효력을 상실하고 만다. 따라서 아무리 이혼서류를 모두 갖추어 판사 앞에 가서 확인 서명까지 받았다고 하더라도 마지막에 가서 이혼신고서를 담당 공무원에게 제출하지 않는다면 이혼이 되지 않는다.

(7) 이혼의사의 철회

이혼의사확인 절차를 거친 후에도 당사자가 마음이 변하여 이혼할 의사가 없어진 경우에는 협의이혼철회서를 등록기준지, 주소지 또는 현재지의 시·구·읍·면사무소에 제출하면 된다. 협의이혼철회신고서가 이혼신고서(판사의 확인서 동봉)보다 늦게 제출되면 이혼은 성립된다. 철회신고서와 이혼신고서가 동시에 제출된 경우에는 담당공무원이 이혼신고를 수리할 수 없고, 수리하여도 무효가 된다.

이혼의사를 철회한 경우에는 이혼의사확인의 효력이 소멸되므로, 그 철회의사를 다시 철회하더라도 이혼신고를 수리할 수 없다. 다시 이혼의사확인을 받아야 한다.

3. 가장이혼

가장이혼이란 가짜이혼, 즉 진정으로 혼인관계를 해소할 의사도 없고 혼인파탄의 사실도 없으면서 다른 목적, 이를테면 채권자의 강제집행을 면하기 위한 목적이라든가 조세를 회피할 목적으로 일시적으로 형식상 이혼신고를 하는 것을 말한다.

이러한 경우에는 부부간에 진정한 이혼 의사가 없으므로 가짜 이혼신고를 한 후에도 동거를 계속하는 경우가 대부분이다. 그렇다면 가장이혼도 이혼으로서의 효력이 있을까? 단적으로 말하면 가장이혼도 이혼으로서의 효력이 인정된다.

과거의 판례는 부부가 혼인파탄의 사실도 없이 공모하여 형식적인 이혼신고를 해두고 종전과 다름없이 계속 동거생활을 하고 있는 경우에는 이혼으로서의 효력이 없는 것이라고 무효의 입장을 취해왔었다.

그러나 근래에는, 「협의상 이혼이 가장이혼으로서 무효로 인정되려면 누구나 납득할 만한 특별한 사정이 인정되어야 하고, 그렇지 않으면 이혼당사자간에 일시적으로나마 법률상 적법한 이혼을 할 의사가 있었다고 보는 것이 이혼신고의 법률상 및 사실상의 중대성에 비추어 상당하다(대판 1997. 1. 24, 95도448)」라고 판시함으로써, 강력한 반증의 제시가 없는 이상 가장이혼도 이혼의 효력이 있다는 입장으로 바꾸었다. 즉 가장이혼도 일단 유효한 이혼이라고 할 수 있는 것이다. 그러므로 가장이혼(가짜 이혼신고)에 함부로 동의할 것은 아니다.

4. 사실상의 이혼

사실상의 이혼이란 법률상 부부가 이혼합의만 하고 이혼신고는 하지 않은 채 별거하고 있어서 부부공동생활의 실체가 없어진 상태를 의미한다. 사실상이혼 상태에서 부부 중 일방이 사망한 경우에는 생존 배우자에게 상속권이 인정된다.

사실상 이혼상태에 있는 부부에게는 동거·협조의무와 정조의무, 일상가사대리권과 가사채무의 연대책임은 소멸되어 인정되지 않는다. 그렇지만, 사실상 이혼상태에 있는 부부의 일방이 제3자와 혼인하면 중혼이 된다. 반면에 친생자추정 규정이 적용되지 않으므로 사실상의 이혼 후 300일 이후에 출생한 자녀에 대하여 친생성을 부인(“내 자식이 아니다”라고 주장함)하려면 「친생부인의 소」가 아니라 「친자관계부존재확인의 소」를 제기할 수 있다.

〔2〕 재판상 이혼

1. 유책주의와 파탄주의

(1) 의 의

부부관계 자체는 회복할 수 없는 정도로 파탄되었으나, 혼인의 파탄에 대하여 전적으로 또는 주로 책임을 질 배우자에 의한 이혼청구를 인정할 것인가 문제된다.

대표적인 예를 들면 배우자의 불륜행위 때문에 가정이 파탄된 경우에 불륜행위를 한 배우자 측에서의 이혼청구를 인정할 것이냐 하는 문제이다. 만일 이를 인정하게 된다면 유책배우자가 남자인 경우가 많은 우리의 현실을 감안하면 아무런 잘못이 없는 배우자를 가정에서 축출하는 사실상 축출이혼을 합법화시키는 결과가 되고 만다. 이로 말미암아 축출된 아내는 가혹한 희생자가 될 것이 틀림없다.

유책주의란 혼인관계가 파탄되는 원인을 제공한 유책배우자에게는 그 파탄을 이유로 이혼청구를 할 수 없다는 입장이다. 스스로 이혼원인을 만들어 고의로 혼인을 파탄시킨 사람이 먼저 이혼소송을 제기하는 것은 신의성실의 원칙상 허용될 수 없다는 것이다.

반면에 파탄주의는 일단 혼인관계가 파탄되었다면 그 원인이 누구로부터 발생한 것인지 따지지 않고(당사자의 책임 유무를 불문하고) 이혼을 허용한다는 입장이다. 혼인은 당사자의 자유의사를 기초로 하는 관계이므로 이미 파탄된 혼인관계를 계속할 것을 강요하는 것은 오히려 반도덕적·반인륜적임을 강조한다.

우리 민법에는 이에 관한 명문규정이 없다. 학설은 유책주의(다수설)와 파탄주의가 대립하고 있다.

(2) 판례의 태도

판례의 태도는 유책배우자의 이혼청구에 대하여 제한적으로 인정하는 입장을 취하고 있으며, 파탄주의 도입에 소극적이다. 이에 관한 대법원 전원합의체 판결 내용은 다음과 같다.

> (가) 이혼에 관하여 파탄주의를 채택하고 있는 여러 나라의 이혼법제는 우리나라와 달리 재판상 이혼만을 인정하고 있을 뿐 협의상 이혼을 인정하지 아니하고 있다. 우리나라에서는 유책배우자라 하더라도 상대방 배우자와 협의를 통하여 이혼을 할 수 있는 길이 열려 있다. 이는 유책배우자라도 진솔한 마음과 충분한 보상으로 상대방을 설득함으로써 이혼할 수 있는 방도가 있음을 뜻하므로, 유책배우자의 행복추구권을 위하여 재판상 이혼원인에 있어서까지 파탄주의를 도입하여야 할 필연적인 이유가 있는 것은 아니다.
>
> 우리나라에는 파탄주의의 한계나 기준, 그리고 이혼 후 상대방에 대

한 부양적 책임 등에 관해 아무런 법률 조항을 두고 있지 아니하다. 따라서 유책배우자의 상대방을 보호할 입법적인 조치가 마련되어 있지 아니한 현 단계에서 파탄주의를 취하여 유책배우자의 이혼청구를 널리 인정하는 경우 유책배우자의 행복을 위해 상대방이 일방적으로 희생되는 결과가 될 위험이 크다.

유책배우자의 이혼청구를 허용하지 아니하고 있는 데에는 중혼관계에 처하게 된 법률상 배우자의 축출이혼을 방지하려는 의도도 있는데, 여러 나라에서 간통죄를 폐지하는 대신 중혼에 대한 처벌규정을 두고 있는 것에 비추어 보면 이에 대한 아무런 대책 없이 파탄주의를 도입한다면 법률이 금지하는 중혼을 결과적으로 인정하게 될 위험이 있다.

가족과 혼인생활에 관한 우리 사회의 가치관이 크게 변화하였고 여성의 사회 진출이 대폭 증가하였더라도 우리 사회가 취업, 임금, 자녀 양육 등 사회경제의 모든 영역에서 양성평등이 실현되었다고 보기에는 아직 미흡한 것이 현실이다. 그리고 우리나라에서 이혼율이 급증하고 이혼에 대한 국민의 인식이 크게 변화한 것이 사실이더라도 이는 역설적으로 혼인과 가정생활에 대한 보호의 필요성이 그만큼 커졌다는 방증이고, 유책배우자의 이혼청구로 인하여 극심한 정신적 고통을 받거나 생계유지가 곤란한 경우가 엄연히 존재하는 현실을 외면해서도 아니 될 것이다.

(나) 이상의 논의를 종합하여 볼 때, 민법 제840조 제6호 이혼사유에 관하여 유책배우자의 이혼청구를 원칙적으로 허용하지 아니하는 종래의 대법원판례를 변경하는 것이 옳다는 주장은 아직은 받아들이기 어렵다.

유책배우자의 이혼청구를 허용하지 아니하는 것은 혼인제도가 요구하는 도덕성에 배치되고 신의성실의 원칙에 반하는 결과를 방지하려는 데 있으므로, 혼인제도가 추구하는 이상과 신의성실의 원칙에 비추어 보더라도 책임이 반드시 이혼청구를 배척해야 할 정도로 남아 있지 아니한 경우에는 그러한 배우자의 이혼청구는 혼인과 가족제도를 형해화할 우려가 없고 사회의 도덕관·윤리관에도 반하지 아니하므로 허용될 수 있다.

그리하여 상대방 배우자도 혼인을 계속할 의사가 없어 일방의 의사에 따른 이혼 내지 축출이혼의 염려가 없는 경우는 물론, 나아가 이혼을 청구하는 배우자의 유책성을 상쇄할 정도로 상대방 배우자 및 자녀에 대한 보호와 배려가 이루어진 경우, 세월의 경과에 따라 혼인파탄

당시 현저하였던 유책배우자의 유책성과 상대방 배우자가 받은 정신적 고통이 점차 약화되어 쌍방의 책임의 경중을 엄밀히 따지는 것이 더 이상 무의미할 정도가 된 경우 등과 같이 혼인생활의 파탄에 대한 유책성이 이혼청구를 배척해야 할 정도로 남아 있지 아니한 특별한 사정이 있는 경우에는 예외적으로 유책배우자의 이혼청구를 허용할 수 있다.

유책배우자의 이혼청구를 예외적으로 허용할 수 있는지 판단할 때에는, 유책배우자 책임의 태양·정도, 상대방 배우자의 혼인계속의사 및 유책배우자에 대한 감정, 당사자의 연령, 혼인생활의 기간과 혼인 후의 구체적인 생활관계, 별거기간, 부부간의 별거 후에 형성된 생활관계, 혼인생활의 파탄 후 여러 사정의 변경 여부, 이혼이 인정될 경우의 상대방 배우자의 정신적·사회적·경제적 상태와 생활보장의 정도, 미성년 자녀의 양육·교육·복지의 상황, 그 밖의 혼인관계의 여러 사정을 두루 고려하여야 한다(대판 2015. 9. 15, 2013므568 전원합의체).

(3) 유책배우자의 이혼청구

판례는 유책배우자의 이혼청구는 원칙적으로 허용하지 않고 있다. 혼인생활이 파탄된 주된 책임이 있는 배우자(예컨대 불륜관계를 맺은 자 등)는 혼인관계가 파탄되었음을 이유로 이혼청구를 할 수 없다는 것이다. 다만 다음과 같은 예외적인 경우에는 제한적으로 파탄주의에 입각하여 이혼을 인정하고 있다.

첫째, 유책배우자로부터 이혼청구를 당한 배우자도 이혼할 의사가 있고 그 의사가 소송으로 표시된 경우이다. 즉 이혼 청구를 당한 배우자가 오기나 보복적 감정에 사로 잡혀 표면적으로만 이혼을 거부하고 있을 뿐, 실제로는 혼인을 계속할 의사가 없는 행동을 하는 등 이혼의사가 객관적으로 명백한 경우에는 유책배우자의 이혼청구를 받아들이고 있다.

둘째, 유책배우자의 유책사유가 있더라도 다른 원인에 의하여 이미 가정이 파탄된 경우이다. 이를테면 성격 차이로 갈등이 심해져서 오랫동안 별거하고 있는 등 이미 파탄이 된 상황에서 배우자 일방의 부정이 있었다고 하더라도 그 부정만을 들어 부정한 배우자를 유책배우자라고 하여 이혼청구를 거부하는 것은 타당하지 않다는 것이다.

셋째, 부부 쌍방에게 같은 정도의 혼인파탄의 책임이 있는 경우이다.

또한 이혼을 청구하는 청구인에게 가벼운 책임이 있고 오히려 그 상대방에게 무거운 파탄의 책임이 있는 경우에는, 비록 그 상대방에게 이혼의사가 없더라도 이혼청구는 허용되어도 무방할 것이다.

2. 재판상 이혼원인

(1) 절대적 이혼원인과 상대적 이혼원인

민법 제840조는 개별적·구체적인 절대적 이혼원인(제1호-제5호)과 일반적·추상적인 상대적인 이혼원인(제6호)를 규정하고 있다. 그 내용은 다음과 같다.

다음 각 호의 사유가 있는 경우에는 법원에 이혼심판을 청구할 수 있다.

① 배우자에게 부정한 행위가 있었을 때

② 배우자가 악의로 다른 일방을 유기한 때

③ 배우자 또는 배우자의 직계존속으로부터 심히 부당한 대우를 받았을 때

④ 배우자로부터 자기의 직계존속이 심히 부당한 대우를 받았을 때

⑤ 배우자의 생사가 3년 이상 분명하지 아니한 때

⑥ 기타 혼인을 계속하기 어려운 중대한 사유가 있을 때

(2) 배우자의 부정한 행위

부정한 행위란 일부일처제 하에서의 부부의 정조의무·순결의무에 위배되는 일체의 탈선행위를 의미하며, 반드시 간통에 국한된다고 할 수는 없다.

이는 간통보다 넓은 개념으로서, 비록 간통을 하지는 않았으나 그 행동이 순결의무·정조의무에 충실하지 못한 것으로 볼 수 있다면 부정한 행위가 된다. 실제로 부정한 행위인지의 여부는 각 구체적인 사안에 따라 그 정도와 상황을 참작하여 평가하여야 할 것이다.

부정한 행위란 물론 그 행위가 자유로운 의사에 의한 경우만을 말한다. 따라서 성폭력(강간)을 당한 경우에는 부정한 행위를 저지른 것으로 볼 수 없다. 그러나 자신의 과실(예컨대 과음)로 무의식 상태를 자초하여 저지른 부정행위는 이혼사유가 된다.

간통과 같은 부정한 행위는 은밀히 이루어지는 것이기 때문에 이를 증명하기가 쉽지 않으므로 부정한 행위는 추정되는 경우가 많다. 예를 들면 이성(異性)과 한 방에서 밤을 지낸 경우라든가, 숙박업소에 함께 투숙한 경우, 아내가 출산하였는데 남편의 자식이 아님이 증명된 경우, 배우자 이외의 사람으로부터 성병에 감염된 경우에는 부정한 행위가 있었다고 추정할 수 있다. 남편과 동거한 여자가 69세의 고령이고 중풍으로 좌측 팔다리가 마비되는 등의 이유로 정교능력이 없어 실제로 정교를 갖지는 못하였다고 하더라도 남편의 행위는 배우자로서의 정조의무에 충실치 못한 것으로서 부정한 행위에 해당한다(대판 1992. 11. 10, 92므68).

부정한 행위에 해당되기 위해서는 반드시 계속적이어야 하는 것은 아니다. 단 1회의 외도나 실수도 부정행위가 된다.

부정한 행위는 당연히 혼인한 뒤의 행위만 문제가 된다. 배우자가 혼인전의 부정한 행위가 있었다고 하더라도 이는 혼인 후의 부정한 행위가 아니므로 재판상 이혼사유라고 볼 수 없다.

그러나 혼인 전의 부정한 행위 때문에 부부간에 갈등이 생기고 혼인관계가 파탄에 이르렀다면 「기타혼인을 계속하기 어려운 중대한 사유」로서 이혼사유가 될 수도 있다.

배우자의 부정한 행위에 대하여 사전에 동의한 경우에는 이혼을 청구하지 못한다. 즉, 상대방이 부정한 행위를 하더라도 이의가 없다는 명백하고도 적극적인 의사표시가 있어야 한다. 다만 표시의 방식에는 특별한 제한이 없으므로 명시적인 방법뿐만 아니라 묵시적인 방법으로도 할 수 있다. 예컨대 혼인 당사자가 더 이상 혼인관계를 지속할 의사가 없고 이혼의사의 합치가 있는 경우에는 비록 법률적으로 혼인관계가 존속한다고 하더라도 간통에 대한 사전 동의인 종용에 해당하는 의사표시가 그 합의 속에 포함되어 있는 것으로 보아야 할 것이다(대판 2000. 7. 7, 2000도868).

또한 사후에 용서한 때에도 배우자의 부정한 행위를 이유로 하여 이혼을 청구할 수 없다. 용서란 상대방의 부정행위를 알면서도 혼인관계를 지속시킬 의사로 그 부정행위에 대한 책임을 묻지 않겠다는 뜻을 표시하는 것이다. 단순히 부정행위의 사실을 인식하고 이것을 간과하는 것으로는 안된다. 그 사실을 문책하지 않는다는 적극적인 의사표시를 필요로 한다. 배우자의 부정한 행위를 알면서도 아무 말 없이 부부생활을 계속하는 것은 사후의 묵시적인 용서라고 보게 된다. 사전에 동의하거나 사후에 용서한 사실은 이혼청구를 당한 측에서 증명하여야 한다.

부정한 행위를 이유로 이혼을 청구하기 위해서는 시간상의 제약이 있다. 즉 부정한 행위를 안 날로부터 6개월, 부정한 행위가 있은 날로부터 2년 이내에 소송을 제기하여야 하고, 그 이후에는 이혼을 청구할 수 없다.

여기서 「안다」는 것은 부정한 행위의 존재를 알면 되고 반드시 그 일시, 장소, 상대방의 신원까지 알아야 하는 것은 아니다. 다만 축첩행위와 같은 경우는 계속적인 부정행위라고 할 수 있는데, 첩관계가 청산되면 물론 그 청산된 때로부터 위의 기간이 계산될 것이다.

■ "용서해 줄테니 자백하라"고 말한 것만으로도 용서에 해당하는가?

판결요지

유서는 명시적으로 할 수 있음은 물론 묵시적으로도 할 수 있는 것이어서 그 방식에 제한이 있는 것은 아니지만, 감정을 표현하는 어떤 행동이나 의사의 표시가 유서로 인정되기 위하여는, 첫째 배우자의 간통사실을 확실하게 알면서 자발적으로 한 것이어야 하고, 둘째 그와 같은 간통사실에도 불구하고 혼인관계를 지속시키려는 진실한 의사가 명백하고 믿을 수 있는 방법으로 표현되어야 하는 것이므로, 단순한 외면적인 용서의 표현이나 용서를 하겠다는 약속만으로는 유서를 하였다고 인정하기 어렵다(대판 1991. 11. 26, 91도2049).

(3) 배우자의 악의의 유기

「악의의 유기」란 정당한 이유 없이 악의적으로 부부로서의 동거·부양·협조의무를 이행하지 않는 행위를 말하는 것으로서, 상대방 배우자를 내쫓는 것은 물론, 가족을 버려두고 자기가 집을 나가 버리는 행위 또는 상대방으로 하여금 집에서 나가지 않을 수 없도록 만든 다음 돌아오지 못하게 하는 등의 행위를 포함한다. 다른 여자와 불륜관계를 맺어 본처와 그 자식을 버리거나 생활비를 대주지 않는 것은 전형적인 악의의 유기에 대한 사례라고 할 수 있다.

악의의 유기는 반드시 일정기간 계속될 필요는 없으나, 그래도 실제로는 상당한 기간 계속되어야 할 것이다.

정당한 사유가 있는 별거는 악의의 유기가 아니다. 이를테면 질병의 치료나 경제적 곤궁 때문에(돈벌이 때문에 해외에 나간 경우) 일시적으로 별거하거나, 상대방의 학대에 못 이겨 가출한 경우 등은 여기에서 말하는 악의의 유기에 의한 이혼사유에 해당되지 않는다.

요컨대 악의의 유기란 혼인생활을 계속할 의사유무와 유기라는 객관적 사실로 판정되는 것이다. 판례에 의하면 정신병자인 아내를 버리고 남편이 가출하여 비구승이 된 경우, 아내가 혼인신고하고 약 20일간 동거한 후, 농사일이 힘들고 남편의 건강이 나쁘다는 이유로 가출한 경우 등은 악의의 유기에 해당된다.

무릇 혼인은 남녀의 애정을 바탕으로 하여 일생의 공동생활을 목적으로 하는 도덕적·풍속적으로 정당시되는 결합으로서 부부 사이에는 동거하며 서로 부양하고 협조하여야 할 의무가 있다(민법 제826조 제1항). 이에 혼인생활을 함에 있어서 부부는 애정과 신의 및 인내로써 서로 상대방을 이해하며 보호하여 혼인생활의 유지를 위한 최선의 노력을 기울여야 하는 것이고, 혼인생활 중에 그 장애가 되는 여러 사태에 직면하는 경우가 있다 하더라도 부부는 그러한 장애를 극복하기 위한 노력을 다하여야 할 것이다. 일시적으로 부부간의 화합을 저해하는 사정이 있다는 이유로 혼인생활의 파탄을 초래하는 행위를 하여서는 안 되는 것이다.

이러한 부부간의 동거·부양·협조의무는 애정과 신뢰를 바탕으로 일생에 걸친 공동생활을 목적으로 하는 혼인의 본질이 요청하는 바로서, 부부 사이에 출생한 자식이 없거나 재혼한 부부간이라 하여 달라질 수 없는 것이고, 재판상 이혼사유에 관한 평가 및 판단의 지도원리로 작용한다. 따라서 배우자가 정당한 이유 없이 서로 동거, 부양, 협조하여야 할 부부로서의 의무를 포기하고 다른 일방을 버린 경우에는 재판상 이혼사유인 악의의 유기에 해당한다(대판 1999. 2. 12, 97므612) 단순히 배우자의 일방이 상대방의 의사에 반하여 소지품을 가지고 친정에 간 사실만으로는 악의로써 배우자를 유기한 것이라고 할 수 없으며(대판 1959. 5. 28, 4291민상190), 상대방의 학대를 피하기 위하여 가출한 경우도 악의의 유기에 해당되지 않는다(대판 1990. 3. 23, 89므1085).

배우자가 악의로 다른 일방을 유기하는 것이 이혼청구를 할 당시까지 계속되고 있다면 이혼청구권은 소멸되지 않는다(대판 1998. 4. 10, 96므1434).

(4) 배우자 또는 그 직계존속에 의한 심히 부당한 대우

「심히 부당한 대우」란 부부로서 동거생활을 계속하는 것이 고통스러울 정도로 신체적·정신적으로 학대를 받거나 또는 명예에 대하여 모욕을 받는 것을 말한다.

「심히」란 배우자의 일방이 부부의 동거생활을 계속하는데 고통을 느낄 정도를 말한다. 그와 같은 심히 부당한 대우로 말미암아 부부관계의 계속적인 유지를 기대할 수 없을 정도로 결혼생활이 파탄된 경우에 비로소 이혼이 인정될 것이다.

홀시어머니가 신혼 이래 매일 밤늦게 까지 아들내외의 침실에 들어와서 TV를 본다 VTR을 돌린다 하면서 자리를 뜨지 않거나, 노크도 없이 갑자기 방문을 열어 보는가 하면, 까닭 없이 새벽에 일찍 일어나서 부엌칼로 빈 도마를 두들기고 숟가락 등으로 그릇이나 냄비를 달그락 거려 며느리를 당황하게 만들기가 일쑤인 등 시어머니가 아들 내외의 부부생활을 방해하는 것은 「배우자의 직계존속으로부터 심히 부당한 대우」를 받는 경우에 해당한다고 하겠다.

판례에 의하면, 「배우자로부터 심히 부당한 대우를 받았을 때」라고 함은 혼인 당사자의 일방이 배우자로부터 혼인관계의 지속을 강요하는 것이 가혹하다고 여겨질 정도의 폭행이나 학대 또는 중대한 모욕을 받았을 경우를 의미한다(대판 1999. 11. 26, 99므180).

그렇지만, 가정불화가 심한 중에 서로 격한 감정에서 오고간 몇 차례의 폭행 및 모욕적인 언사는 그것이 비교적 경미한 것이라면 이는 민법 제840조 제3호 소정의 심히 부당한 대우를 받았을 때에 해당하지 않는다(대판 1986. 6. 24, 85므6).

(5) 자기의 직계존속에 대한 배우자의 심히 부당한 대우

「심히 부당한 대우」란 흔히 존속학대라고 말하는 것으로서, (4) 「배우자 또는 그 직계존속에 의한 심히 부당한 대우」에서 설명한 내용과 동일한 의미이다.

남편의 부모나 조부모가 아내로부터 폭행·학대·모욕 등 심하게 부당한 대우를 받은 경우는 물론, 아내의 부모·조부모가 남편으로부터 심하게 부당한 대우를 받은 경우를 말한다.

(6) 3년 이상의 생사불명

생사불명이란 배우자가 살아 있는지 죽었는지 전혀 증명할 수 없는 경우를 말하며, 과거 3년 이상 생사가 밝혀지지 않았을 뿐만 아니라 현재 시점에서도 생사가 불명하여야 한다.

또한 생사불명의 상태는 연속된 경우를 말하는 것으로서 혼인기간 중 단기간의 생사불명 상태의 기간을 합산해서 따질 수는 없다.

집을 떠난 배우자가 살아 있는 것은 확실한데 다른 어디인가에 있으면서 집으로 돌아오지 않고 있을 경우에는 「생사불명」을 이유로 이혼소송을 할 것이 아니고, 「악의의 유기」를 이유로 하여 이혼소송을 제기하여야 한다. 실제로 배우자가 가출하여 3개월 동안이라도 행방불명 상태가 계속되면 「악의의 유기」로 이혼청구를 하는 예가 대부분이고, 3년 이상 생사 불명을 이유로 이혼청구를 하는 경우는 거의 없다.

생사불명의 기간을 계산하는 시점은 최후의 소식이 있었던 시점(가출의 경우는 가출시, 전쟁·재난 등 위난의 경우는 그 위난이 사라진 때)부터 계산한다.

3년 이상 생사불명인 상태가 된 경우에 남아 있는 배우자는 주소를 모르더라도 이혼을 제기할 수 있다. 이혼소송의 소장에 최후의 주소를 기재하고, 「현재 생사불명」이라고 기재하면 족하고, 그 후부터는 민사소송법상의 공시송달 제도라는 절차로서 진행·종료될 수 있다.

이혼판결이 확정되어 이혼신고 까지 이루어진 뒤에 배우자가 살아 돌아오더라도 혼인은 부활되지 않는다. 이 점이 실종선고에 의한 이혼과 다른 점이다.

(7) 기타 혼인을 계속하기 어려운 중대한 사유

혼인을 계속하기 어려운 중대한 사유란 부부에 따라서 다를 수 있는, 이른바 상대적 이혼원인이다. 같은 사유의 것이더라도 어떤 부부에게는 혼인을 계속하기 어려운 중대한 사유가 될 수 있는가 하면 다른 부부에게는 그렇게 중대한 사유가 되지 않을 수도 있기 때문이다.

혼인을 계속하기 어려운 중대한 사유인지 아닌지의 판단 여부는 결국 법원이 결정하게 된다.

판례에 의하면, 「혼인을 계속하기 어려운 중대한 사유가 있을 때」란 부부간의 애정과 신뢰가 바탕이 되어야 할 혼인의 본질에 상응하는 부부공동생활관계가 회복할 수 없을 정도로 파탄되고 그 혼인생활의 계속을 강제하는 것이 일방 배우자에게 참을 수 없는 고통이 되는 경우를 의미하며, 이를 판단함에 있어서는 혼인계속의사의 유무, 파탄의 원인에 관한 당사자의 책임 유무, 혼인생활의 기간, 자녀의 유무, 당사자의 연령, 이혼 후의 생활보장, 기타 혼인관계의 제반사정을 두루 고려하여야 한다(대판 1991. 7. 9, 90므1067). 그리고 이와 같은 여러 사정을 고려하여 보아 부부의 혼인관계가 돌이킬 수 없을 정도로 파탄되었다고 인정된다면 그 파탄의 원인에 대한 원고의 책임이 피고의 책임보다 더 무겁다고 인정되지 않는 한 이혼청구는 인용되어야 한다(대판 2010. 7. 15, 2010므1140).

판례에서 혼인을 계속하기 어려운 중대한 사유라고 하여 이혼을 허락한 구체적인 예는 다음과 같다.

먼저 경제적인 파탄의 원인으로서 남편의 방탕, 가계를 돌보지 않고 계를 하는 등 아내의 문란한 행위, 허영에 의한 지나친 낭비, 불성실 또는 지나친 사치, 가정주부의 상습 도박 등을 들 수 있다.

윤리적 · 정신적인 파탄의 원인으로서는 불치의 정신병(장기간 지속된 회복불가능한 조울증), 부부간의 애정상실, 성격불일치, 극심한 의처증이나 의부증, 혼인 전 부정으로 인한 부부간의 갈등, 수년간 계속된 별거, 심한 주벽 또는 알코올 중독, 마약 중독, 범죄행위(강간, 강제추행 등 파렴치범죄) 및 실형선고, 신앙의 차이로 인한 갈등, 지나친 신앙생활, 자녀에 대한 정신적 · 육체적 모욕 또는 가해, 남편의 가부장적인 태도 등을 들 수 있다.

그리고 육체적인 파탄의 원인은 합리적인 이유 없는 성관계 거부, 성적인 불능, 변태성욕, 동성연애, 성병감염, 부당한 피임, 가사를 돌보지 않는 춤바람 등을 들 수 있다.

그러나 사소한 불화나 감정의 대립, 단순히 부부간에 한 때 이혼하기로 합의한 사실이 있으나 그밖에는 특별한 사유가 없을 때에는 합의하였다는 사실만 가지고 혼인을 계속하기 어려운 중대한 사유에 해당한다고 할 수 없다.

또한 임신 불능이나 무정자증에 따른 생식불능 등은 그 자체로서는 혼인을 계속하기 어려운 중대한 사유로 볼 수 없을 것이다. 혼수가 빈약하거나 지참금이 없다는 이유로는 이혼할 수 없으며, 혼담이 오고갈 때에 장차 결혼하면 아파트를 사주겠다느니 병원 개업을 시켜 주겠다느니 하는 언질이 있었으나 그 후 약속을 이행하지 않는다고 하여 이혼을 요구할 수 없다. 과거의 연인을 못 잊어 하며 첫사랑의 사진과 연애편지를 보관하고 있다고 해서 이혼할 수는 없다고 하겠다.

기타 혼인을 계속하기 어려운 중대한 사유는 다른 일방이 그 사실을 안 날로부터 6개월, 그 사유 있은 날로부터 2년 내에 이혼을 청구하여야 하며, 이 기간을 경과하면 이혼청구권이 소멸하여 이혼을 청구하지 못하게 된다. 다만, 혼인을 계속하기 어려운 중대한 사유가 이혼청구 당시까지 계속되고 있는 경우에는, 그 사유가 계속되고 있는 동안은 언제든지 이혼 소송을 제기할 수 있다(대판 1996. 11. 8, 96므1243).

■ 甲과 乙이 혼인한 이후 7년 이상 한 차례도 성관계를 갖지 못하고 이러한 이유 등으로 불화를 겪다가 별거하게 되었다면, 이혼사유가 되는가?

판결요지

(가) 부부 중에 성기능의 장애가 있거나 부부간의 성적인 접촉이 부존재하더라도 부부가 합심하여 전문적인 치료와 조력을 받으면 정상적인 성생활로 돌아갈 가능성이 있는 경우에는 그러한 사정은 일시적이거나 단기간에 그치는 것이므로 그 정도의 성적 결함만으로는 '혼인을 계속하기 어려운 중대한 사유'가 될 수 없으나, 그러한 정도를 넘어서서 정당한 이유 없이 성교를 거부하거나 성적 기능의 불완전으로 정상적인 성생활이 불가능하거나 그 밖의 사정으로 부부 상호간의 성적 욕구의 정상적인 충족을 저해하는 사실이 존재하고 있다면, 부부간의 성관계는 혼인의 본질적인 요소임을 감안할 때 이는 '혼인을 계속하기 어

려운 중대한 사유'가 될 수 있다.

(나) 甲과 乙이 혼인한 이후 7년 이상의 기간 동안 한 차례도 성관계를 갖지 못하고 이러한 이유 등으로 불화를 겪다가 별거생활을 하게 된 경우, 정신과 전문의에 대한 감정 등 증거조사를 통하여 甲과 乙에게 어떠한 성적 결함이 있는지 여부, 그러한 결함이 아니더라도 甲과 乙 상호간에 정상적인 성생활을 갖지 못하게 된 다른 원인이 있는지 여부, 또한 그러한 결함이나 그 밖에 정상적인 성생활을 저해하는 다른 원인 등이 당사자들의 노력에 의하여 용이하게 극복될 수 있는 것인지 등에 관하여 더 심리한 연후에, 甲과 乙의 혼인관계가 과연 회복할 수 없을 정도로 파탄에 이르렀는지, 파탄에 이르렀다면 그 귀책사유가 누구에게 어느 정도 있는지 여부를 가렸어야 한다.

⇒ 甲과 乙의 혼인관계가 더 이상 회복할 수 없을 정도로 파탄된 것은 아니라고 판단한 원심판결을 파기함(대판 2010. 7. 15, 2010므1140).

■ 배우자 일방이 불치의 정신병에 걸려 가정구성원 전체가 감당하기 어려운 고통을 받는 경우, 이혼사유가 되는가?

판결요지

가정은 단순히 부부만의 공동체에 지나지 않는 것이 아니고 그 자녀 등 모든 구성원의 공동생활을 보호하는 기능을 가진 것으로서 부부 중 일방이 불치의 정신병에 이환되었고 그 질환이 단순히 애정과 정성으로 간호되거나 예후가 예측될 수 있는 것이 아니고 그 가정의 구성원 전체에게 끊임없는 정신적, 육체적 희생을 요구하는 것이며 경제적 형편에 비추어 많은 재정적 지출을 요하고 그로 인한 다른 가족들의 고통이 언제 끝날지 모르는 상태에까지 이르렀다면, 온 가족이 헤어날 수 없는 고통을 받더라도 타방배우자는 배우자간의 애정에 터잡은 의무에 따라 한정 없이 참고 살아가라고 강요할 수는 없는 것이고, 혼인관계가 해소되는 경우 불치의 질환에 이환된 일방이 배우자로부터의 원조가 제한되게 됨에 따라 극심한 경제적 고통을 받게 되고 보호를 받을 수 없게 되는 사정이 있더라도 이는 이혼당사자간의 재산분할청구 등 개인간 또는 사회적인 부양의 문제로 어느 정도의 지원을 기대할 수 있을 뿐이다(대판 1991. 1. 15, 90므446).

(8) 각 사유의 관계

재판상 이혼사유에 관한 민법 第840조는 이 조항이 규정하고 있는 각 호 사유마다 각각 별개의 독립된 이혼사유를 구성하는 것이므로 당사자가 이혼을 청구하면서 여러 개의 이혼 사유를 주장한다면 법원은 그 중 하나를 받아 들여 이혼청구를 인용할 수 있다(대판 2000. 9. 5, 99므1886).

다만 법원은 원고가 주장하는 이혼사유만을 심판하여야 하고, 원고가 주장하지 않는 이혼사유에 관해서는 심판할 필요가 없으며, 그러한 사유로 이혼을 명하여서는 안 된다. 예컨대 부정행위(1호)로 이혼을 청구하였는데 기각 당하였다면, 그 후 다시 기타 혼인을 계속하기 어려운 중대한 사유(6호)를 주장하여 이혼청구를 할 수 있다.

3. 재판상이혼 절차

(1) 조정이혼

재판상 이혼을 하려는 자는 우선 가정법원에 조정을 신청하여야 한다(조정전치주의). 조정신청을 하지 않고 이혼의 소를 제기한 때에는 가정법원은 그 사건을 조정에 회부하여야 한다. 다만 배우자의 생사 불명을 이혼원인으로 하거나 그 사건이 조정에 회부되더라도 조정이 성립될 가망이 없다고 인정될 경우에는 조정에 회부하지 않을 수 있다.

조정을 통하여 당사자간에 이혼의사가 성립되어 조서에 기재되면 확정판결과 동일한 효력이 발생한다.

(2) 재판에 의한 이혼

조정사건에 대하여 「조정을 하지 않기로 하는 결정이 있거나」, 「조정이 성립하지 않은 경우」, 「조정에 갈음하는 결정에 대하여 2주일 이내에 이의신청이 있는 때」에는 그 사건은 당연히 이혼소송으로 이행된다. 즉, 당초 조정신청을 한 때에 이혼소송을 제기한 것으로 본다.

재판에 의해 이혼판결이 확정되면 이혼소송을 제기한 사람은 재판 확정일로부터 1개월 이내에 재판의 등본과 확정증명서를 첨부하여 이혼신고를 하여야 한다. 이는 보고적 신고이다.

(3) 이혼소송 중 당사자의 사망

이혼청구권은 일신전속권에 속하므로 이혼소송이 진행되는 중에 당사자 일방이 사망하면 그 소송은 당연히 종료하고 그 상속인이 수계할 수 없다. 따라서 이혼소송과 병합되어 있던 재산분할청구권은 함께 종료한다. 다만 위자료청구권은 상속인에 의한 수계가 가능하다.

〔3〕 이혼의 효과

1. 일반적 효과

이혼을 하면 부부관계가 해소되기 때문에 부부로서의 동거·부양·협조·정조의무 및 부부재산관계 등 모든 권리와 의무도 없어진다. 결혼으로 맺어졌던 인척관계도 모두 소멸된다. 재혼이 가능하게 된다. 다만 전배우자의 6촌 이내의 혈족, 배우자의 4촌 이내의 혈족의 배우자(인척)이거나 이었던 사람과는 재혼하지 못한다.

당사자가 이혼신고를 하게 되면 가족관계등록부에 기록되지만, 가족관계증명서에는 현재 배우자가 없는 것으로 표시될 뿐, 이혼사실은 나타나지 않는다. 당사자의 혼인관계증명서에는 이혼과 전 배우자의 이름이 기재된다.

2. 자녀에 대한 효과

(1) 子의 신분관계

부모가 이혼하더라도 子의 신분은 영향을 받지 않는다. 여전히 子로서의 친족관계는 소멸하지 않는 것이다.

(2) 자녀의 양육

부모가 이혼하더라도 자녀들의 신분관계에는 아무 영향을 미치지 않는다. 부자관계와 모자관계는 이혼 후에도 그대로 존속한다. 혼인 중에 임신하여 이혼 후에 출생한 아이는 혼인외의 출생자가 아니라, 혼인 중의 출생자로 인정된다.

협의이혼이든 재판상이혼이든 이혼 할 경우 가장 큰 문제는 미성년 자녀의 양육이다. 자녀의 양육에 관한 사항은 일단 이혼을 하려는 부모가 협의하여 정한다. 부모가 협의하여 정하여야 할 사항은, 이혼 후 누가 자녀를 양육할 것인지 양육자 결정과 누가 양육비를 어떤 방식으로 어떻게 부담할 것인지 양육비 및 면접교섭의 행사 여부 및 방법 등이 된다. 이에 대하여 협의된 내용은 서면으로 작성되어 법원에 제출되어야 한다.

자녀의 양육에 대한 부모의 협의가 자녀의 복리에 반한다고 판단될 때에는 법원은 부모에게 협의사항에 대한 보정을 명할 수 있다. 부모가 법원의 보정명령을 받아들이지 않으면 법원은 직권으로 자녀의 양육에 관한 사항을 정할 수 있다.

부모의 협의가 되지 않거나 협의할 수 없는 경우(예를 들면 생사불명이나 불치의 정신병으로 이혼하는 경우에는 협의가 불가능함)에는 협의이혼이냐 재판상이혼이냐에 따라 약간의 차이가 있다.

협의이혼을 하려는 부부 사이에 자녀의 양육에 관한 협의가 되지 않으면 이혼의사를 확인받기 전에 가정법원에 자녀양육에 관한 심판을 청구하여 그에 관한 결정을 받아야 한다. 협의이혼을 하려는 부부가 이혼의사를 확인받을 때 자녀의 양육에 관한 협의서나 가정법원의 심판 정본 중 어느 하나를 제출하지 않으면 법원은 이혼의사의 확인을 거부할 것이므로 협의이혼은 불가능하게 된다. 가정법원은 이혼의사 확인을 거부할 수 있을 뿐이고, 이혼의사확인절차에서 직권으로 양육에 관한 사항을 결정하지는 못한다.

재판상이혼의 경우에는, 가정법원이 당사자의 청구 또는 직권에 의하여 양육에 관한 사항을 결정하게 된다. 법원이 양육에 관한 사항을 정할 때에는 자녀의 의사 등 자녀의 복리에 관한 사항을 종합적으로 고려하여야 한다.

부모의 협의나 법원에 의하여 결정된 자녀의 양육에 관한 사항은 자녀의 복리를 위하여 필요하다고 인정되는 경우에는 언제든지 변경될 수 있다. 부, 모, 자녀 및 검사가 청구권자인데, 법원은 청구가 없어도 직권으로 개입하여 양육에 관한 사항을 변경할 수 있다. 예를 들면 父가 양육하기로 협의가 되거나 결정되었는데, 그 父가 재혼을 하여 후처가 자녀들을 학대하는 경우에는 생모가 자기가 양육하겠으니 양육자의 지정을 바꾸어 달라고 법원에 청구할 수 있다.

■ 부모 중 한 쪽만 자녀를 양육하게 된 경우, 양육비 청구 이전의 과거 양육비의 상환을 청구할 수 있는가?

판결요지

어떠한 사정으로 인하여 부모 중 어느 한 쪽만이 자녀를 양육하게 된 경우에, 그와 같은 일방에 의한 양육이 그 양육자의 일방적이고 이기적인 목적이나 동기에서 비롯한 것이라거나 자녀의 이익을 위하여 도움이 되지 아니하거나 그 양육비를 상대방에게 부담시키는 것이 오히려 형평에 어긋나게 되는 등 특별한 사정이 있는 경우를 제외하고는, 양육하는 일방은 상대방에 대하여 현재 및 장래에 있어서의 양육비 중

적정 금액의 분담을 청구할 수 있음은 물론이고, 부모의 자녀양육의무는 특별한 사정이 없는 한 자녀의 출생과 동시에 발생하는 것이므로 과거의 양육비에 대하여도 상대방이 분담함이 상당하다고 인정되는 경우에는 그 비용의 상환을 청구할 수 있다(대판 1994. 5. 13, 92스21 전원합의체).

(3) 자의 친권자 결정

미성년자는 부모의 친권에 복종하여야 하는데 부모가 이혼하게 되면 누가 친권을 행사할 것인가 문제된다. 부모의 이혼으로 공동양육은 어렵게 되므로 자에 대한 공동친권은 단독친권으로 변경되는 것이 일반적이지만, 이혼 후 공동친권도 가능하다.

협의이혼을 하려는 부모는 협의에 의하여 친권자를 정할 수 있다. 부모가 협의하여 결정한 친권자가 자녀의 복리에 반하는 경우에는 법원은 보정을 명하거나 직권으로 친권자를 정한다. 앞에서 설명한 양육사항에 관한 당사자의 협의가 자녀의 복리에 반하는 경우에 법원이 취하는 조치와 동일하다. 당사자가 협의하여 친권자를 정하지 못하는 경우에는 가정법원에 친권자지정을 청구하여야 한다. 이 역시 이혼의사를 확인받을 때까지는 친권자 결정에 관한 당사자의 협의서나 가정법원의 심판 정본을 제출하여야 하므로, 친권자가 결정되지 않으면 협의이혼은 성립될 수 없다.

재판상이혼의 경우에는 가정법원이 직권으로 친권자를 정한다. 이 경우 친권자와 양육자를 각각 다르게 정할 수도 있으며, 친권의 효력은 양육권을 제외한 부분에만 미친다.

자녀의 복리를 위하여 친권자를 변경할 필요가 있는 경우에는, 자녀의 4촌 이내의 친족이 가정법원에 청구하여 가정법원이 이미 지정된 친권자를 변경할 수 있다. 당사자의 협의로는 지정된 친권자를 변경할 수 없다. 친권자나 양육권자를 지정하고 변경하는 기준은 자녀의 복리를 우선적으로 고려하여야 한다.

지정된 단독친권자가 사망한 경우에는 생존하고 있는 나머지 1명(모나 부)의 친권이 당연히 부활되는 것이 아니라, 가정법원이 새로운 친권자를 지정하거나 변경하는 심판을 하여야 한다.

(4) 면접교섭권

면접교섭권이란 이혼 후 친권자나 양육권자가 아니기 때문에 현실적으로 자녀를 보호하거나 양육하고 있지 않은 어버이가 그 아이와 직접 만나거나 전화·서신교환 또는 접촉할 수 있는 권리를 말한다. 면접교섭권은 부모의 권리의무이자 자녀의 권리이기도 한다.

이혼하는 부모는 양육을 맡지 않은 측의 자녀에 대한 면접교섭권에 관하여도 협의하여야 하고 협의가 되지 않으면 법원에 청구할 수 있다.

면접교섭의 행사방법과 범위는 부모의 협의나 결정에 따라 정하지만, 협의가 불가능한 경우에는 당사자의 청구에 의하여 가정법원이 정한다. 대체로 그 내용은 자녀와 만나거나 데려가기, 전화를 하거나 편지를 주고받거나 선물을 주고받을 수 있는 것이 되고, 양육과 교육에 지장을 주지 않는 범위 내에서 아주 짧은 기간 동안 함께 숙박하는 것도 포함될 수 있다. 협의이혼을 하려는 부부는 이혼의사를 확인받을 때까지 면접교섭의 행사 여부 및 그 방법에 대한 협의서나 심판정본을 제출하여야 한다.

자녀가 부모를 만나기 싫어하는 경우 및 자녀의 복리를 위하여 필요한 경우에는 가정법원은 당사자의 청구에 의하여 또는 직권으로 면접교섭권을 제한하거나 배제할 수도 있다.

면법교섭권에 관한 심판은 부모 중 일방이 다른 일방을 상대로 청구하는 것이므로 고모나 조부모 등 친족은 당사자로 될 수 없다. 다만 당사자 사이에 합의가 있는 경우에는 자와 조부모와의 면접교섭이 가능할 수 있다. 예컨대, 父가 유학기간 중 조모가 월 1회 1시간 동안 자를 면접교섭할 수 있도록 제안한 경우, 모가 이를 받아들인다면 조모의 면접교섭은 가능하게 된다.

양육권자가 면접교섭에 필요한 의무를 이행하지 않는 경우에는 가정법원은 직권 또는 권리자의 신청에 의하여 결정으로 1천만 원 이하의 과태료에 처할 수 있으며, 권리자의 신청에 의하여 30일의 범위 내에서 그 의무를 이행할 때까지 의무자(양육권자)를 감치에 처할 수 있다.

3. 재산분할청구권

(1) 의 의

재산분할청구권이란 부부가 이혼을 한 경우 일방 당사자가 상대방 배우자에게 혼인 중에 취득한 공동재산을 나누어 줄 것을 청구할 수 있는 권리를 말한다.

고유재산과 특유재산을 제외한 「혼인 중에 취득한 재산」은 그 취득재원이 남편의 사회적 활동에 의한 경제적 수입에 의한 것이라고 하더라도, 실은 아내가 가정에서 자녀를 양육하고 가사활동에 종사함으로써 남편의 사회적 활동을 배후에서 지원하였기 때문에 가능한 것이고, 또한 아내의 기여나 협력이 있었기 때문에 형성될 수 있는 것이다. 그런데도 혼인 중에 취득한 재산은 대부분 배우자 일방(주로 남편)의 명의로 되어 있는 경우가 많다. 이러한 상황 하에서 이혼하게 되면 취득재산의 명의가 없는 배우자 일방(주로 아내)은 그 재산에서 자기의 몫을 주장할 수 없었고, 고작해야 보잘 것 없는 위자료를 받는 것으로 만족할 수밖에 없었다. 이러한 불합리를 시정하기 위하여 재산분할청구권제도가 도입된 것이다.

(2) 법적 성질

재산분할청구권은 이혼 후 부부재산관계의 실질적 청산(청산적 성질)과 이혼 후 부양(부양적 성질)의 의미를 동시에 가진다. 혼인이 해소되기 전에 미리 재산분할청구권을 포기하는 것은 성질상 허용되지 않는다(대판 2003. 3. 25, 2002므1787). 협의이혼을 하려는 부부가 장래 이혼을 전제로 재산분할에 관한 협의를 한 후, 그 약정에 따라 협의이혼을 하게 되면 재산분할에 관한 협의의 효력이 발생하지만, 협의이혼을 하지 않고 혼인관계를 유지하거나 일방이 재판상이혼을 청구하여 재판상이혼이 이루어지게 되면, 그 재산분할협의는 효력이 발생하지 않는다.

재산분할청구권은 이혼할 때 가정파탄의 잘못이 있는 쪽이 부담하는 위자료와는 성질을 달리 하는 별개의 권리이므로, 이혼 당사자는 위자료 청구권과 재산분할청구권을 동시에 행사할 수 있다. 혼인관계의 파탄에 책임이 있는 유책배우자라도 재산분할을 청구할 수 있으며, 사실혼이 종료된 경우에도 재산분할청구를 할 수 있다.

■ **아직 이혼하지 않은 당사자가 장차 협의상 이혼할 것을 합의하는 과정에서 이를 전제로 재산분할청구권을 포기하는 서면을 작성하였다면, 이를 재산분할에 관한 협의로서의 포기약정이라고 볼 수 있는가?**

결정요지

(가) 민법 제839조의2에 규정된 재산분할제도는 혼인 중에 부부 쌍방의 협력으로 이룩한 실질적인 공동재산을 청산·분배하는 것을 주된 목적으로 하는 것이고, 이혼으로 인한 재산분할청구권은 이혼이 성립한 때에 법적 효과로서 비로소 발생하는 것일 뿐만 아니라 협의 또는 심판에 따라 구체적 내용이 형성되기까지는 범위 및 내용이 불명확·불확정하기 때문에 구체적으로 권리가 발생하였다고 할 수 없으므로, 협의 또는 심판에 따라 구체화되지 않은 재산분할청구권을 혼인이 해소되기 전에 미리 포기하는 것은 성질상 허용되지 아니한다.

(나) 아직 이혼하지 않은 당사자가 장차 협의상 이혼할 것을 합의하

는 과정에서 이를 전제로 재산분할청구권을 포기하는 서면을 작성한 경우, 부부 쌍방의 협력으로 형성된 공동재산 전부를 청산·분배하려는 의도로 재산분할의 대상이 되는 재산액, 이에 대한 쌍방의 기여도와 재산분할 방법 등에 관하여 협의한 결과 부부 일방이 재산분할청구권을 포기하기에 이르렀다는 등의 사정이 없는 한, 성질상 허용되지 아니하는 '재산분할청구권의 사전포기'에 불과할 뿐이므로 쉽사리 '재산분할에 관한 협의'로서의 '포기약정'이라고 보아서는 아니 된다(대결 2016. 1. 25, 2015스451).

(3) 재산분할 방법과 대상

재산분할의 여부를 비롯하여 분할의 금액과 구체적인 방법은 이혼하려는 부부가 협의하여 정하고 협의를 할 수 없거나 협의가 되지 않으면 가정법원에 조정신청이나 분할심판청구를 하여 법원에서 정한다. 분할청구를 할 때 청구하는 금액이나 방법을 특정할 필요는 없으며, 당사자의 협의에 따라 금액과 방법에는 아무런 제한이 없다. 금전분할 · 현물분할, 일시금 · 정기금, 직접지불 · 간접지불 등 어떠한 방법이든 무방하다.

법원은 부부가 혼인 중에 당사자 쌍방의 협력으로 이룩한 재산의 액수, 기타 그 밖의 사정을 모두 참작하여 분할의 액수와 방법을 정하게 된다. 분할의 범위, 즉 비율에 대하여는 일체의 사정을 참작하게 되는데, 구체적으로는 재산을 취득한 경위나 취득재원, 이에 대한 다른 배우자의 기여도, 취득재산의 관리, 증식, 혼인기간, 이혼자녀 양육여부, 이혼하는 당사자의 경제적 능력 등을 참작한다. 분할대상이 부동산인 경우에는 경매에 붙여 그 대금을 나누게 하거나, 공동명의로 등기할 것을 명할 수도 있는데, 그 방법은 당사자의 청구를 기초로 하되 비율은 법원이 자유재량으로 결정하게 된다.

재산분할청구의 대상이 되는 재산은 부부 각자의 특유재산(상속 · 증여 등으로 취득한 고유재산)을 제외한, 부부 쌍방의 공동 노력(협력)

으로 형성된 재산이다. 그 재산이 부부 일방의 이름으로 되어 있다고 하더라도 실질적인 공유 재산으로서 자기의 몫을 분할하여 달라고 청구할 수 있다. 부부 쌍방의 협력이란 부부의 맞벌이는 물론, 육아 및 가사노동도 협력에 포함된다.

이혼 당시 이미 수령한 연금·퇴직금·상여금 등도 분할의 대상이 되고, 변호사·의사·교수·회계사 등의 자격도 청산적 재산분할의 평가대상이 될 수 있으며, 「기타 사정」으로 참작하게 된다. 부부의 일방이 제3자에 대하여 부담한 채무가 있는 경우에 그 채무가 공동재산의 형성에 수반되는 것(예컨대 주택융자금이나 혼인생활비 등으로 빌린 금전채무)이라면 분할의 대상이 된다. 따라서 이혼 소장을 받고 남편이 저당권을 설정하여 부담하게 된 채무는 분할의 대상이 되지 않는다.

재산분할재판에서 분할대상인지 여부가 전혀 심리된 바 없는 재산이 재판확정 후 추가로 발견된 경우에는 이에 대하여 추가로 재산분할청구를 할 수 있다(대판 2003. 2. 28, 2000므582).

재산분할청구권은 이혼한 날로부터 2년 이내에 행사하여야 하고 2년이 지나면 청구권이 소멸한다. 이혼과 재산분할청구가 병합된 이혼소송 중에 배우자 일방이 사망한 때에는 이혼소송이 종료되므로(일신전속권) 이혼소송에 병합된 재산분할청구도 그 이익을 상실하여 종료된다. 다만 위자료청구는 당연히 종료되지 않고 상속될 수 있다. 재산분할로 이전되는 재산에는 증여세나 양도소득세가 부과되지 않지만, 이혼 위자료로 재산을 이전하면 양도소득세가 부과된다.

■ 부부 일방이 이혼 당시 아직 퇴직하지 아니한 채 직장에 근무하고 있는 경우, 장래에 받게 될 퇴직금도 재산분할의 대상이 되는가?

판결요지

비록 이혼 당시 부부 일방이 아직 재직 중이어서 실제 퇴직급여를 수령하지 않았더라도 이혼소송의 사실심 변론종결 시에 이미 잠재적으로 존재하여 경제적 가치의 현실적 평가가 가능한 재산인 퇴직급여채권은 재산분할의 대상에 포함시킬 수 있으며, 구체적으로는 이혼소송의 사실심 변론종결 시를 기준으로 그 시점에서 퇴직할 경우 수령할 수 있을 것으로 예상되는 퇴직급여 상당액의 채권이 그 대상이 된다(대판 2014. 7. 16, 2013므2250 전원합의체).

※ 개정된 공무원연금법에 의하면, 혼인기간(배우자가 공무원으로서 재직한 기간 중의 혼인기간)이 5년 이상인 사람이 배우자와 이혼 한 때에는, 그 배우자의 퇴직연금을 분할한 일정한 금액의 연금(분할연금)을 직접 받을 수 있다.

재산분할청구에 의하여 금전을 지급하게 될 경우, 언제부터 이자가 붙는가?

판결요지

이혼으로 인한 재산분할청구권은 이혼을 한 당사자의 일방이 다른 일방에 대하여 재산분할을 청구할 수 있는 권리로서 이혼이 성립한 때에 그 법적 효과로서 비로소 발생하는 것일 뿐만 아니라, 협의 또는 심판에 의하여 그 구체적 내용이 형성되기까지는 그 범위 및 내용이 불명확·불확정하기 때문에 구체적으로 권리가 발생하였다고 할 수 없으므로, 당사자가 이혼이 성립하기 전에 이혼소송과 병합하여 재산분할의 청구를 하고 법원이 이혼과 동시에 재산분할로서 금전의 지급을 명하는 판결을 하는 경우 그 금전지급채무에 관하여는 그 판결이 확정된 다음날부터 이행지체책임을 지게 된다(대판 2001. 9. 25, 2001므725, 732).

(4) 위자료 등 손해배상 청구

이혼을 하게 되면 이혼을 당하게 된 피해자는 이혼을 하게 된 데에 책임이 있는 사람에게 재산상 손해와 정신상 고통에 대한 배상을 청구할 수 있다.

남편이 있는 여성에 대한 강간 또는 강간 미수는 동시에 남편에 대한 관계에서도 독자적인 불법행위를 성립시키게 되므로 손해배상 책임이 있다. 그 여성에게 남편이 있다는 것을 가해자가 알고 있었느냐의 여부는 묻지 않는다. 또한 배우자의 일방과 간통한 자는 배우자 있음을 알고 있었던 경우에만 그 배우자에게 손해배상책임이 있다.

위자료란 이혼을 하게 되면서 심적으로 받게 된 충격 · 번민 · 슬픔 · 불명예 등 모든 정신적 고통에 대하여 그 이혼에 책임이 있는 자로부터 피해자가 배상받는 금전을 말한다. 위자료는 반드시 일시불로 한꺼번에 지급하여야 하는 것은 아니고, 일정기간 분할하여 지급할 수도 있다.

위자료청구권은 양도나 상속 등 승계할 수 없으나(일신전속권), 당사자 사이에 위자료 배상에 관한 약정이 성립되어 있거나 위자료청구 소송을 제기한 후에는 승계시킬 수 있다.

부부가 이혼하는 경우에 손해배상청구권은 이혼한 날로부터 3년, 불법행위를 한 날로부터 10년이 지나면 시효로 소멸하므로 이 시효기간 내에 행사하여야 한다.

V. 사 실 혼

(1) 사실혼의 의미

사실혼이란 혼인의사를 가지고 동거하여 실질적으로는 부부로서의 혼인생활을 하고 있음에도 불구하고 법률이 정한 형식, 즉 혼인신고를 하지 않았기 때문에 법률상 혼인으로 인정되지 않는 사실상의 부부관계를 말한다.

이 사실혼 관계는 혼인의 의사가 있고 또한 현실적으로 부부공동생활의 실체가 존재한다는 점에서, 장래에 부부가 되겠다고 하는 합의가 있을 뿐 현실적으로 부부로서의 생활관계를 수반하지 않는 약혼과 다를 뿐만 아니라, 본처 있는 남자가 혼인의 의사 없이 일정한 경제적 원조 하에 제3의 여자와 성적 관계만을 지속하는 이른바 「축첩관계」와 다르고, 부부공동생활의 실체는 없이 결혼을 했거나 하지 않은 두 남녀가 단지 은밀하게 간헐적으로 정을 통하고 있는 것에 지나지 않는 「사통관계」와도 구별된다.

판례에 의하면, 남녀 사이의 간헐적 정교관계만으로는 그들 사이에 자식이 태어났다고 하더라도 서로 혼인의사의 합치가 있었거나 혼인생활의 실체가 존재한다고 보이지 않으므로 사실상 혼인관계가 성립되었다고 볼 수 없다고 한다(대판 1986. 3. 11, 85므89).

근래에는 사실혼 관계의 본질을 혼인에 준한 일종의 특별한 관계, 즉 「준혼관계」로서 이해하여야 한다는 법률구성이 이루어져, 선량한 풍속 기타 사회질서에 반하지 않는 한, 구제·보호하고 있다. 즉, 부당하게 사실혼을 파기한 경우에는 예약불이행에 기한 채무불이행책임뿐만 아니라 불법행위로 인한 손해배상책임도 인정된다.

〔2〕 사실혼으로 인정되기 위한 요건

판례에 의하면, 사실혼으로 인정되기 위해서는 주관적으로 당사자 사이에 혼인의사가 있고, 객관적으로 부부공동생활의 실체가 존재하여야 한다. 법률상 혼인을 한 부부가 별거하고 있는 상태에서 그 다른 한 쪽이 제3자와 혼인의 의사로 실질적인 부부생활을 하고 있다고 하더라도, 이를 사실혼으로 인정하여 법률혼에 준하는 보호를 받지는 못한다(대판 2001. 4. 13, 2000다52943).

1. 주관적 요건

사실혼으로 인정되기 위해서는 「사실상의 혼인의사」가 있어야 한다. 즉, 사회적 · 실질적으로 부부가 되겠다는 합의가 있어야 한다. 결혼식을 올린 사실이나 상당한 기간 동거를 계속한 사실, 증인들의 확실한 증언 등은 사실상의 혼인의사가 있었다는 인정을 쉽게 받을 수 있는 증거가 될 것이다.

2. 객관적 요건

두 남녀 사이에 사회 관념상 부부공동생활이라고 인정받을 만한 사회적 사실이 존재하여야 한다. 의식주를 함께 하며, 동거 · 부양 · 협조 · 정조의무가 수반하는 상당기간 동서(同棲)한 사실이 있어야 한다.

〔3〕 사실상혼인관계존재확인청구

사실혼이 성립되었다고 볼 수 있는 경우에, 당사자 일방이 혼인신고에 협력하지 않을 때에는 「사실상혼인관계존재확인의 청구」를 위하여 가정법원에 조정을 신청할 수 있다. 조정이 성립되면 조정을 신청한 자가 1개월 이내로 혼인신고를 함으로써 사실혼이 법률혼으로 전환된다. 만약 조정이 성립되지 않으면 조서등본의 송달을 받은 날로부터 2주일 이내 또는 조서송달 전에 심판을 청구할 수 있다.

사실혼관계의 존재가 확인되어 재판이 확정되면 재판을 청구한 자가 재판의 확정일로부터 1개월 이내에 재판서등본과 확정증명서를 첨부하여 혼인신고를 함으로써 그 때부터 사실혼 관계는 법률혼 관계로 전환하게 된다. 혼인신고는 원칙적으로 양 당사자가 생존한 경우에 할 수 있으므로, 사실혼관계에 있던 사람이 사망한 후에 사실상혼인관계존재확인의 판결이 확정된 경우에는 혼인신고는 할 수 없다.

그런데 「사실상혼인관계존재확인의 심판」을 청구하여 승소판결을 받게 된다고 하더라도 남편이 고등법원이나 대법원에 계속해서 항소하고 상소를 하게 되면 재판이 장기화될 우려가 있는데, 그 사이에 남편이 다른 여자와 혼인신고를 해버리면 소송에 이기고도 또 다시 재판을 걸어야 하는 어려움에 빠지게 된다. 즉, 사실상혼인관계존재확인의 심판을 청구하여 재판이 아직 2심에 계속 중인 때, 장차 그 재판에서 혼인신고를 청구한 아내가 승소하게 될 것을 간파한 남편되는 자가 자기와의 혼인신고를 방해할 목적으로 미리 자기와 다른 여자와의 혼인신고를 하였다면 그 혼인신고는 무효가 되지 않는 것이다(대판 1973. 1. 16, 72므25). 때문에 남편이 그 사이에 다른 여자와 혼인신고를 못하도록 막기 위해서는 「사실상혼인관계존재확인의 심판」을 청구함과 동시에 남편의 가족관계등록부에 대하여 「혼인금지가처분신청」을 해둘 수밖에 없을 것이다.

■ 사실혼관계에 있던 당사자 일방이 사망한 경우, 검사를 상대로 사실혼관계존부확인청구를 할 수 있는가?

판결요지

사실혼관계에 있던 당사자 일방이 사망하였더라도, 현재적 또는 잠재적 법적 분쟁을 일거에 해결하는 유효 적절한 수단이 될 수 있는 한(사실혼부부의 일방이 사망하여 연금의 수급권분쟁이 발생한 경우 등), 그 사실혼관계존부확인청구에는 확인의 이익이 인정되고, 생존 당사자는 그 사망을 안 날로부터 1년 내에 검사를 상대로 과거의 사실혼관계에 대한 존부확인청구를 할 수 있다(대판 1995. 3. 28, 94므1447).

〔4〕 사실혼의 효과

1. 신분적 효과

사실혼 부부도 정식 법률혼 부부와 마찬가지로 동거·부양·협조의 의무가 있고 정조의 의무도 있다. 따라서 혼인신고 없이 동거하고 있는 사실혼의 아내와 불법으로 정교를 맺은 제3자에 대하여 사실혼의 남편은 불법행위로 인한 손해배상을 청구할 수 있다. 또한 사실혼의 남편을 살해한 자는 사실혼의 아내와 그 자녀에게 물질적 정신적 손해를 배상할 책임이 있으며, 사실혼의 남편이 제3자의 불법행위로 인하여 상해를 입은 경우에도 사실혼의 아내는 자기가 받은 정신적 고통에 대한 위자료를 청구할 수 있다.

2. 재산적 효과

혼인의 재산적 효과 중에서 일상가사 대리권과 일상가사로 인한 채무에 대한 연대책임 및 부부간의 특유재산에 관한 내용이 인정된다는 점은 법률상의 부부와 다를 바 없다. 일상가사에 관하여 금전거래를 할 경우 사실혼부부에게도 서로 대리권이 있고, 그 대리권 행사로 빚을 졌을 때는 부부가 연대책임을 져서 갚아야 한다. 또한 동거생활 중 부부가 협력하여 취득한 재산은 두 사람의 공유로 보아야 한다. 사실혼부부도 부부재산 계약을 할 수 있지만, 이를 등기할 수 없기 때문에 부부 사이에만 유효할 뿐, 제3자에게 대항할 수 없다.

3. 사실혼과 법률혼 효과의 차이점

사실혼 부부는 정식으로 혼인신고를 마친 법률혼 부부와는 다르므로 여러 가지 점에서 중대한 차이가 있다. 혼인의 효과 중에서 신고를 전제로 하는 것은 사실혼에는 인정될 수 없는 것이다.

① 사실혼 관계에서는 가족관계등록부의 변동이 일어나지 않는다. 따라서 사실혼 관계에 있는 자가 혼인하더라도 중혼이 되지 않는다.

② 사실혼 배우자 및 그 혈족 사이에는 친족관계가 발생하지 않는다.

③ 미성년자가 사실혼 관계를 맺었다고 해서 성년에 달한 것으로 볼 수 없다.

④ 부부는 서로 후견인이 될 권리와 의무가 없다.

⑤ 사실혼 부부 사이에서 출생한 자녀는 「혼인외의 자」가 되어서 아버지가 인지하지 않는 한 아버지의 가족등록부에 올라가지 못하며, 어머니의 성과 본을 따르고 어머니 가족등록부에 등록하여야만 할 것이다.

⑥ 남편이 아무리 많은 재산을 남기고 사망했다고 하더라도 사실혼 아내에게는 상속권이 인정되지 않는다.

4. 사실혼 부부를 법률혼 부부와 동일하게 취급하는 특별법

사실혼 부부를 법률혼 부부와 동일하게 취급하는 특별법이 있다. 근로기준법시행령에서는 유족범위의 제1순위로 되어 있는 배우자에 사실상 혼인관계에 있던 자를 포함시키고 있으며, 그밖에도 공무원연금법, 군인연금법, 사립학교교직원연금법, 선원법시행령, 산업재해보상보험법, 국민연금법, 독립유공자 예우에 관한 법률 등에서는 각각 사실상 혼인관계에 있는 자를 연금 수령권자로서 배우자에 포함시키고 있다. 주택임대차보호법에서도 사실상의 혼인관계에 있는 자에게 임차권의 승계를 인정하고 있다.

■ 공무원인 형부와 사실혼관계에 있던 처제는 형부가 사망한 경우에 유족연금을 받을 수 있는가?

■ **판결요지**

형부와 처제 사이의 사실혼관계는 그 반윤리성·반공익성이 혼인법질서에 본질적으로 반할 정도라고 할 수 없고, 위 사실혼관계가 무효사유 있는 사실혼관계에 해당한다는 주장을 할 수도 없으므로, 처제는 공무원연금법에 의한 유족연금의 수급권자인 배우자로 본다(대판 2010. 11. 25, 2010두14091).

〔5〕 사실혼의 해소

1. 일방 당사자의 사망에 의한 사실혼의 해소

사실혼 부부 중 한 사람이 사망하면 그 때부터 사실상의 부부관계가 존재하지 않게 되므로 자연히 사실혼도 해소된다. 사실혼관계가 일방 당사자의 사망으로 종료된 경우에는 그 상대방 배우자에게는 상속권이 인정되지 않으며, 또한 재산분할청구권도 인정되지 않는다. 다만 사망한 배우자의 상속인이 존재하지 않는 경우에는 사실혼배우자는 피상속인과 생계를 같이 하고 있던 자로서, 특별연고자에 대한 재산분여의 규정(민법 제1057조의2)에 의하여 상속재산의 전부 또는 일부를 분여받을 수 있다.

2. 합의에 의한 사실혼의 해소

사실혼 부부관계의 청산은 아무런 별도의 법적 절차가 필요 없이 당사자들의 자유의사에 달려 있다. 사실혼 부부가 앞으로는 같이 살지 않기로 사실혼 해소의 합의를 하고 이에 따라 사실혼 공동체를 해체하면 그때부터 사실상 부부관계는 끝나는 것이다.

3. 일방적인 파기에 의한 사실혼의 해소

법률상의 혼인은 협의이혼 이외에 조정이나 재판에 의하지 않고는 일방적으로 혼인을 해소할 수 없도록 엄격히 규제하고 있다. 그러나 사실혼은 언제 어느 때라도 자유로이 혼인을 해소할 수 있으며, 부부 중 어느 한 쪽의 일방적인 파기에 의하여도 끝장날 수 있는 연약한 공동체이다. 다만 정당한 이유 없이 부당하게 사실혼 관계를 파기한 자는 상대방에게 재산상 손해 및 정신상 고통을 포함하는 손해배상 책임이 있을 뿐이다.

정당한 이유가 있느냐의 여부에 대해서는 일반적으로 이혼원인에 해당하는 사유가 있거나 혼인 취소 원인이 있으면 정당한 사유가 될 수 있다고 하겠으나, 단지 가풍에 맞지 않는다든가 불친절하다는 등은 정당한 사유가 될 수 없다. 판례는 폭행, 부정행위, 성기능의 불완전, 악의의 유기 등은 사실혼 해소의 정당한 사유로 보고 있지만, 임신 불능 사유나 단순한 불화·가출, 단순한 혼인 전 남녀관계 그 자체 등은 사실혼 해소의 정당한 사유로 보지 않고 있다.

사실혼관계가 일방적으로 파기된 경우에도 재산분할청구를 할 수 있지만, 중혼적 사실혼, 동성(同性)간의 사실혼인 경우에는 재산분할 청구가 인정되지 않는다.

사실혼이 해소되는 경우에도 사실혼 사이에서 출생한 자녀에 대하여는 부모가 협의하여 친권자 및 양육자 지정과 양육비용의 부담 등에 대하여 정할 수 있고, 협의가 되지 않으면 당사자의 청구에 의하여 가정법원이 정하여야 할 것이다. 다만 사실혼관계로 인하여 출생한 자녀에 대하여는 양육자지정 청구를 할 수 없다고 판시한 판례가 있지만(대판 1979. 5. 8, 79므3), 근래 서울가정법원은 사실혼 중의 출생자를 위한 친권자 및 양육자 지정을 인정한 예가 있다. 면접교섭권은 사실혼해소의 경우에도 인정된다고 보아야 할 것이다.

제2절 친자관계

※ I think taking care of a baby is a hard job. It's hard to clean a kid and feed him six time a day. I never thought of it as something fun(Newsweek, 1987. 1. 2.).

Ⅰ. 태아의 법적 지위

〔1〕 태아의 권리

태아는 수태 시부터 출생할 때까지의 사람을 말하므로 「권리능력은 출생 시에 취득한다(민법 제3조)」는 원칙을 강조하면 태아는 사람임에는 틀림없으나 사법상의 권리능력이 전혀 인정되지 않게 된다.

이러한 원칙은 태아에게 불이익을 초래하게 된다. 예를 들면 태아가 출생하기 몇 시간 전에 사망한 부(父)의 재산은 다른 상속인에게 귀속하고 태아는 상속을 못 받게 되는가 하면, 태아로 있는 동안에 낙태하기 위하여 강제로 약물을 복용하도록 하여 기형아로 태어났다면 태아였을 때 그와 같은 불법행위를 한 자에게 손해배상을 청구할 수 없게 되는 불합리한 점이 발생하는 것이다. 몇 개월 후, 심지어 몇 시간 후에 출생할 것이 명백히 예상되면서 출생시기가 조금 늦다는 우연한 사정 때문에 권리취득을 하지 못한다는 것은 불공평하기 짝이 없다.

이에 민법은 예외적으로 다음과 같은 개별적인 경우에는 태아를 이미 출생한 것으로 보아 권리취득을 인정하고 있다.

■ 생명의 존엄성

판결요지

인간의 생명은 잉태된 때부터 시작되는 것이고 회임된 태아는 새로운 존재와 인격의 근원으로서 존엄과 가치를 지니므로 그 자신이 이를 인식하고 있던지 또 스스로를 방어할 수 있는지에 관계없이 침해되지 않도록 보호되어야 한다 함이 헌법 아래에서 국민일반이 지니는 건전한 도의적 감정과 합치되는 바이다(대판 1985. 6. 11, 84도1958).

1. 불법행위로 인한 손해배상청구권

태아는 불법행위에 의한 손해배상청구에 관하여 이미 출생한 것으로 본다(민법 제762조).

태아 자신이 불법행위에 의한 직접적인 피해자가 되는 경우에 한하여 권리능력이 의제된다. 예컨대 모체에게 위법한 방법으로 약물투여를 하여 태아가 기형아로 태어나게 된 경우, 그 재산적 손해 및 정신적 고통에 대한 손해배상청구가 인정되는 것이다.

또한 부(父)의 생명침해로 말미암아 야기된 부양상실 및 정신적 고통 등 태아가 입은 재산적 정신적 손해가 발생한 경우에도 태아의 권리능력이 인정되므로 그러한 손해배상을 청구할 권리가 인정된다.

2. 상속 · 대습상속

태아는 상속에서 이미 출생한 것으로 의제된다(민법 제1000조 3항). 뿐만 아니라 대습상속권도 가지며(민법 제1001조), 유류분권도 주어진다.

3. 유 증

유증이란 유언에 의한 증여를 말한다. 이 유증에 대해서도 권리능력이 의제된다(민법 제1064조). 따라서 유언자가 사망할 당시에 태아이었던 자에 대한 유증은 유효하다.

그런데 판례는 태아의 수증능력을 인정하지 않고 있으므로 태아에 대한 생전증여는 허용되지 않는다. 또한 태아인 동안에는 법정대리인도 있을 수 없으므로 법정대리인에 대한 수증행위도 할 수 없다(대판 1982. 2. 9, 81다534).

4. 인 지

인지란 혼인외의 출생자의 생부나 생모가 그 자를 자기의 자로 승인하여 법률상 친자관계를 생기게 하는 단독행위를 말한다. 부(父)는 포태 중에 있는 태아에 대하여 인지할 수 있다(민법 제858조). 그러나 태아에게는 인지청구권이 인정되지 않으므로 태아 쪽에서 적극적으로 태아의 성장에 필요한 비용을 부에게 청구할 수 없다. 다만 태아가 출생한 후에는 부 또는 모를 상대로 하여 인지청구의 소를 제기할 수 있다.

〔2〕 법률상의 지위

이상과 같이 민법은 개별적으로 일정한 법률관계에 관하여 「태아는 이미 출생한 것으로 본다」는 규정을 두어 태아의 권리능력을 인정하고 있다.

그런데 판례에 의하면, 태아는 문제가 발생한 시점 즉, 태아인 동안에 권리능력을 취득하는 것이 아니라, 문제가 발생한 후 태아가 살아서 출생한 경우에 문제가 되었던 그 시기로 소급하여 권리능력을 가지고 있었던 것으로 본다(대판 1976. 9. 14, 76다1365). 따라서 태아인 동안에는 법정대리인이 존재할 여지가 없게 된다. 예컨대, 태아인 동안에 父가 사망하여 상속이 개시되었다고 하더라도 태아가 출생한 후에야 비로소 상속회복을 청구할 수밖에 없다. 따라서 태아가 출생하기까지의 사이에 불법행위자인 가해자가 도피를 한다든가 재산을 감소시켜 배상할 자력이 없도록 만드는 경우에는 태아의 보호를 실질적으로 어렵게 만들 우려가 있다.

Ⅱ. 자녀의 성과 본

〔1〕 아버지의 성과 본

자녀는 원칙적으로 아버지의 성과 본을 따른다. 다만, 부모가 혼인신고를 할 때 어머니의 성과 본을 따르기로 협의한 경우에는 어머니의 성과 본을 따른다. 또한 외국인 아버지와 한국인 어머니 사이에서 출생한 자녀는 부모의 협의에 따라 어머니의 성과 본을 따를 수 있다. 뿐만 아니라 아버지가 누구인지 알 수 없는 자녀도 어머니의 성과 본을 따른다.

〔2〕 인지된 혼외자의 성과 본

혼인외의 출생자가 인지된 경우에 그 자녀는 부모의 협의에 따라 종전의 성과 본을 따를 수 있다. 다만 부모가 협의할 수 없거나 협의가 이루어지지 아니한 경우에는 자녀는 법원의 허가를 받아 종전의 성과 본을 계속 사용할 수 있다.

혼인외의 출생자로 태어난 자녀가 오랜 기간 동안 어머니의 성을 사용해 왔는데 어느 날 생부가 인지함으로써 그 자녀의 성과 본이 하루아침에 변경된다면 자신의 의사와 관계없이 성이 바뀌게 된 자녀의 정체성 문제가 발생할 것을 고려하여, 혼인외의 출생자가 인지된 경우에도 인지되기 전에 사용했던 성을 그대로 유지할 수 있게 한 것이다.

〔3〕 자녀의 복리를 위한 성과 본의 변경

자녀의 복리를 위하여 그 자녀의 성과 본을 변경할 필요가 있을 때에는 부모 또는 자녀의 청구에 의하여 법원의 허가를 받아 성과 본을 변경할 수 있다(민법 제781조 제6항).

이 규정은 주로 어머니가 전 남편의 자녀를 데리고 재혼하게 되는 경우에 그 재혼가정에서 자라는 자녀들이 계부와 성이 달라서 야기되는 고통과 어려움을 해결하기 위하여 도입된 제도이다. 물론 이 문제는 재혼가정에만 국한되는 것이 아니라, 예컨대 아버지의 범죄행위나 가정폭력 등을 이유로 부부가 이혼하게 되는 경우에 그 자녀가 아버지의 성을 계속해서 사용하는 것을 거부하고 어머니의 성을 따르고자 할 때에도 인정될 수 있다.

다만 그 요건이 자녀의 복리를 위한 경우로 한정되므로, 이혼한 뒤 양육비를 지급하지 않거나 소식이 단절된 경우 등 자녀와 생부와의 관계가 안정적으로 유지되지 않는 경우에 인정될 것이다.

〔4〕 개 명

본래의 이름을 바꾸는 개명의 경우에는 등록기준지나 주소지를 관할하는 가정법원에 개명허가를 신청하여 허가가 되면 신고를 하여 이름을 바꾸게 된다. 개명을 허가할 만한 상당한 이유가 있다고 인정되고, 범죄를 도모할 목적이 있거나 또는 범죄를 은폐할 목적 등 법령에 따른 각종 제한을 회피하려는 불순한 의도나 목적이 개입되어 있는 등 개명신청권의 남용으로 볼 수 있는 경우가 아니라면, 법원은 원칙적으로 개명을 허가하고 있다.

■ 신용불량자로 등록된 자는 개명을 신청할 수 없는가?

판결요지

(가) 이름은 통상 부모에 의해서 일방적으로 결정되어지고 그 과정에서 이름의 주체인 본인의 의사가 개입될 여지가 없어 본인이 그 이름에 대하여 불만을 가지거나 그 이름으로 인하여 심각한 고통을 받은 경우도 있을 수 있는데 그런 경우에도 평생 그 이름을 가지고 살아갈 것을 강요하는 것은 정당화될 수도 없고 합리적이지도 아니한 점, 이름이 바뀐다고 하더라도 주민등록번호는 변경되지 않고 종전 그대로 존속하게 되므로 개인에 대한 혼동으로 인하여 초래되는 법률관계의 불안정은 그리 크지 않으리라고 예상되는 점, 개인보다는 사회적·경제적 이해관계가 훨씬 더 크고 복잡하게 얽혀질 수 있는 법인, 그 중에서도 특히, 대규모 기업 등과 같은 상사법인에 있어서도 상호의 변경에 관하여는 관계 법령에서 특별한 제한을 두고 있지 아니할 뿐만 아니라, 실제로도 자유롭게 상호를 변경하는 경우가 적지 아니한 점, 개명으로 인하여 사회적 폐단이나 부작용이 발생할 수 있다는 점을 지나치게 강조하여 개명을 엄격하게 제한할 경우 헌법상의 개인의 인격권과 행복추구권을 침해하는 결과를 초래할 우려가 있는 점 등을 종합하여 보면, 개명을 허가할 만한 상당한 이유가 있다고 인정되고, 범죄를 기도 또는 은폐하거나 법령에 따른 각종 제한을 회피하려는 불순한 의도나 목적이 개입되어 있는 등 개명신청권의 남용으로 볼 수 있는 경우가 아니라면, 원칙적으로 개명을 허가함이 상당하다.

(나) 이름 중에 사용된 글자가 통상 사용되는 한자가 아니어서 잘못 읽히거나 컴퓨터 등을 이용한 문서작성에 있어 어려움이 있고 성별이 착각되는 경우가 적지 않는 등 일상생활에 있어 많은 불편이 있어 개명을 허가할 만한 상당한 이유가 있다고 보여지고, 개명 신청인이 신용불량자로 등록되어 있더라도 법령상의 제한을 회피하기 위한 목적에서 개명신청을 하였다거나 다른 불순한 의도나 목적이 개입되어 있는 등 개명신청권의 남용에 해당한다고 볼 만한 사정도 찾아볼 수 없어 이를 이유로 개명을 불허할 수 없다(대결 2005. 11. 16, 2005스26).

Ⅲ. 친생자 추정과 친생부인의 소

〔1〕 친 생 자

자녀가 친부모로부터 출생하여 그 부모와 자식 사이가 혈연으로 맺어져 있는 관계를 친생자관계라고 한다.

친생자는 결혼한 부모사이에서 출생한 「혼인중의 출생자」와 결혼한 부부가 아닌 부모 사이에서 출생한 「혼인외의 출생자」로 나누어 진다.

친자관계는 부자관계와 모자관계로 구분된다. 모자관계는 자연적인 혈연에 의하여 정해지므로 가족관계등록부의 등록이나 법원의 친생자관계존재확인 판결이 있어야만 확정되는 신분관계는 아니다(대판 1992. 2. 25, 91다34103). 진정한 부자관계 역시 핏줄로 연결되는 것이지만 우리는 평소에 아버지는 자식이 틀림없는 친자식이라는 것을, 또 자식은 아버지를 친아버지라고 항상 증명하고 살아가는 것은 아니다. 때문에 법률은 혼인하여 낳은 자식은 일정한 조건하에 그 아버지의 「친생자」라는 것을 「추정」 해 주고 있는 동시에, 사실이 그렇지 않은 경우에는 이해관계를 갖는 사람으로 하여금 그 사실을 증명하여 친생자 추정을 부인하거나 번복하여 사실관계를 바로 잡도록 하고 있다.

〔2〕 혼인중의 출생자

1. 의 의

혼인중의 출생자란 법률혼관계에 있는 부부 사이에서 태어난 子이다. 혼인중의 출생자에는 출생할 때부터 혼인중의 출생자의 신분을 취득하는 자와 출생할 때에는 혼인외의 출생자였지만, 부모가 혼인을 하거나, 생부가 인지함으로써 혼인중의 출생자의 신분을 취득하는 자가 있다. 출생할 때부터 혼인중의 출생자로서의 신분을 취득하는 자는 친생자의 추정을 받는 혼인중의 출생자와 친생자의 추정을 받지 않는 혼인중의 출생자로 나누어진다.

2. 혼인중의 출생자가 친생자 추정을 받기 위한 요건

자(子)가 부(父)의 친생자 추정을 받기 위한 요건은 다음과 같다.

(1) 부모의 혼인

해산을 한 어머니가 아버지의 처, 즉 혼인신고를 한 아내이어야 한다. 자식의 입장에서는 출생 당시 부모가 법적으로 혼인하고 있어야 하는 셈이다.

(2) 모의 혼인중 포태

어머니가 혼인중에 잉태하였어야 한다. 그러나 실제로 어머니가 혼인중에 잉태한 것인지의 여부, 즉 임신의 시기는 증명하기가 쉽지 않다. 이에 민법은 다시 「혼인 성립의 날로부터 200일 후에 출생한 子」와 「혼인관계가 종료한 날로부터 300일 이내에 출생한 子」를 혼인 중에 잉태한 것으로 추정하고 있다(민법 제844조 제2항).

여기에서 「혼인 성립의 날」이란 혼인 신고일이라고 해석되지만, 사람이 반드시 혼인 신고일에 동거하는 것은 아닐 것이다. 따라서 혼인 신고 전부터 사실혼 관계가 있었으면 그 사실혼 관계가 성립한 날도 포함된다. 또한 「혼인 종료일」도 대체로는 이혼신고를 한 때를 의미하지만, 실제로는 마지막으로 잠자리를 같이 한 날이라는 의미가 더 중요할 수도 있다.

헌법재판소는 「혼인관계가 종료한 날로부터 300일 이내에 출생한

자」에 관한 부분은 헌법에 합치되지 않는다고 결정하였지만, 법률의 공백상태가 발생하는 것을 막기 위하여 해당부분이 개정될 때까지 계속 적용하도록 하였다.

■ 민법 제844조 제2항의 위헌

결정요지

(가) 오늘날 이혼 및 재혼이 크게 증가하였고, 여성의 재혼금지기간이 2005년 민법개정으로 삭제되었으며, 이혼숙려기간 및 조정전치주의가 도입됨에 따라 혼인 파탄으로부터 법률상 이혼까지의 시간간격이 크게 늘어나게 됨에 따라, 여성이 전남편 아닌 생부의 자를 포태하여 혼인 종료일로부터 300일 이내에 그 자를 출산할 가능성이 과거에 비하여 크게 증가하게 되었으며, 유전자검사 기술의 발달로 부자관계를 의학적으로 확인하는 것이 쉽게 되었다.

그런데 심판대상조항에 따르면, 혼인 종료 후 300일 내에 출생한 자녀가 전남편의 친생자가 아님이 명백하고, 전남편이 친생추정을 원하지도 않으며, 생부가 그 자를 인지하려는 경우에도, 그 자녀는 전남편의 친생자로 추정되어 가족관계등록부에 전남편의 친생자로 등록되고, 이는 엄격한 친생부인의 소를 통해서만 번복될 수 있다. 그 결과 심판대상조항은 이혼한 모와 전남편이 새로운 가정을 꾸리는 데 부담이 되고, 자녀와 생부가 진실한 혈연관계를 회복하는 데 장애가 되고 있다.

이와 같이 민법 제정 이후의 사회적·법률적·의학적 사정변경을 전혀 반영하지 아니한 채, 이미 혼인관계가 해소된 이후에 자가 출생하고 생부가 출생한 자를 인지하려는 경우마저도, 아무런 예외 없이 그 자를 전남편의 친생자로 추정함으로써 친생부인의 소를 거치도록 하는 심판대상조항은 입법형성의 한계를 벗어나 모가 가정생활과 신분관계에서 누려야 할 인격권, 혼인과 가족생활에 관한 기본권을 침해한다.

(나) 심판대상조항을 위헌으로 선언하면 친생추정의 효력이 즉시 상실되어 혼인 종료 후 300일 이내에 출생한 자의 법적 지위에 공백이 발생할 우려가 있고, 심판대상조항의 위헌상태를 어떤 기준과 요건에 따라 개선할 것인지는 원칙적으로 입법자의 형성재량에 속하므로, 헌법불합치결정을 선고하되 입법자의 개선입법이 있을 때까지 계속적용을

명한다(헌재결 2015. 4. 30, 2013헌마623).

3. 친생자 추정의 효과

위와 같은 요건을 갖추면 그 아이는 혼인중의 출생자이며, 아버지(또는 남편)의 친자식으로 추정된다. 이러한 추정을 받는 아이를 자신의 아이가 아니라고 다투려면 다투는 측이 혼인중의 출생자가 아니라는 증거를 제시하여야 하며, 이를 다투는 방법도 요건이 아주 엄격한 「친생부인의 소송」이라는 소송을 제기해야만 한다.

4. 친생자 추정을 받을 수 없는 혼인 중의 출생자

(1) 혼인이 성립된 날로부터 200일이 되기 전에 출생한 아이는 남편의 자식으로 추정받지 못한다. 그러나 이미 설명하였듯이 혼인 전부터 동거하고 있었던 경우에는 혼인중의 출생자라고 추정해야 할 것이다.

(2) 또한 혼인 관계가 종료된 뒤 300일 이후에 출산한 아이도 남편의 혼인중의 출생자로 추정받지 못한다. 사람의 임신 기간이 대체로 300일 이내라는 사실이 반영된 것이다.

이렇게 볼 때 결혼 후 6개월(약 180일) 만에 태어난 아이는 남편이 자기의 자식이 아니라고 부인할 수 있으나, 결혼 후 7개월(약 210일) 만에 태어난 칠삭동이는 일응 남편의 자식이라고 추정된다. 또한 이혼 후 10개월(약 300일) 안쪽으로 태어난 자녀는 전 남편의 자녀로 추정 받게 된다.

(3) 이와 같이 혼인 중의 출생자로 추정할 수 없음에도 불구하고 어떠한 이유에서든지 남편의 아이로 가족관계등록부에 등재된 경우에는 친생자 부인의 소송사유가 되는 것이다.

5. 친생자의 추정이 미치지 않는 子

아내가 혼인 중에 잉태한 자녀는 남편의 친생자로 추정한다는 원칙에 예외를 허용하지 않는다면 문제가 생긴다. 이를테면 남편이 장기간의 해외출장이나 유학 등으로 동거하지 않았던 경우나, 사실상의 이혼상태에서 별거가 장기간 계속된 경우에 아내가 아이를 낳았을 때는, 민법규정에 따르면 이 아이는 당연히 남편의 친생자로 추정을 받게 되는 것이다. 그러나 남편의 아이가 아니라는 것이 명백함에도 불구하고 그 아이가 친생자로 추정됨으로써 남편만이 친생부인을 할 수 있다는 것은 매우 부당하다.

따라서 남편의 아이를 잉태할 수 없는 객관적으로 명백한 별거상태에서 잉태하고 출산한 아이에 대해서는 남편의 아이로 추정되지 않는 것으로 해석한다. 즉 아내가 남편의 자식을 포태할 수 없는 외관상 명백한 사정이 있는 경우에는 친생자 추정이 미치지 않으므로 「친자관계부존재 확인소송」을 제기하여 부인할 수 있다. 판례도 이를 긍정하고 있다. 예컨대, 처가 가출하여 夫와 별거한지 약 2년 2개월 후에 자를 출산하였다면 친생자추정이 미치지 않으므로 부는 친생부인의 소에 의하지 않고 친자관계부존재확인소송을 제기할 수 있다(대판 1983. 7. 12, 82므59).

〔3〕 친생부인의 소

1. 의 의

이 제도는 친생자로 추정 받는 혼인 중의 출생자에 대하여 남편의 자식이 아니라고 주장하여 자녀의 친생성을 부정함으로써 부자관계를 단절하는 소송이다.

친생자의 추정을 받는 혼인 중의 출생자는 친생부인의 소에 의하지 않으면 친생자임을 부인할 수 없다. 법률적으로는 그 남편의 친생자로 추정되어 아이의 출생신고가 끝났다고 하더라도 그 후 남편이 아무리 생각해 보아도 아내가 낳은 아이가 자기 핏줄이 아니라는 의심이 가시지 않는다면, 그 때에는 가정법원에 그 아이가 자기의 친생자가 아니라는 「친생부인의 소」를 제기할 수 있는 것이다.

친생부인의 소에는 조정전치주의가 적용되므로 친생부인을 하기 위해서는 가정법원에 조정을 신청하여야 하며, 조정이 성립되지 않으면 판결로써 한다.

2. 소의 당사자

친생자가 아니라는 부인의 소송을 제기할 수 있는 사람은 남편과 아내이다. 2005년 가족법 개정 전에는 남편만 친생부인의 소를 제기할 수 있었지만, 개정 민법은 생모에게도 친생부인의 소를 제기할 수 있는 자격을 인정하고 있다. 남편이 아닌 그 자녀의 생부가 별도로 존재하더라도 그 생부와 자녀 본인은 원고 적격이 없다. 다만 남편 또는 처가 피성년후견인인 경우에는 그의 성년후견인이 성년후견감독인의 동의를 받아 친생부인의 소를 제기할 수 있다.

친생자가 아니라는 부인의 소송은 유언으로도 할 수 있다. 남편이나 아내가 유언으로 친생 부인의 의사를 표시한 때에는 유언집행자가 소송을 제기하여야 한다. 남편이 아이의 출생 전에 사망하거나 친생자가 아니라는 사유를 안 날로부터 2년 내에 사망한 경우에는 그 남편의 부모(직계존속)나 다른 자녀(직계비속)가 친생부인의 소를 제기할 수 있다.

친생부인의 소의 상대방, 즉 피고는 친생자로 추정되는 자녀 또는 부부 일방(남편 또는 아내)이 된다. 夫가 소를 제기할 때에는 처(자의 모)나 자를 상대로 할 수 있으며, 처(자의 모)가 소를 제기할 때에는

夫나 자를 상대로 할 수 있다. 부부가 이혼한 후에도 친생부인의 소는 제기할 수 있다.

소의 상대방이 될 사람이 모두 사망한 경우에는 그 사망을 안 날로부터 2년 내에 검사를 상대로 하여 친생부인의 소를 제기할 수 있다. 자가 사망한 경우에도 그 직계비속이 있는 때에는 그 모를 상대로 소를 제기할 수 있고, 모도 없으면 검사를 상대로 하여 친생부인의 소를 제기할 수 있다.

친생부인의 소를 제기한 원고는 친생자로 추정 받는 子와 夫 사이에 친자관계가 없다는 사실을 주장하고 입증하여야 한다.

3. 소송을 제기할 수 있는 기간

친생부인의 소송은 언제라도 할 수 있는 것은 아니다. 남편이나 아내는 친생부인의 사유가 있음을 안 날로부터 2년 내에 부인의 소를 제기하여야 한다(민법 제847조 제1항). 자녀가 출생한 때부터 2년이 아니라 그 자녀의 친생성을 의심할 사유가 있음을 안 때부터 2년이다.

4. 친생자 승인

아이가 출생한 후에 남편이 자기의 친생자라고 「승인」한 경우에는 친생부인권이 소멸되어 다시 부인의 소를 제기할 수 없다. 승인 후에 그와 모순되는 부인은 허용할 수 없기 때문이다. 물론 이 승인은 출생한 아이가 자기의 친생자가 아님을 알고도 한 경우를 의미한다.

승인은 친생자 부인의 소송이 진행되는 중에는 물론, 소송이 끝난 후에도 할 수 있다. 남편이 아이의 이름을 지어주거나 출생신고를 하였다고 해서 이를 승인이라고 해석할 수는 없다. 승인은 묵시적으로도 할 수 있지만, 성질상 명확하여야 한다.

5. 판결의 효력

원고(친생부인의 소송을 제기한 사람)의 주장이 증거에 의하여 인정되고, 친생부인판결이 확정되면 남편과 그 자녀 사이의 법적인 부자관계는 자녀의 출생시로 소급하여 소멸된다. 즉 그 때부터 그 자녀는 생모의 「혼인외의 출생자」가 된다. 다시 말해서 남편의 친생자가 아니고, 생모가 다른 사람과 관계하여 낳은 아이가 된다는 뜻이다. 친아버지는 따로 있다는 의미이다.

승소한 측에서는 가족관계등록부의 정정을 신청하게 되며, 가족관계등록부에는 생모의 혼인외의 출생자로 정정된다. 남편과 그 자녀 사이의 관계는 인척관계(배우자의 혈족, 도는 혈족의 배우자)로 변화된다. 만약에 생부가 있으면 그 아이를 「인지」할 수 있는데, 인지를 하게 되면 생부의 가족관계등록부에 입적하게 된다.

또한 남편이 제기한 친생자 부인의 소송이 승소로 끝난다면, 이는 아내가 「부정한 행위」를 저질렀다는 것을 의미하므로 재판상 이혼사유가 성립될 수도 있다.

〔4〕 친생자관계존부확인의 소

1. 의　　의

친생자관계존부확인의 소는 일정한 사람들 사이에 법률상의 친생자관계가 있는지 또는 친자관계가 없는지를 확인하여 달라고 청구하는 소이다. 이 소는 「친자관계존재확인의 소」와 「친자관계부존재확인의 소」로 나누어진다.

2. 소의 당사자

친생자관계존부확인의 소를 제기할 수 있는 사람(원고)은 남편을 비롯하여 남편의 직계존속, 남편의 직계비속(자녀), 자녀의 직계비속과 그 법정대리인, 남편의 후견인과 유언집행자, 기타 이해관계인이다.

그 상대방(피고)은 가족관계등록부상의 자녀, 부모, 부모와 자녀(이해관계인이 소를 제기하는 경우)가 된다. 부모와 자 중 일방이 사망한 때에는 그 생존자를 상대방으로 하고, 상대방이 될 사람이 모두 사망한 때에는 검사를 상대방으로 한다.

3. 친생자관계존부확인의 소의 제소사유

(1) 자기 자녀가 아닌 아이를 자신이 허위로 출생신고를 한 후에 그 내용을 정정하려는 경우

(2) 혼인이 성립된 날로부터 199일 이내 또는 혼인 종료 후 301일 이후에 출생한 아이가 있는 경우

(3) 친생추정을 할 수 없는 명백한 사정이 있는 경우

형식상 친생자의 추정을 받으나 남편이 해외 출장, 교도소 수감, 질병치료를 위한 입원 등의 사정으로 아내가 남편의 아이를 잉태할 수 없는 것이 외관상 명백한데 아내가 아이를 출산한 경우.

(4) 가족관계등록부에 모의 혼인외의 출생자로 잘못 기재된 경우에 자기가 친생자라는 확인을 구할 경우

(5) 혼인외의 자를 친생자로 출생신고한 경우

남편이 외도를 하여 낳은 아이를 본처와의 사이에서 낳은 적출자로 가족관계등록부에 올려놓았는데 그 본처가 자기와 아이 간에는 아무런 친자관계도 존재하지 않는다는 확인을 구하고자 할 경우이다.

■ 타인의 자녀를 입양의 실질적 요건을 모두 구비하여 입양 의사로 친생자출생신고를 하였다면, 입양의 효력이 발생하는가? 이 경우 친생자관계부존재확인을 청구할 수 있는가?

판결요지

당사자가 양친자관계를 창설할 의사로 친생자출생신고를 하고 거기에 입양의 실질적 요건이 모두 구비되어 있다면 그 형식에 다소 잘못이 있더라도 입양의 효력이 발생하고, 양친자관계는 파양에 의하여 해소될 수 있는 점을 제외하고는 법률적으로 친생자관계와 똑같은 내용을 갖게 되므로 이 경우의 허위의 친생자출생신고는 법률상의 친자관계인 양친자관계를 공시하는 입양신고의 기능을 발휘하게 된다.

이와 같은 경우 파양에 의하여 그 양친자관계를 해소할 필요가 있는 등 특별한 사정이 없는 한, 그 호적기재 자체를 말소하여 법률상 친자관계의 존재를 부인하게 하는 친생자관계부존재확인청구는 허용될 수 없다(대판 2001. 5. 24, 2000므1493 전원합의체).

4. 판결의 효력

친생자관계존부확인의 판결이 확정되면 가족관계등록부상 부(父) 또는 모와 자녀 사이의 친생자관계의 존재 또는 부존재가 확인되는 효과가 발생한다.

부존재가 확인되면 친자관계는 자녀 출생시로 소급하여 당초부터 소멸되므로 상속, 부양 등 모든 권리와 의무가 소멸된다. 판결이 확정되기 전에 그 자녀가 부모로부터 재산을 상속하였다면 부당이득이 되어 반환하여야 한다.

Ⅳ. 혼인외의 출생자와 인지

〔1〕 의 의

혼인하지 않은 남녀 사이에 출생한 아이를 혼인외의 출생자라고 한다. 예를 들면 사실혼 관계나 무효혼 관계, 사통 관계, 부첩 관계 등으로부터 출생한 아이를 비롯하여 혼인 중의 출생자 중에서 친생부인의 판결을 받거나, 친생자 관계 존재 확인의 판결에 의하여 친생자가 아님이 확정된 자는 모두 혼인외의 출생자가 된다.

그러나 혼인의 취소로 인하여 혼인관계가 해소된 경우에는 그 자녀는 혼인외의 출생자로 되지 않지만, 부모의 혼인이 무효가 되면 그 출생자는 혼인외의 출생자로 된다(민법 제855조 제2항).

혼인외의 출생자와 생모간에는 그 생모의 인지나 출생신고를 기다리지 않고 자의 출생으로 당연히 법률상의 친족관계가 생긴다고 해석하는 것이 타당하다(대판 1967. 10. 4, 67다1791).

〔2〕 혼인외의 출생자의 지위

현행법상 혼인외의 출생자는 부(父)의 인지를 받은 자와 받지 않은 자 사이의 법률적 지위에 상당한 차이가 있다.

1. 인지된 혼인외의 子

생부의 인지를 받은 자는 부모 쌍방에 대하여 친자관계 · 부양관계 · 상속관계가 발생하며, 부모 쌍방의 혈족과 친족관계가 인정된다는 점에서는 혼인중의 출생자와 다른 점이 없다.

혼인외의 출생자와 그 생부 사이의 법률상 부자관계(친자관계)는 오로지 생부의 인지에 의해서만 발생한다.

2. 인지되지 않은 혼인외의 子

생부의 인지를 받지 않은 혼인외의 출생자는 생모의 성과 본을 따르고, 생모와의 사이에서만 친자관계가 인정된다. 따라서 생모의 혈족간에서만 친족관계 · 부양관계 · 상속관계가 생길 뿐이다. 만약 생모도 알 수 없는 아이는 법원의 허가를 얻어 성과 본을 창설하고 가족등록을 창설한다.

〔3〕 인 지

1. 인지의 의의

인지란 혼인외에 출생한 자를 그 생부 또는 생모가 자기의 아이라고 승인하고 법률상의 친자관계를 발생시키는 행위로서, 단독행위이고 요식행위이다. 인지에는 임의인지와 강제인지(재판상 인지)가 있다.

2. 임의인지

(1) 의 의

생부 또는 생모가 스스로 혼인외의 출생자를 자기의 아이라고 인지의 의사표시를 하여 자기 가족관계등록부에 등록하는 것을 임의인지라고 한다.

(2) 인지권자

인지할 수 있는 사람은 생부 또는 생모이다. 인지는 사실의 승인이므로 의사능력이 있어야 한다. 의사능력이 있는 미성년자나 피한정후견인은 법정대리인의 동의 없이 인지할 수 있지만, 피성년후견인은 성년후견인의 동의를 받아 인지할 수 있다.

(3) 인지의 상대방(피인지자)

피인지자 즉 인지의 대상은 혼인외의 출생자로서, 성년이든 미성년이든 묻지 않으며, 대상자가 이미 사망한 경우에는 인지할 수 없으나, 다만 그 후손(직계비속)이 있는 때에는 인지할 수 있다. 아직 태어나지 않은 태아도 인지할 수 있으며 또 유언에 의해서도 인지할 수 있다. 子가 출생하기 전에 父가 사망할 가능성이 있는 경우에는 그 부에게 인지를 허용한다. 이 경우 생모의 승낙을 받을 필요는 없다.

(4) 인지방식

인지는 요식행위이므로 가족등록법의 규정에 따라 「인지신고」를 하여야 그 효력이 생긴다. 일단 신고하여 수리되면 가족관계등록부에 기재되지 않더라도 인지의 효력이 생긴다. 인지신고를 하지 않고 단순히 누구를 자기 자식이라고 공언하는 것은 인지가 될 수 없고 친자관계의 효력도 발생하지 않는다. 유언에 의하여 인지한 때에는 유언의 효력이 발생한 때, 즉 유언자가 사망한 때에 인지의 효력이 발생한다.

(5) 인지의 소급효

인지신고를 마치게 되면 인지된 자는 인지를 한 부(父)의 법률상의 친생자가 되는데, 그 효력은 출생한 때로부터 소급하여 발생한다. 인지된 자는 출생시부터 부의 가족관계등록부에 등록한 것이 된다.

3. 강제인지(재판상 인지)

(1) 의 의

생부나 생모가 혼인외의 출생자를 스스로 인지하지 않을 때에 혼인외의 출생자가 생부모를 상대로 「당신의 자식임을 인정하라」고

가정법원에 소를 청구하여 승소판결을 받게 되면 일방적으로 인지신고를 하게 되는데, 이를 강제인지라고 한다.

(2) 당사자

인지를 재판상 청구할 수 있는 사람, 즉 인지청구의 소송을 제기할 수 있는 사람은 혼인외의 출생자, 혼인외의 출생자의 직계비속인 자(子) 또는 그 직계비속의 법정대리인이다. 아직 태어나지 않은 태아는 인지청구의 소송을 제기할 수 없고, 다만 인지의 대상이 될 수 있을 뿐이다. 대체적으로 생모가 아이의 법정대리인으로서 생부를 상대로 인지청구를 한다.

인지청구소송의 상대방은 생부나 생모가 되며, 어느 일방이 사망한 때에는 사망한 사실을 안 날로부터 2년 내에 검사를 상대로 소를 제기할 수 있다(민법 제864조).

(3) 인지청구권의 포기

인지청구권은 일신전속권이므로 포기할 수 없다. 포기하여도 무효가 된다. 특히, 인지를 청구할 수 있는 청구권자가 생부나 생모로부터 금전이나 경제적 대가를 제공받거나, 또는 외국 유학을 보내준다는 조건으로 인지청구권을 포기하겠다는 내용의 약정은 무효가 된다(대판 1999. 10. 8, 98므1698).

(4) 인지청구의 제소기간

인지청구의 소송은 언제까지 제기하여야 한다는 제한은 없다. 부가 생존한 동안에는 혼인외의 출생자는 언제든지 이 소송을 제기할 수 있다. 인지청구에는 권리실효의 법리가 적용되지 않는다. 다만 상대방이 되는 생부나 생모가 사망한 경우에는, 그 사망을 안 날로부터 2년 내에 검사를 상대로 인지청구를 하여야 한다.

법원의 판결로 인지청구가 받아들여지면, 즉 판결에 의하여 친생자관계가 있다고 확인되는 경우에는 인지청구소송을 제기한 사람은 그 재판이 확정된 날로부터 1개월 이내에 판결문과 확정증명서를 첨부하여 시, 읍, 면사무소에 신고하여야 한다.

(5) 인지의 소급효

인지판결이 확정되면 임의인지와 동일하게 생부와 혼인외의 출생자 사이에는 법률상 친자관계가 발생한다. 그 시기 역시 자녀가 출생한 때로 소급하여 발생한다. 즉, 인지된 자는 태어날 때부터 인지한 父와 친자관계가 있었던 것으로 인정된다. 따라서 생모는 자녀 출생 후 그 때까지 부담한 과거의 부양료를 청구할 수 있다.

혼인외의 자가 생부의 인지를 받기 전에는 모가 친권자가 되었지만, 생부의 인지를 받으면 부모가 협의하여 친권자를 정하여야 하고 협의할 수 없거나 협의가 이루어지지 않는 경우에는 가정법원이 직권 또는 당사자의 청구에 의하여 친권자를 지정하여야 한다.

인지된 子의 성과 본은 인지한 생부의 성과 본을 따라 사용하게 되지만, 민법 개정으로 생부모의 협의나 가정법원의 허가를 받아 인지되기 전에 사용하던 종전의 성과 본을 그대로 계속 사용할 수도 있다.

■ 과거의 부양료 청구와 금액

판결요지

(가) 어떠한 사정으로 인하여 부모 중 어느 한 쪽만이 자녀를 양육하게 된 경우에, 그와 같은 일방에 의한 양육이 그 양육자의 일방적이고 이기적인 목적이나 동기에서 비롯한 것이라거나 자녀의 이익을 위하여 도움이 되지 아니하거나 그 양육비를 상대방에게 부담시키는 것이 오히려 형평에 어긋나게 되는 등 특별한 사정이 있는 경우를 제외하고는, 양육하는 일방은 상대방에 대하여 현재 및 장래에 있어서의 양

육비 중 적정 금액의 분담을 청구할 수 있음은 물론이고, 부모의 자녀 양육의무는 특별한 사정이 없는 한 자녀의 출생과 동시에 발생하는 것이므로 과거의 양육비에 대하여도 상대방이 분담함이 상당하다고 인정되는 경우에는 그 비용의 상환을 청구할 수 있다.

(나) 한 쪽의 양육자가 양육비를 청구하기 이전의 과거의 양육비 모두를 상대방에게 부담시키게 되면 상대방은 예상하지 못하였던 양육비를 일시에 부담하게 되어 지나치고 가혹하며 신의성실의 원칙이나 형평의 원칙에 어긋날 수도 있으므로, 이와 같은 경우에는 반드시 이행청구 이후의 양육비와 동일한 기준에서 정할 필요는 없고, 부모 중 한 쪽이 자녀를 양육하게 된 경위와 그에 소요된 비용의 액수, 그 상대방이 부양의무를 인식한 것인지 여부와 그 시기, 그것이 양육에 소요된 통상의 생활비인지 아니면 이례적이고 불가피하게 소요된 다액의 특별한 비용(치료비 등)인지 여부와 당사자들의 재산 상황이나 경제적 능력과 부담의 형평성 등 여러 사정을 고려하여 적절하다고 인정되는 분담의 범위를 정할 수 있다(대결 1994. 5. 13, 92스21 전원합의체).

Ⅴ. 인공수정자

〔1〕 인공수정의 의의

인공수정(Artificial Insemination)이란 남녀 간의 자연적인 성교섭에 의하지 않고 인공적인 기구나 방법으로 남성의 정자를 여성의 자궁이나 난관에 주입하여 정자와 난자를 결합·수정시켜 임신하게 하는 것을 말한다. 이러한 방법으로 태어난 아기가 바로 인공수정자이다.

〔2〕 인공수정의 방법

인공수정에는 다음과 같은 네 가지 방법이 있다.

1. 배우자간의 인공수정(Artificial insemination by husband: A.I.H.)

이는 부부의 자연적인 성적 교섭에 의한 임신이 불가능한 경우에 남편의 정액을 추출하여 인공적으로 아내의 자궁에 수정 · 임신시키는 방법을 말한다.

2. 비배우자간의 인공수정(Artificial insemination by the donor: A.I.D.)

이는 남편이 완전히 임신불능인 경우에 남편 이외의 제3의 남성의 정액을 제공받아 아내에게 수정시켜 임신하게 하는 방법을 말한다. 인공수정이 문제되는 것은 대개 AID의 경우라고 할 수 있다.

3. 대리모에 의한 인공수정(Artificial insemination by surrogate: A.I.S.)

이는 아내가 임신불능일 경우에 남편의 정액을 아내가 아닌 제3의 여성(대리모)의 자궁에 인공수정시켜 임신하게 한 다음, 해산 후에 아이를 데려오는 방법을 말한다.

4. 남편과 제3자에 의한 인공수정(Confused or combined Artificial insemination: C.A.I.)

이는 남편의 정액이 임신하기에 부족하거나 약한 경우에 추출한 남편의 정액과 제3자의 정액을 혼합하여 아내에게 사용하는 방법을 말한다.

〔3〕 인공수정자의 법적 지위

인공수정의 방법으로 출생한 아이는 누구의 아이로 보아야 하는가 등의 문제가 있다. 인공수정의 방법에 따라 결론이 약간씩 달라진다.

1. A.I.H. 및 C.A.I.에 의한 인공수정자

남편의 정액에 의한 출생자이므로 혼인중의 출생자로 보아야 할 것이고, 또 친생자로 추정할 수 있을 것이다.

그런데 정자의 냉동보존과 그 이용법의 발달로 말미암아, 이를테면 남편이 생전에 정액을 냉동 보관시켰는데 사망하였다고 할 때, 사후에 아내가 보존된 정액을 이용하여 인공수정의 방법으로 자녀를 출산한 경우라면 이 인공수정자의 법적 지위가 어떻게 되는가 등이 문제될 수 있다. 혼인관계 종료 후 300일 이내라는 친생자추정기간 경과와 상속개시 당시에 상속인이 생존하여야 한다는 「동시존재의 원칙」에 의한다면 위의 경우에는 상속권이 인정될 수 없을 것이다.

2. A.I.D.에 의한 인공수정자

(1) 남편의 동의가 있는 경우

남편의 동의하에 아내가 제3자의 정액을 제공받아 임신, 출산한 인공수정자에 대해서는 남편의 아이로 추정 받는 혼인 중의 출생자로 보아야 한다. 자의 보호가 우선되기 때문이다. 따라서 남편은 나중에라도 친생부인의 소를 제기할 수 없다(신의칙에 반함).

(2) 남편의 동의가 없는 경우

아내가 남편의 동의 없이 또는 남편의 동의서를 위조하여 임의로 제3자의 정액을 제공받아 인공수정의 방법으로 출산한 인공수정자는 혼인중의 출생자로 볼 수 없다. 따라서 남편은 이 아이에 대해 자기 자식이 아니라고 부인할 수 있다.

그러나 아내가 혼자서 임의로 시술한 인공수정은 이혼사유로서의 「부정행위」라고는 해석할 수 없다. 다만 도덕적 비난의 대상이 되거나 그로 인해 가정불화, 가정파탄으로까지 비약되는 경우에는 「혼인을 계속하기 어려운 사유」에 해당되어 이혼 사유가 될 수는 있을 것이다.

(3) 미혼여성의 A.I.D.에 의한 인공수정자

독신인 미혼여성이 A.I.D.의 방식으로 자녀를 얻은 경우에는 그 자녀는 그녀의 혼인외의 출생자가 된다.

(4) A.I.S.에 의한 인공수정자

대리모 계약은 선량한 풍속 기타 사회질서에 반하는 법률행위로서 무효가 된다. 따라서 의뢰한 부부(정자와 난자를 제공한 부부)는 대리모계약을 근거로 대리모에게 아이의 인도를 청구할 수 없다. 대리모와 그 출생자 사이에는 모자관계가 성립한다.

Ⅵ. 친 양 자

종래 입양제도에 의한 양자는 성과 본을 변경하지 않고 양부모에게 입양되었으며, 친생부모와의 법적인 관계도 단절되지 않고 그대로 유지되었지만(친생부모가 사망한 경우에 상속권도 인정됨), 근래 도입된 친양자 제도는 양자의 친생부모와의 관계가 완전히 단절되고 입양된 자가 법적으로뿐만 아니라 실제 생활에서도 친생자와 같이 완전히 입양가족의 구성원으로 흡수·동화되는 제도이다.

〔1〕 특 징

1. 완전양자

양친의 친생자인 것처럼 양친의 성과 본을 따르게 되고, 가족등록부에도 양친의 친생자로 기재된다. 따라서 양자와 친생부모 및 그 혈족과의 친족관계는 법원의 친양자 입양선고와 동시에 종료된다.

2. 법원의 선고(허가)

현행법상의 양자 제도는 양친과 양자 사이의 사적인 신분계약에 불과하지만, 친양자 입양은 자녀의 복리를 위하여 반드시 가정법원의 선고(허가)를 받아야 한다.

〔2〕 친양자 입양 요건

1. 3년 이상 혼인 중의 부부로서 공동 입양할 것

친양자를 두기 위해서는 부부가 혼인한 지 3년이 넘어야 한다. 부부 일방이 상대방 배우자의 친생자를 친양자로 입양하는 경우에는 1년 이상의 혼인지속기간이 요구된다. 따라서 부부 일방은 배우자의 친생자를 단독으로 입양할 수 있다.

예컨대 이혼한 여자가 전 남편의 자녀를 데리고 재혼할 경우, 재혼하게 되는 새로운 남편은 재혼 후 1년이 경과한 뒤에는 단독으로 그 아내가 데리고 온 전 남편의 자녀를 자신의 친양자로 입양할 수 있다는 것이다.

2. 친양자로 될 자가 미성년자일 것

과거에는 15세 미만의 아동만 친양자로 입양될 수 있었는데,

2012년 민법 개정으로 미성년자는 연령에 관계없이 친양자가 될 수 있다.

3. 친양자로 될 자녀의 친생부모가 친양자 입양에 동의할 것

친양자로 입양되기 위해서는 친생부모의 동의가 있어야 한다. 친양자로 될 자녀의 친생부모가 친권자인 경우에는 법정대리인으로서 입양의 동의나 승낙을 하게 되므로 별도의 동의가 필요 없다. 생부가 친양자 입양을 동의하지 않고 반대한다면 일단 친양자 입양은 불가능하겠지만, 그 사유가 정당하지 않은 경우에는 법원의 판결로서 동의에 갈음할 수 있을 것이다. 인지되지 않은 혼인 외의 자에 대해서는 친양자 입양을 위한 생부의 동의는 받을 필요가 없고, 친권자인 모의 동의(친양자로 될 자가 13세 이상인 경우) 또는 승낙(친양자로 될 자가 13세 미만인 경우)만 받으면 된다.

친권자 입양 당시 부모가 모두 친권상실선고를 받았거나 소재를 알 수 없는 경우, 또는 그 밖의 사유로 동의를 할 수 없는 경우에는 친생부모의 동의 없이 친권자 입양이 가능하다.

그런데 친생부모가 3년 이상 부양의무를 이행하지 않고 면접교섭을 하지 않은 경우, 친생부모가 자녀를 학대 또는 유기하거나 자녀의 복리를 현저하게 해친 경우에는 법원이 부모의 동의 없이 친양자 입양을 허가할 수 있다. 다만 가정법원이 친생부모의 동의 없이 친양자 입양을 허가하는 경우에는 친생부모를 심문하여야 한다(민법 제908조의2 제2항).

4. 친양자가 될 미성년자가 13세 이상인 경우, 법정대리인의 동의를 받아 입양을 승낙할 것

친양자가 될 미성년자가 13세 이상 19세 미만의 미성년자인 경우에는 입양당사자가 스스로 입양의 의사표시를 할 수 있다. 다만 법정대리인의 동의를 받아야 한다.

5. 친양자가 될 미성년자가 13세 미만인 경우, 법정대리인이 입양을 승낙할 것

친양자가 될 미성년자가 13세 미만인 경우에는 법정대리인이 그에 갈음하여 입양승낙을 하여야 한다. 법정대리인이 정당한 이유 없이 동의나 승낙을 거부하면 가정법원은 법정대리인의 동의나 승낙 없이 친양자 입양을 허가하는 심판을 할 수 있다.

또한 법정대리인이 미성년자를 학대하거나 의무를 이행하지 않아 미성년자의 복리를 현저하게 해친 경우에는 가정법원은 법정대리인의 동의(친양자로 될 자가 13세 이상인 경우)나 승낙(친양자로 될 자가 13세 미만인 경우)이 없어도 친양자 입양청구를 인용할 수 있다. 이 경우, 가정법원은 법정대리인을 심문하여야 한다.

6. 가정법원의 허가

친양자 입양을 하려는 자는 위에 설명한 요건을 갖추어 가정법원에 친양자 입양을 청구하여야 한다. 가정법원은 위의 요건을 구비하였는지의 여부를 심사할 뿐만 아니라, 친양자로 될 자녀의 복리를 위하여 양육 상황, 친양자 입양의 동기, 양친의 양육능력 등 입양가정의 환경을 심사하여 친양자 입양이 자녀의 복리에 기여할 것이라고 판단되는 경우에는 친양자 입양을 허가하는 심판을 하며, 그러한 확신에 이르지 못한 때에는 청구를 기각하여야 한다.

친양자 재판이 확정되면 친양자입양을 청구한 자는 재판 확정일부터 1개월 이내에 그 등본을 첨부하여 친양자 입양신고를 하여야 한다.

〔3〕 친양자 입양의 효력

1. 혼인 중 출생자

친양자로 입양된 자녀는 부부의 혼인 중 출생자로 되며, 양아버지의 성과 본(부모가 혼인 신고할 때에 어머니의 성과 본을 따르기로 합의한 경우는 양어머니의 성과 본)을 따른다. 친양자는 가족관계등록부에 양친의 친생자로 기재되므로 외부에 양자라는 사실이 공시되지 않는다.

친양자로 입양된 자녀가 입양되기 전에 설정되었던 부자관계 등 모든 친족관계는 종료한다. 다만 부부 일방(남편)이 배우자(아내)의 친생자를 단독 입양한 경우는 예외가 인정되어 여전히 아내와 친양자로 입양된 자녀간의 모자관계는 유지된다.

2. 친족관계의 발생

친양자 입양에 대한 가정법원의 허가 심판이 확정되면 입양되기 전의 친족관계는 장래를 향하여 종료되고, 친양자와 양부모의 친족 사이에는 친족관계가 발생한다.

〔4〕 친양자 입양의 취소

1. 6개월 내 취소

친양자로 입양된 자의 친생부모가 자신에게 책임 없는 사유로 친양자 입양에 동의할 수 없었던 경우에는 친양자 사실을 안 날로부터 6개월 내에 친양자 입양의 취소를 청구할 수 있다.

예컨대 자녀가 실종된 후 아동보호시설에 있다가 친양자로 입양된 경우(아동보호시설의 장이 그 자녀의 후견인으로서 친양자 입양에 승낙할 수 있다), 친생부모는 그 사실을 안 날로부터 6개월 내에 가정법원에 친양자의 입양을 취소할 수 있다.

2. 취소의 효력

친양자 입양이 취소된 경우에 그 효력은 소급하지 않는다. 친양자 입양에 의하여 발생한 친족관계는 소멸하고, 장래에 대하여 친생부모의 친권이 부활하게 되며, 입양 전의 친족관계가 회복된다. 따라서 자는 친생부모의 성과 본을 따르게 된다. 그렇지만 친생부모의 친권은 자동적으로 회복되지 않으며, 친생부모는 가정법원의 심판을 거쳐 친권자로 지정될 수 있다.

〔5〕 친양자의 파양

1. 친양자가 패륜행위를 한 때

친양자가 양친에 대하여 살해 미수의 범행을 하거나, 양친의 일방을 살해하는 등 패륜행위를 한 경우에는 친양자 입양을 파양할 수 있다. 다만 친양자가 양친의 기대에 어긋나게 성장하여 문제를 일으키거나 반항하는 정도로서는 파양사유로 인정되지 않는다.

2. 양친이 친양자를 학대 또는 유기하거나 그 밖에 친양자의 복리를 현저히 해하는 때

양친이 친양자에게 신체적인 학대(성추행 등)를 자행하거나 과도한 징계를 하는 경우, 또는 적절한 의식주를 제공하지 않고 방임하는 경우, 양친이 친양자에게 범죄를 교사하는 경우, 양친이 약물중독이나 장기간 감옥에 복역함으로써 친양자를 양육할 수 없는 경우 등의 사유가 있는 때에는 친양자를 파양할 수 있다. 양친의 이혼은 파양사유가 되지 않는다.

3. 가정법원에 청구

위의 사유가 있는 경우에는 양친, 친양자, 친생부모 또는 검사가 가정법원에 친양자의 파양을 청구할 수 있다. 친양자 파양은 가정법원의 재판으로 확정되며, 친양자와 양친 사이의 협의에 의한 파양은 인정되지 않는다.

4. 입양 전 친족관계의 부활

친양자 관계가 파양되면 친양자 입양으로 인하여 발생한 친족관계는 소멸하고, 입양전의 친족관계가 회복된다. 따라서 자녀의 성은 친생부모를 따라 변경되지만, 친생부모의 친권이 자동적으로 회복되지 않으며, 친생부모는 가정법원의 심판을 거쳐 친권자로 지정될 수 있다.

■ 母가 전 남편의 자녀를 데리고 재혼할 경우, 그 자녀의 성과 본을 변경할 수 있는 방법

(1) 모가 자녀의 복리를 이유로 가정법원에 자녀의 성과 본을 변경할 것을 요구하는 심판을 청구하고, 재판이 확정되면 허가재판등본을 첨부하여 자녀의 성과 본을 변경할 수 있다. 이 경우 반드시 전 남편(친생부)의 동의를 받아야 하는 것은 아니지만 법원에서는 전 남편의 의견 진술을 참고한다.

(2) 재혼하는 남편이 그 아내가 데리고 온 전 남편의 자녀를 친양자로 입양함으로써 자녀의 성과 본을 변경할 수 있다. 이 역시 가정법원에 친양자 입양의 청구를 하여야 되는데, 다만 그 자녀는 미성년자이어야 하고, 전 남편(친생부)의 동의를 받아야 하며, 가정법원이 그 청구를 인용하는 재판을 하여야 한다.

제3절 상 속

Ⅰ. 기본개념

〔1〕 상속과 상속권

1. 상속의 의의

상속이란 피상속인(사망자)의 사망에 의하여 상속인이 피상속인에게 속하였던 모든 권리와 의무를 포괄적으로 승계하는 것을 말한다. 승계하는 것은 매도인이나 매수인의 지위라든가 임대인이나 임차인으로서의 법률관계 또는 계약 성립 전의 청약자로서의 지위 등과 같이 협의의 권리 의무에 한하지 않는다고 해석되므로, 상속은 피상속인의 재산상의 지위(권리와 의무)의 포괄적 승계라고 할 수 있다. 다만 피상속인의 일신전속권은 제외된다.

상속은 자연인의 사망으로 개시되므로, 회사 등 법인은 상속할 수 없다. 자연인의 유언에 따라 법인 등이 재산을 증여(유증) 받을 수 있을 뿐이다.

2. 상 속 권

상속권이란 상속의 효과를 받을 수 있는 상속인의 지위를 의미한다. 상속개시 전 단계에서 장차 상속인으로서 피상속인의 재산을 승계할 수 있다는 의미의 상속권은 기대권적 상속권으로서 권리성이 약하며, 사실상 재산법적으로는 특별한 의미가 없으므로 처분이나 담보의 목적으로 할 수 없다. 예컨대, 재산가인 아버지가 사망할 경우에 유일한 자식인 내가 상속인이 될 터이니(기대권적 상속권), 이를 담보로 하여 금전을 대차할 수 없다는 것이다. 다만, 그 희망적인 지위는 일정한 결격사유가 없으면 상실되지 않는다.

또한, 상속은 상속인의 의무가 아니라 상속개시 후 상속을 거부할 수도 있으므로 상속이 개시되었지만 상속의 효과 발생이 미확정상태에 있는 동안(승인이나 포기 전)의 상속인이 가지는 지위와 그 후 상속인의 승인에 의하여 확정된 상속인의 지위는 구분된다.

〔2〕 피상속인과 상속인

1. 피상속인

사람의 사망으로 상속이 개시되는데, 이 경우에 사망한 사람을 피상속인이라고 한다. 예컨대, A가 사망하면 상속이 개시되어 A의 배우자와 자녀가 A의 재산을 상속하게 되는데, 이 경우 A가 피상속인이다. 자연인만 피상속인이 될 수 있고, 법인이나 회사는 피상속인이 될 수 없다.

2. 상 속 인

피상속인이 사망한 때에 피상속인의 재산을 승계하는 사람이 상속인이다. 상속개시 전에는 추정상속인이다. 위의 예에서 A의 배우자 및 자녀가 상속인이다. 권리능력이 있는 사람은 모두 상속인이 될 수 있는 자격(상속능력)이 있다. 다만 상속인이 되기 위해서는 상속개시시, 즉 피상속인이 사망한 때에 생존해 있거나 태아로서 존재하고 있어야 한다.

〔3〕 포괄승계

피상속인의 재산은 상속이 개시되는 순간, 즉 피상속인이 사망하는 순간에 포괄적으로 상속인에게 이전된다. 이처럼 상속은 재산의 포괄적 승계이므로 매매나 증여 등과 같은 특정한 재산의 개별적인 처분과 다르다. 따라서 상속인은 상속재산 중에서 어느 특정 재산만 선택하여 승계할 수 없다.

이와 같은 포괄승계는 상속인의 의사와 관계없이 당연히 이루어진다. 즉, 상속인은 상속이 개시되면 상속재산을 받겠다는 의사를 표시할 필요도 없으며, 상속개시 전에는 상속을 포기한다는 의사를 표시할 수도 없다. 또한 상속인이 피상속인의 사망 사실을 알지 못하고 있어도 이와 같은 상속의 효과로서 상속재산의 포괄승계는 당연히 발생한다. 상속인은 상속개시 후 상속을 포기하거나 한정승인할 수 있을 뿐이다.

〔4〕 유증과 사인증여

1. 유 증

유증은 사람이 유언으로 재산을 타인에게 무상으로 증여하는 단독행위이다. 상속은 재산의 무상이전이라는 점에서는 유증과 동일하지만, 유증은 사람의 의사표시이고, 상속은 사람의 의사표시가 아니라 사망이라는 자연적 사실에 의하여 법률효과가 발생한다. 유증을 받는 사람(수유자)은 자연인뿐만 아니라 법인도 유증을 받을 수 있다. 또한 포괄적 유증을 받은 사람은 상속인과 동일한 권리의무가 있다(민법 제1078조).

2. 사인증여

사인증여는 증여자(재산을 주는 사람)가 죽음을 앞두고, 「내가 사망하면 이 아파트를 A에게 준다」는 내용의 무상계약이다. 유증은 단독행위이지만, 사인증여는 증여자와 수증자(증여를 받는 사람) 사이의 계약으로서, 증여자의 사망으로 그 효과가 발생한다. 이는 증여자가 죽음을 염두에 두고 계약의 형태로 사실상 유증을 하는 것이라고 할 수 있다. 사인증여에 대하여는 민법상 유증에 관한 규정이 준용된다(민법 제562조). 다만, 유증은 단독행위이므로 유증의 방식에 관한 규정(민법 제1065조 - 제1072조)과 포괄적 수증자의 권리의무에 관한 규정(민법 제1078조) 등은 사인증여에 준용되지 않는다(대판 1996. 4. 12, 94다37714, 37721).

Ⅱ. 상속재산

〔1〕 재산상 권리

1. 물 권

물건에 대한 소유권, 점유권, 지상권·지역권·전세권(용익물권), 유치권·질권·저당권(담보물권) 등 모든 「물권」은 원칙적으로 전부 상속된다. 예컨대 A가 B에게 3,000만 원을 빌려주면서 B가 소유하고 있는 부동산을 담보로 저당권을 설정한 상태에서 사망하였다면, 3,000만 원의 대여금 채권과 담보권인 저당권은 A의 상속인에게 승계된다. 점유권도 상속인에게 이전된다(민법 제193조). 상속인이 현실적으로 상속재산을 지배하고 있는지 여부는 문제되지 않는다.

매매 등 법률행위로 인한 물권의 변동은 등기하여야 소유권이 이전되지만, 상속으로 인한 물권의 취득은 등기를 필요로 하지 않는다. 동산의 경우에도 인도가 필요 없다.

농지도 일단 상속되지만, 농업경영을 하지 않는 자는 상속받은 농지 중에서 1만㎡ 이내의 범위에 한하여 소유할 수 있다. 따라서 정당한 사유 없이 상속받은 소유 농지를 농업경영에 이용하지 않거나, 「이용하지 아니한다」고 시장·군수·구청장이 인정한 때에는, 그 사유가 발생한 날로부터 1년 이내에 농지를 상속받은 소유자는 1만

㎡를 초과하는 농지는 처분하여야 한다.

2. 무체재산권과 형성권

특허권·상표권·실용신안권·의장권 등의 공업소유권과 저작권·광업권·어업권 등도 당연히 상속된다. 법률행위의 취소권·추인권·해제권·해지권·예약완결권·상계권·항변권 등 형성권도 상속된다. 예컨대 A와 B 사이에 A가 소유하고 있는 X 부동산에 관한 매매계약이 체결된 후 계약당사자인 A가 사망하거나 또는 A와 B가 모두 사망하였다면, 매도인과 매수인으로서의 지위는 A와 B의 상속인에게 승계되고, 이에 따라 X 부동산에 관한 매매계약의 해제권이나 취소권도 당연히 그 상속인에게 승계된다.

3. 채 권

채권도 일반적으로 상속재산에 포함된다. 다만 부양청구권은 부양권리자의 일신에 전속하는 권리이므로 상속되지 않는다. 주택임차권(주택의 전세권 등기를 하지 않은 채권적 전세)도 상속된다. 주식양도자유의 원칙상 주식회사의 주주권(주식)은 당연히 상속된다.

재판상 이혼청구권은 부부의 일신전속권이므로 이혼 소송 중에 배우자 일방이 사망한 경우에는 그 이혼소송은 청구인의 사망과 동시에 종료한다. 부부가 생전에 이혼에 따른 재산분할 협의를 하였거나, 재산분할청구를 하지 않은 이상, 부부 일방이 사망한 후에는 그 상속인들을 상대로 재산분할청구를 할 수 없다(서울가판 2002. 7. 25, 2002즈합205). 즉, 권리의 성질상 타인에게 양도할 수 없는 일신전속권(예컨대 부부간의 동거청구권·부양청구권 등)은 상속되지 않는다.

4. 손해배상청구권

보통의 손해배상청구권은 당연히 상속된다. 다만 약혼·혼인·입양 등 신분행위의 무효·취소 및 이혼으로 인한 정신적 손해(위자료)에 대해서는 양도나 승계가 금지되지만, 당사자 간에 이미 그 배상에 관한 계약이 성립되어 있거나 소를 제기한 경우에는 그 청구권이 상속된다. 생명침해로 인한 손해배상청구권은 재산상 및 정신적 손해배상청구권을 가리지 않고 상속이 되는 권리이다. 특히 위자료 청구권은 피해자가 포기하거나 면제하였다고 볼 수 있는 특별한 사정이 없는 한, 생전에 청구의 의사를 표시할 필요 없이 원칙적으로 상속된다(대판 1966. 10. 18, 66다1335).

5. 생명보험금

피상속인이 보험계약자로서 보험 수익자를 상속인으로 지정한 경우에는 보험금청구권은 보험계약의 효력에 따라 발생하는 것이므로 보험금은 상속재산에 포함되지 않는다. 따라서 상속인이 상속포기를 하거나 한정승인을 하더라도 보험금을 청구할 수 있다.

그러나 피상속인인 보험계약자가 자신을 보험 수익자로 지정한 경우(자기를 위한 보험계약)에는 보험계약자가 사망하면 상속인이 보험수익자의 지위를 상속하고, 보험금청구권은 상속재산에 속한다. 다만 생명보험이든 양로보험이든 피상속인이 이미 수령하여 가지고 있는 보험금은 상속재산이 된다.

6. 부 의 금

판례에 의하면, 사람이 사망한 경우에 부조금 또는 조위금 등의 명목으로 보내는 부의금은 상호부조의 정신에서 유족의 정신적 고통을 위로하고 장례에 따르는 유족의 경제적 부담을 덜어줌과 아울러 유족의 생활안정에 기여함을 목적으로 증여되는 것으로서, 장례비용에 충당하고 남는 것에 관하여는 특별한 다른 사정이 없는 한, 사망한 사람의 공동상속인들이 각자의 상속분에 응하여 권리를 취득한다

(대판 1992. 8. 18, 92다2998).

〔2〕 재산상의 의무

1. 채 무

원칙적으로 피상속인의 일반 채무, 즉 빚도 상속된다. 채무 내용이 사법상 채무이든 공법상 채무(조세채무 등)이든 모두 상속된다. 손해배상채무는 불법행위로 인한 것이든 채무불이행으로 인한 것이든 그 원인 사실 여하를 막론하고 상속인에게 당연히 승계된다. 피상속인이 재산을 남기지 못하고 순전히 빚만 남겼을 경우에도 이 빚은 상속되는 것이다.

2. 보증채무

피상속인이 남의 보증을 선 경우에 이러한 통상적인 보증채무도 상속된다. 처음부터 구체적으로 금액이나 범위가 한정되어 있는 채무를 보증하거나 연대보증한 경우에 그 보증인(연대보증인)이 사망하면 그의 보증채무(연대보증채무)는 상속된다.

다만 당좌대월 · 어음할인 · 계속적 공급계약 · 임대차 · 위임 · 고용 등 계속적 계약관계에서 발생하는 불확정한 채무를 보증하는 계속적 보증이나 근보증의 경우에는 부담이 매우 중하므로 보증인의 사망으로 종료되고, 상속인에게 상속되지 않는다. 그렇지만 보증인이 사망할 당시 이미 발생한 보증채무는 그 상속인에게 상속된다.

신원보증계약은 신원보증인이 사망하면 그 효력을 상실하므로 신원보증인의 신원보증계약서상의 지위는 신원보증인의 사망으로 상속인에게 상속되지 않는다. 다만 신원보증을 한 피상속인이 사망하기 전에 신원보증계약으로 인하여 이미 발생한 보증채무는 상속인에게 상속된다.

3. 국세 · 벌금

국세 등 세금납부의무는 공동상속인들의 상속분에 따라 각 상속인들에게 나누어 상속된다. 벌금이나 과료 추징금은 재산형벌의 일종이므로 자기 책임의 원칙상 상속의 대상이 될 수 없다. 몰수 또는 조세, 전매 기타 공과에 관한 법령에 의하여 재판을 받은 자가 재판확정 후 사망한 때에는 그에 대한 몰수금 · 벌금 · 추징금은 상속재산에 대하여 집행할 수 있다(형사소송법 제478조).

4. 계약상의 지위

당사자 간의 신뢰성을 기초로 하는 위임계약의 위임자 · 수임자 등 그 계약상의 지위는 상속되지 않으며, 대리관계의 본인이나 대리인의 지위도 상속되지 아니한다. 고용계약상의 근로자의 지위나 근로제공의무도 상속될 수 없다. 예술가나 작가의 공연이나 출연, 저술의무도 상속되지 않는다. 반면에 일반적으로 매매계약에 따른 이전등기에 협력할 의무 등 매도인 · 매수인의 지위는 상속된다.

5. 소송상의 지위

소송당사자가 사망하면 소송절차는 중단된다(민사소송법 제233조 제1항 전단). 망인의 상속인이나 상속재산관리인 등은 소송 절차를 수계하여야 하고 소송을 계속할 수 있다. 소송대리인이 있으면 절차가 중단되지 아니한다(민사소송법 제238조). 다만 일신전속적인 성질의 소송(이혼 소송 등)은 당사자의 사망으로 종료된다.

6. 제사의 승계

분묘에 속한 1정보 이내의 금양임야(조상의 분묘가 있거나 분묘를 설치할 예정으로 벌목을 금지하고 나무를 기르는 임야로 종산이라고도 함),

600평 이내의 묘토(제사 또는 제사와 관계되는 사항을 집행·처리하기 위하여 설정된 토지로서 위토, 묘전이라고도 함)인 농지, 족보와 제사 도구는 상속재산과 구별되어 「제사를 주재하는 자」가 이를 승계한다(민법 제1008조의3).

판례에 의하면, 제사주재자는 우선적으로 망인의 공동상속인들 사이의 협의에 의해 정하되, 협의가 이루어지지 않는 경우에는 제사주재자의 지위를 유지할 수 없는 특별한 사정이 있지 않은 한 망인의 장남(장남이 이미 사망한 경우에는 장남의 아들, 즉 장손자)이 제사주재자가 되고, 공동상속인들 중 아들이 없는 경우에는 망인의 장녀가 제사주재자가 된다. 또한 사람의 유체·유골은 매장·관리·제사·공양의 대상이 될 수 있는 유체물로서, 분묘에 안치되어 있는 선조의 유체·유골은 민법 제1008조의3 소정의 제사용 재산인 분묘와 함께 그 제사주재자에게 승계되고, 피상속인 자신의 유체·유골 역시 위 제사용 재산에 준하여 그 제사주재자에게 승계된다(대판 2008. 11. 20, 2007다27670 전원합의체).

Ⅲ. 상 속 인

상속인이란 상속을 받을 자격이 있다고 법률로 인정된 사람을 말한다. 상속인에는 직계비속, 직계존속, 형제자매, 4촌 이내의 방계혈족이 있으며 배우자는 언제나 상속인이 된다. 그리고 동순위자가 2인 이상인 때에는 공동상속을 하게 된다. 법률이 획일적으로 정한 상속인의 순위는 다음과 같다.

〔1〕 상속의 순위

1. 제1순위: 직계비속

제1순위의 상속인은 피상속인의 직계비속이다.

즉 사망한 사람의 자식이나 손자녀는 물론이고, 외손자녀 등이 모두 포함된다. 직계비속으로 자식들과 손자들이 있으면 자식들만 상속인이 된다. 사망한 사람을 기준으로 촌수가 같은 직계비속들은 모두 동일한 순위의 공동상속인이 되고, 그들의 상속분은 모두 평등하다(균분상속주의).

상속인이 되는 직계비속은 혼인 중의 출생자는 물론 혼인외의 출생자(인지된 자)도 상속인이 되며, 남녀의 구별, 기혼과 미혼, 자연혈족(친생자)과 법정혈족(양자) 등을 묻지 않으며, 국적이 다르거나(직계비속이 외국으로 귀화한 경우), 가족관계등록부에 없어도(혼인하여 분가하거나 다른 집에 입양한 경우) 직계비속은 동일한 순위의 상속인이 된다. 태아도 상속순위에 관하여는 출생한 것으로 본다.

피상속인이 사망하기 전에 직계비속이 사망한 경우에는 물론 상속인이 될 수 없지만, 그 직계비속(아들)에게 직계비속(손자)이 있으면 상속인의 자격이 있다. 이를테면 아버지가 사망하였는데, 그 전에 결혼한 장남이 자식을 두고 사망한 경우에는 장남의 자식이 삼촌, 고모들과 함께 사망한 장남의 상속분을 상속할 수 있다. 이를 「대습상속」이라고 한다.

2. 제2순위: 직계존속

제2순위의 상속인은 피상속인의 직계존속이다.

피상속인에게 직계비속이 없는 경우에는 거슬러 올라가 직계존속, 즉 사망한 사람의 부모 또는 조부모들이 상속인이 된다. 직계존속이

2인 이상인 경우에 그들의 촌수가 같으면 동일한 순위의 상속인이 되고, 촌수가 다르면 피상속인과 촌수가 가까운 사람이 우선한다. 예를 들면 피상속인에게 부모와 조부모가 있으면 촌수가 가까운 부모가 우선하여 상속인이 되고, 조부모는 피상속인의 부모가 없는 경우에만 상속인이 된다.

직계존속은 부계(父系), 모계, 양가(養家)쪽, 생가(生家)쪽이든 묻지 않는다. 따라서 친생부모와 양가부모가 모두 생존해 있다면 함께 동순위로 상속인이 된다. 즉, 양자가 직계비속 없이 사망하였는데 그가 미혼인 경우에는 제2순위 상속권자인 직계존속이, 그에게 유처가 있는 경우에는 직계존속과 처가 동순위로 각 상속인이 되는데, 이 경우 양자의 상속인에는 양부모뿐 아니라 친부모도 포함된다(대결 1995. 1. 20, 94마535).

순위가 같은 상속인이라도 피상속인의 사망 당시 생존하고 있지 않으면 그 사람은 물론 상속받을 수 없으며, 거슬러 올라가 대습상속은 인정되지 않는다. 이를테면 피상속인의 사망 당시 어머니는 그 전에 이미 사망하였다면 아버지가 단독으로 상속인이 되는 것이며, 어머니의 직계존속(피상속인에게는 외조부모)이 대신 상속받는 것이 아니다.

피상속인이 서자인 경우에 적모(아버지의 본처)는 상속권이 인정되지 않으며, 아버지가 다시 재혼한 경우의 계모도 상속권이 없다. 1990년의 가족법개정에서 적모서자 관계와 계모자 관계를 폐지하였기 때문이다.

이혼한 배우자는 전 배우자의 재산을 상속할 수 없지만, 직계존속의 자격으로 그 자녀의 재산은 상속할 수 있다.

3. 제3순위: 형제자매

제3순위의 상속인은 피상속인의 형제자매이다.

피상속인의 형제자매는 피상속인에게 직계비속도 없고, 직계존속도 없는 경우에 상속인이 된다. 형제자매란 부모가 서로 같은 형제자매뿐만 아니라, 父는 같지만 母가 다른 부계형제자매(同姓異腹 형제자매)와 부는 다르지만 모는 같은 모계형제자매(異姓同腹 형제자매)도 포함된다(대판 997. 11. 28, 96다5421).

형제자매는 남녀, 기혼과 미혼, 동일한 가족관계등록부에 등록되어 있는지의 여부를 묻지 않고 모두 상속인이 된다. 피상속인이 사망할 당시 상속인이 될 형제자매 중에 먼저 사망한 사람이 있는 경우에는, 먼저 사망한 형제자매에게 직계비속이나 배우자가 있으면 대습상속이 인정된다.

4. 제4순위: 4촌 이내의 방계혈족

피상속인의 3촌, 4촌은 방계혈족으로서 피상속인에게 직계비속, 직계존속, 배우자 및 형제자매가 없는 경우에 상속인이 된다. 2인 이상이면 서로 순위가 같다. 방계혈족이면 되는 것이고, 남녀의 성별에 의한 차별, 기혼과 미혼의 차별, 부계와 모계의 차별이 없으며, 동일한 가족관계등록부에 등록되어 있는지의 여부 등도 묻지 않는다.

백부 · 숙부 · 고모 · 외숙부 · 이모 · 조카 · 질녀 · 생질 · 생질녀 등은 3촌 이내의 방계혈족이고, 사촌 형제자매 · 고종 4촌 형제자매 · 종조부(할아버지의 형제) · 대고모(할아버지의 자매: 왕고모) · 외종 형제자매(외4촌) · 이종 형제자매(이종4촌)는 4촌 이내의 방계혈족이다. 역시 촌수가 가장 가까운 혈족이 선순위로 상속하며, 이 경우에는 대습상속이 인정되지 아니한다.

5. 배 우 자

피상속인의 배우자도 당연히 상속인이 된다. 여기서 배우자란 물론 혼인신고를 한 법률상의 배우자를 말하며, 사실혼의 배우자는 원칙적으로 상속권이 없음은 앞에서 설명한 바와 같다. 혼인 중의 부부인 이상, 별거하고 있거나 사실상 이혼상태에 있어도 무방하며, 유채배우자로서 이혼소송 중이라고 하더라도 배우자로서 상속인이 됨에는 아무런 문제가 없다.

배우자의 상속순위는, 피상속인에게 직계비속이 있는 경우에는 그 직계비속과 같은 순위로 공동상속인이 되고, 직계비속이 없고 직계존속만 있는 경우에는 직계존속과 동일한 순위가 되며, 직계비속과 직계존속이 모두 없는 경우에는 단독으로 상속인이 된다.

6. 국고 귀속

4촌 이내의 방계혈족이나 그 밖에 상속권을 주장하는 자가 없으면 상속인 부존재의 상태가 되는데, 이 경우, 특별연고자는 상속재산의 분여를 청구할 수 있으며, 분여 후의 잔여 재산은 국고에 귀속된다. 특별연고자로서 분여청구를 하는 사람도 없다면 결국 상속재산은 국가로 귀속된다.

〔2〕 상속인의 자격

상속인이 될 수 있는 자격을 상속능력이라고 한다. 현행법상 권리능력이 있는 자는 모두 상속능력이 인정된다. 다만 상속능력은 자연인에 대해서만 인정되며, 법인은 권리능력이 있더라도 상속능력이 없다.

상속인이 고의로 피상속인의 다른 상속인에 대하여 범죄행위를 한 경우에는 그 상속인은 상속자격이 박탈·상실된다. 이처럼 한 사람의 상속인 자격을 박탈하는 제도를 「상속의 결격」이라고 한다.

1. 상속결격 사유

상속결격 사유는 상속인이 「피상속인이나 다른 상속인에 대한 범죄행위와 상속에 관한 유언에 대한 부정행위」를 한 경우이다.

(1) 피상속인 등에 대한 범죄행위

① 고의로 직계존속·피상속인·그 배우자 또는 상속의 선순위자나 동순위자를 살해하거나 살해하려 한 사람은 상속자격이 없다.

살해는 고의에 의한 경우를 말하며, 과실로 인한 경우는 제외된다. 고의에 의한 경우이면 살인의 결과가 발생하지 않더라도, 즉 살인미수도 역시 상속 자격은 상실된다. 교사범·촉탁·승낙에 의한 살인·위계에 의한 살인도 포함된다.

또한 임신하고 있던 아내가 남편의 임종 무렵에 상속권을 독차지하려고 태아를 낙태한 경우에도 역시 상속자격이 부정된다.

② 고의로 직계존속, 피상속인과 그 배우자에게 상해를 가하여 사망에 이르게 한 때에도 상속자격이 상실된다. 피해자는 가해자의 직계존속, 피상속인과 그 배우자이어야 하고, 상속의 선순위자나 동순위자는 여기서 제외된다. 상해를 가하여 사망에 이르게 하여야 하므로 단순한 폭행이나 상해를 입힌 경우에는 상속결격 사유가 된다고 할 수 없다.

(2) 피상속인의 유언에 대한 부정행위

① 사기 또는 강박으로 피상속인의 양자 기타 상속에 관한 유언이나 그 철회를 방해한 경우에는 상속 자격이 상실된다.

「상속에 관한 유언」이란 피상속인이 유언의 방법으로 재산상속에 관하여 상속분을 지정하거나, 혼인외의 출생자에 대하여 인지하거나, 상속재산을 제3자에게 유증하는 것 등을 말한다.

피상속인에게 사기나 강박을 하여 양자나 상속에 관한 유언을 방해하거나 또는 이미 작성한 유언을 철회하는 것을 방해하는 것이 상속결격 사유가 되는 것이다. 단순히 방해한 것에 그치지 않고 실제로 방해의 결과가 발생하여야 한다.

② 사기나 강박으로 상속에 관한 유언을 하게 한 때에도 상속자격은 상실된다.

사기나 강박을 당하여 유언을 했다면, 유언자는 그 유언을 취소할 수 있지만(민법 제110조, 제1108조), 유언자가 사망한 후 사기나 강박을 한 사람은 상속결격자가 된다.

③ 피상속인의 상속에 관한 유언장을 위조하거나 변조, 파기 또는 은닉한 때에도 상속 자격은 상실된다. 위조란 상속인이 피상속인(사망한 자)의 이름으로 유언서를 작성하는 경우이고, 변조란 이미 작성되어 있는 유언서에 가감 삭제 정정 기타 방법으로 유언서의 내용을 변경하는 것이며, 파기란 유언서를 찢어버리는 등 유언서의 효력을 소멸시키는 모든 행위를 의미한다. 은닉은 유언서의 소재를 불명하게 하여 발견을 방해하는 일체의 행위를 의미한다.

이상에 열거한 사항 이외에는 상속결격사유가 되지 아니한다. 예컨대 상속인(배우자)의 가출이나 불륜행위 등은 상속결격사유가 될 수 없다.

2. 상속결격의 효과

상속결격 행위가 있으면 그 행위를 한 상속인은 상속할 자격을 상실하여 상속을 받을 수 없게 된다.

피상속인의 사망 전에 결격행위를 한 경우에는 피상속인의 사망 후에 상속을 할 수 없게 된다. 상속에서 배제되는 것이므로 결격자를 제외하고 나머지 상속인들만 상속한다. 피상속인이 사망한 후에 결격 행위자가 일단 상속을 하였다고 하더라도 그 상속은 사망시로 소급하여 무효가 된다. 따라서 다른 진정 상속인에게 자기가 상속한 것을 반환하여야 한다. 다만 상속결격자가 그 결격 행위로 인하여 상속 자격이 없더라도 결격자의 직계비속이나 배우자가 법정 상속분을 대습상속하는 것까지 금지되지는 않는다.

이러한 상속결격의 효과는 법률상 당연히 발생하는 것이고 법원에 청구하여 그 무효가 확인되어야만 하는 것은 아니다.

Ⅳ. 상속분과 기여분

상속인이 한 사람인 경우에는 상속분에 문제가 생기지 않으나 동일한 순위의 상속인이 여러 명 있을 때에는 자기의 몫(지분)을 가져야 하므로 상속분의 문제가 발생한다. 이 경우 상속분은 피상속인의 의사 또는 법률의 규정에 의하여 정해진다. 앞의 것을 지정상속분이라고 하고, 뒤의 것을 법정상속분이라고 한다.

〔1〕 지정상속분

피상속인은 유언으로 공동상속인의 상속분을 지정할 수 있다. 상속분을 지정하는 유언은 피상속인 즉, 유언자가 사망한 때부터 효력이 발생한다(민법 제1073조).

다만 유류분에 반하는 지정을 하지는 못한다. 만약 유류분에 반하는 지정을 하였다면 그 지정이 당연 무효로 되는 것은 아니고, 침해를 받은 유류분 권리자는 그 반환을 청구할 수 있다.

유류분이란 상속인을 보호하기 위하여 피상속인의 유언에도 불구하고 상속인에게 법정상속분 중 일정한 비율의 재산을 보장해 주는 제도이다.

【상속인의 유류분】

1. 피상속인의 직계비속은 그 법정상속분의 2분의 1
2. 피상속인의 배우자는 그 법정상속분의 2분의 1
3. 피상속인의 직계존속은 그 법정상속분의 3분의 1
4. 피상속인의 형제자매는 그 법정상속분의 3분의 1

〔2〕 법정상속분

피상속인이 공동상속인의 상속분을 지정하지 않았을 때에는 그 상속분은 민법이 규정하는 내용에 따른다.

1. 동순위의 상속분

동순위의 상속인이 여러 명인 경우에는 그 상속분은 균분으로 한다(균분 평등상속의 원칙). 따라서 남자와 여자, 기혼과 미혼, 동일 가족관계등록부의 여부, 혼인 중의 출생자와 혼인외의 출생자(인지된 자녀) 등에 따른 차별을 두지 않는다.

2. 배우자의 상속분

배우자가 자식(직계비속)이나 부모(직계존속)와 공동으로 상속을 하는 경우에는 그 상속분은 5할을 가산해 준다.

3. 대습상속인의 상속분

대습상속인의 상속분은 피대습인의 상속분이 된다.

4. 구체적인 예

법정상속분의 비율에 대한 실례를 들어 보면 다음과 같다.

(1) 남편이 사망한 경우

상속인 : 아내, 장남, 장녀, 차남, 차녀

상속분 : 1.5=③, 1=②, 1=②, 1=②, 1=②

분배율 :

아내 : 3/11(1.5/1.5+1+1+1+1 = 1.5/5.5)

자녀 : 2/11, 2/11, 2/11, 2/11

(2) 아내가 사망한 경우

상속인 : 남편, 장남, 장녀, 차남

상속분 : 1.5=③, 1=②, 1=②, 1=②

분배율 : 3/9, 2/9, 2/9, 2/9

〔3〕 기 여 분

1. 의 의

공동상속인 중의 한 사람이 피상속인의 사업에 참여하여 도움을 줌으로써 피상속인의 재산을 유지하고 형성 · 증가시키는데 특별한 기여를 하였다거나, 피상속인을 상당한 기간 동안 특별히 부양한 경우에, 상속분을 산정하면서 그와 같은 특별한 기여가 있는 자를 고려하지 않고 그렇지 아니한 다른 공동상속인과 동등하게 다루는 것은 실질적으로 형평을 잃은 것이 된다. 이러한 점을 감안하여 특별히 기여한 공동상속인에게 법정 상속분 이외에 그 기여에 상당하는 재산을 더한 상속재산의 취득을 인정하려는 제도가 기여분 제도이다.

2. 기여의 내용과 범위

(1) 기여분의 주체

상속재산 중에서 자기의 기여분이 있음을 주장할 수 있는 권리자는 첫째, 상속재산의 유지 또는 증가에 관하여 특별히 기여한 자와 둘째, 피상속인을 특별히 부양한 자이다.

그리고 기여분 권리자는 반드시 공동 상속인 중에 포함되어 있어야 한다. 따라서 상속인 자격이 없는 비상속인은 아무리 기여를 하였다고 하더라도 기여분 권리자가 될 수 없다.

기여분 권리자는 한 사람에 한하지 않는다. 예를 들어 형제가 함께 아버지의 사업에 기여하고 공헌하여 아버지의 재산이 증가하였다면 두 사람 모두 기여분 권리자가 되는 것이다. 기여분 권리자는 반드시 장남이라고 할 수 없다.

(2) 기여행위

기여의 내용에 대하여 민법은 단순히 「상속 재산의 유지와 증가에 특별히 기여한 자」 또는 「피상속인을 특별히 부양한 자」를 포함한다 라고만 되어 있을 뿐, 구체적인 내용을 담고 있지 않다.

대체적인 기여의 내용을 예시해 보면 다음과 같다. 자식이 월급을 받지 않고 아버지가 경영하는 점포나 공장 또는 사업에 함께 종사하여 아버지의 재산을 증가시킨 경우, 아버지가 경영하는 사업에 자식이 자본을 제공해 드리거나 아버지의 사업상 빚을 대신 갚아 드려 아버지의 재산이 남에게 넘어가지 않게 됨으로써 아버지의 재산이 유지된 경우, 아내가 남편과 함께 점포를 공동으로 경영하여 높은 이익을 올리게 하거나 남편 명의의 재산을 크게 증가시킨 경우, 장기간 요양을 하게 된 부모를 옆에서 헌신적으로 간호하여 직업적 간호인에게 지출할 비용을 지출하지 않게 된 경우 등을 들 수 있다.

3. 기여분의 결정 방법

(1) 협의에 의한 결정

공동상속인 중에서 위와 같은 기여 또는 부양을 한 사람에게 기여분을 인정할 것인가, 인정한다면 어느 범위까지 인정할 것인가는 먼저 공동상속인들이 협의하여 결정한다.

협의를 하자는 제안은 기여한 자가 먼저 하여야 하는 것은 아니고, 공동상속인이면 누구나 제안할 수 있다. 협의 시기는 피상속인 사망 후 최소한 상속재산을 분할하기 전까지이다.

일단 상속인들 사이에 기여분에 관한 협의가 성립되면 이는 상속인 전원의 동의가 없으면 변경할 수 없고, 법원에 기여분 청구를 하더라도 각하된다.

(2) 가정법원에 청구

공동상속인들 사이에 기여분에 관한 협의가 되지 않거나 협의할 수 없을 때에는, 기여자는 가정법원에 기여분 조정 신청을 하여 가정법원에서 결정한다.

기여분 청구는 상속재산분할청구가 있는 경우에만 제기할 수 있다. 즉 기여자인 상속인·대습상속인이 상속개시 후 상속재산분할의 청구나 조정 신청이 있을 때에 한하여 기여분 청구를 할 수 있다.

(3) 기여분의 산정

기여분을 산정할 때에는 기여의 시기·방법·내용·상속재산의 가액·그 밖에 모든 사정이 참작된다. 기여분은 미리 상속재산 중 몇 분의 몇이라거나 몇 할이라고 확정되어 있는 것이 아니므로, 모든 사정이 참작되어 융통성 있게 결정될 수밖에 없을 것이다. 기여분은 금전으로 정할 수도 있고, 동산이나 부동산 등 현물로 정할 수도 있다.

다만 기여분이 인정되더라도 그 상한선은 정해져 있다. 피상속인의 상속재산 가액에서 피상속인이 다른 사람이나 단체에게 유증한 가액을 공제한 금액을 넘지 못한다(민법 제1008조의2 제3항). 예를 들면 상속재산 가액이 3억 원인데, 유증한 가액이 8,000만 원이라면, 기여분의 가액은 3억 원 중에서 8,000만 원을 공제한 2억 2,000만 원을 넘어서는 안 된다. 기여상속인이 2인 이상인 경우도 동일하다.

4. 기여분 인정의 효과

공동상속인들 간에 기여분에 관한 협의가 이루어지거나 법원에서 기여분이 인정되는 경우에는 피상속인의 상속재산 가액에서 기여분의 가액을 공제하게 되고, 그 나머지 상속재산을 공동 상속인들이 법정상속분에 따라 상속하게 된다(민법 제1008조의2 제1항). 따라서 기여상속인은 총 상속재산에서 자기 기여분을 받는 외에 또다시 기여분이 공제된 상속재산에서 자기의 법정 상속분 만큼 더 상속받게 되는 것이다.

5. 특별연고자에 대한 상속재산 분여제도

(1) 의 의

재산을 남기고 사망한 자에게 상속인이 없으면 그 재산은 일정한 절차를 거쳐서 국가의 소유가 된다. 상속인의 자격과 순위, 상속분 등은 법률로 정해져 있으므로 이에 해당하지 않는 사람은 아무리 피상속인과 특별한 연고가 있었다고 하더라도 상속인이 될 수 없는 것이다. 사실혼의 배우자가 그 대표적인 예라고 볼 수 있다.

그러나 이러한 조치는 사망한 자와 특별한 연고가 있는 자에게는 매우 가혹한 것이 될 수 있다. 이에 상속인의 자격은 없지만 사망한 피상속인과 특별한 연고가 있었던 사람에게 국가에 귀속된 재산을 나누어 줄 수 있는 제도를 「특별연고자에 대한 상속재산 분여제도」라고 한다.

(2) 특별연고자

특별연고자로서 민법은 「피상속인과 생계를 같이 한 사람」, 「피상속인을 요양 간호한 사람」, 「그 밖에 피상속인과 특별한 연고가 있던 자」라고 표현하고 있다.

기타의 특별연고자로서는 사실혼의 배우자, 사실상의 양자, 피상속인과 동거하고 있던 친척, 피상속인이 장기간 도움을 받았던 요양소나 양로원 등을 들 수 있다.

이러한 특별연고자는 상속인 수색 공고 기간이 끝난 뒤에도 상속인이 나타나지 않는 경우에 2개월 이내에 법원에 상속 재산을 나누어 달라고 청구할 수 있다. 특별연고자의 상속 재산 분여 청구가 있으면 상속재산의 일부는 물론, 경우에 따라서는(예컨대 사실혼의 배우자) 전부가 돌아갈 수도 있는 것이다.

Ⅴ. 상속의 승인과 포기

〔1〕 제도의 취지

상속의 효력은 상속인의 의사와 관계없이 또 상속인이 알든 모르든 법률상 당연히 생기는 것이다(당연상속주의). 그런데 상속재산에는 적극재산 뿐만 아니라 채무도 포함되어 있으므로 상속은 항상 상속인에게 이익만 주는 것은 아니고, 불이익(채무)만 남겨줄 수도 있다.

이처럼 채무가 훨씬 많을 때에도 상속을 강요한다는 것은 상속인에게 뜻밖의 부담을 강요하는 것이 되고, 「웃는 상속인」이란 상속의 근본적 취지에도 부합하지 않는 것이 된다. 또한 상속인에 따라서는 비록 적극재산이 많다고 하더라도 상속받기를 원하지 않는 경우도 있을 수 있다. 이러한 점을 감안하여 민법은 상속인에게 상속을 승인하든가 포기하든가 어느 하나를 선택할 수 있는 자유를 부여하고 있다.

상속의 포기는 상속개시로 말미암아 당연히 발생한 상속의 효과를 상속개시 시점으로 소급하여 소멸시키는 의사표시이다. 즉 포기자는 처음부터 상속인이 아닌 것으로 된다.

상속의 승인은 상속 포기를 하지 않는다는 의사표시로서, 상속의 효과를 전면적으로 승인하는 단순승인과 조건부로 승인하는 한정승인이 있다.

〔2〕 승인 · 포기의 시기와 방법

상속의 승인과 포기는 상속개시 후 일정한 고려기간 내에 하여야 하므로 상속개시 전이나, 고려기간 경과 후에는 할 수 없다. 그 전이나 후에 승인 · 포기를 하거나, 상속을 포기하겠다는 약정을 하더라도 무효가 된다.

상속의 승인 · 포기는 상대방 없는 단독행위이므로 상속인 각자가 단독으로 할 수 있지만, 조건이나 기한을 붙일 수 없고, 포괄적 · 무조건적으로 하여야 한다.

일단 승인 · 포기를 한 후에는 함부로 취소하거나 변경할 수 없다. 또한 상속재산의 일부(특정재산)는 승인하고 일부(채무)는 포기한다는 식의 선택적인 승인 · 포기는 허용되지 아니한다. 다만 「재산의 범위 내에서 채무를 승인 한다」는 의미의 한정승인은 유효하다.

상속의 한정승인과 포기는 일정한 방식에 따라야 하는 요식행위로써, 반드시 가정법원에 신고하여야 한다. 단순승인은 신고 등 특별한 방법이 필요 없다.

〔3〕 승인·포기의 기간

상속의 승인·포기는, 「상속인이 상속개시 있음을 안 날」로부터 3개월 내에 하여야 한다. 「상속인이 상속개시 있음을 안 날」이란 상속인이 상속개시의 원인이 되는 사실(사망 등)이 발생하였음을 알고 그 결과 자기가 상속인이 되었다는 사실을 안 날을 의미하며, 상속재산이나 상속채무의 존재 또는 상속포기 제도를 알아야 할 필요는 없다.

따라서 상속인은 3개월 동안 승인·포기 여부에 관하여 생각할 여유를 갖게 된다. 이 3개월의 기간을 고려기간 또는 숙려기간이라고 하며, 이 기간을 놓치면 승인·포기 신고를 할 수 없게 된다.

상속인은 상속의 승인·포기 신고를 하기 전에 상속재산을 조사할 수 있으며, 이해관계인 또는 검사의 청구에 따라 가정법원은 3개월인 고려기간의 연장을 허가할 수 있다.

또한 상속인이 「상속된 채무가 상속된 재산을 초과한다」는 사실을 중대한 과실 없이 상속개시일로부터 3개월의 기간 내에 알지 못하고 단순승인을 한 경우에는, 그 사실을 안 날로부터 3개월 내에 다시 한정승인을 할 수 있다.

상속인이 미성년자인 경우에는 법정대리인의 동의를 받아야 한다. 친권자는 미성년인 子를 대리하여 승인 또는 포기할 수 있지만, 공동상속인으로서 이해상반되는 행위가 될 때에는 일정한 제한이 따른다. 예컨대, 父가 사망하여 母와 미성년인 子가 공동상속인이 된 경우, 모가 미성년인 자에 갈음하여 상속포기를 하는 것은 친권자인 모와 자 사이에 이해상반행위가 되므로, 친권자는 자를 위하여 가정법원에 특별대리인의 선임을 청구하여야 한다(민법 제921조).

상속인이 승인이나 포기를 하지 않고 있는 사이에 상속채권자로부터 채무를 변제하라는 청구를 받은 때에는 변제를 거절할 수 있다. 만일 상속인이 거절하지 않고 일부 채권자에게 채무를 변제하면 그것은 상속재산을 처분한 것으로 인정되어 단순승인으로 간주된다.

〔4〕 단순승인

1. 의 의

단순승인이란 피상속인의 권리 의무를 무제한 무조건으로 승계하는 상속형태 또는 이를 승인하는 상속방법을 말한다. 단순승인의 방법은 아무런 제한이 없으므로 문서로 하든 구두로 하든 관계없고, 묵시적·명시적 의사표시로 할 수 있지만, 가정법원에 신고하는 등 적극적인 행위를 할 필요는 없다.

단순승인을 하면 피상속인의 상속재산과 상속인의 고유재산이 완전히 융합되어 모두 상속인의 고유재산으로 된다. 따라서 상속에 의하여 승계된 피상속인의 채무 전부를 상속재산으로 변제할 수 없을 때에는 자신의 고유재산으로 변제하여야 한다.

2. 법정단순승인

상속인이 다음과 같은 행위를 한 경우에는 단순승인(상속채무 승계)을 한 것으로 본다(민법 제1026조).

(1) 상속인이 상속재산에 관한 처분행위를 한 때

처분이란 관리에 대립되는 관념으로서, 재산의 현상 또는 그 성질을 변하게 하는 사실적 처분행위(예컨대 산림의 벌채라든가 가옥 파괴 등)와 재산 변동을 일으키는 법률적 처분행위(예컨대 산림을 매각하는 행위, 주식의 질권 설정, 채권을 추심하여 변제받는 행위 등)를 포함한다.

다만, 유족으로서의 장례비용 지출이나 차임의 지급 등은 처분행위가 되지 않는다.

처분행위는 상속인이 상속개시 사실, 즉 피상속인이 사망한 사실을 안 후, 상속의 한정승인이나 포기 신고를 하기 전의 행위에 한정된다.

상속인은 상속재산을 관리하거나 보존할 의무를 부담하므로 그 이행으로서의 등기와 같은 보존행위나 주권반환청구, 보험금 수령, 장례비용의 지출 등은 처분행위에 해당되지 않는다.

(2) 고려기간의 경과

상속인이 승인 또는 포기를 해야 할 3개월의 고려기간 내에 한정승인 또는 포기를 하지 않고 지나가 버리면 단순승인을 한 것으로 간주되지만, 상속인이 상속개시 사실을 알지 못한 채 3개월이 경과된 경우에는 단순승인으로 간주되지 않는다.

(3) 배신행위

상속인이 한정승인 또는 상속포기를 한 후에 배신행위를 한 경우에는 단순승인을 한 것으로 간주한다. 배신행위란 상속재산을 은닉하거나 부정한 방법으로 소비하거나, 상속인이 재산목록에 기입하여야 할 재산임을 알고도 고의로 재산목록에 기입하지 않고 누락시킨 경우 등을 의미한다.

상속재산의 부정소비란 정당한 사유 없이 상속재산을 소비하여 없앰으로써 그 재산적 가치를 상실시키는 행위를 의미한다. 공동상속인들이 협의분할로 1인의 상속인 명의로 등기를 하는 행위도 부정행위가 된다. 그러나 관습상 또는 위생상 사망한 자의 옷이나 이불 같은 것을 소각하는 것은 여기서 말하는 부정소비로 보지 않는다.

상속인에게 법정대리인이 있는 경우에, 그 법정대리인이 부정행위를 하면 그 효과가 상속인에게 미치게 되어 단순승인이 된다.

상속인이 포기를 함으로써 새로운 상속인이 된 자가 승인을 한 후에는, 포기한 앞의 상속인이 위에 언급한 부정행위를 하더라도 단순승인의 효과는 발생하지 않는다. 예컨대, 제1순위의 상속인(아들)이 상속을 포기함으로써 상속인이 된 자(손자)가 승인을 한 후에는 제1순위의 상속인(아들)이 위의 부정행위를 하더라도 단순승인의 효과는 발생하지 않는다.

3. 단순승인의 효과

상속인은 피상속인의 일신전속권을 제외한 모든 권리 의무를 승계한다. 따라서 상속인은 상속재산을 자유롭게 처분할 수 있지만, 피상속인으로부터 물려받은 채무에 대하여도 무제한 책임을 지게 된다. 상속 채권자(피상속인의 채권자)는 상속인의 고유재산에 대해서도 강제집행할 수 있으며, 상속인의 채권자는 상속재산에 대하여도 강제집행할 수 있다.

〔5〕 한정승인

1. 의 의

한정승인이란 상속인이 상속으로 인하여 얻은 재산의 한도에서 피상속인의 채무와 유증을 변제하는 상속형태, 또는 그와 같은 조건으로 상속을 승인하는 것을 말한다. 예컨대 상속재산은 1억 원인데 상속채무가 2억 원이 되는 경우, 상속인이 한정승인을 하면 상속인은 채무를 승계하지만, 책임(강제집행)은 1억 원의 한도 내에서만 부담하게 된다.

2. 한정승인의 방법

상속인이 한정승인을 하려면 3개월의 고려기간 내에 상속재산의 목록을 작성·첨부하여 가정법원에 한정승인의 신고를 하여야 한다. 상속인이 재산목록을 작성할 때 일부 재산을 고의로 기입하지 않은 경우에는 한정승인은 무효로 되고, 단순승인한 것으로 본다.

중대한 과실 없이 상속채무의 초과 사실을 알지 못한 상속인은 그 사실을 안 날로부터 3개월 내에 한정승인신고를 할 수 있다(특별한정승인). 중대한 과실이란 상속인이 조금만 주의를 기울였다면 상속채무가 상속재산을 초과한다는 사실을 알 수 있었음에도 이를 게을리 함으로써 그러한 사실을 알지 못한 것으로서 그 입증책임은 상속인에게 있다.

한정승인의 의사표시는 상속인 또는 그 대리인이 가정법원에 서면으로 제출하여야 하며, 이러한 방식을 취하지 않은 의사표시는 한정승인으로서의 효력이 없다(요식행위). 상속인이 여러 명 있는 때(공동상속인)에는 상속인 각자가 또는 1인의 상속인만 혼자서 자신의 상속분에 대하여 한정승인을 할 수 있다.

3. 한정승인의 효과

한정승인을 한 상속인은 상속으로 취득한 재산의 한도에서만 피상속인의 채무와 유증을 변제하면 된다. 따라서 상속인 자신의 고유재산으로 변제할 책임은 없다(물적 유한책임).

그러나 이것은 상속인이 채권자나 유증을 받은 자에 대하여 자신의 고유재산으로서 변제할 책임이 없다는 의미뿐이므로 채무로서는 전액을 승계하는 것이 된다. 때문에 사망한 피상속인의 보증인은 상속인의 한정승인과 관계없이 채무 전액을 변제할 책임을 여전히 부담한다. 또한 채권자는 한정승인자에게 채무 전액을 청구할 수 있고,

한정승인자가 이 초과 부분을 임의로 변제하면 유효한 변제(채무 없이 변제한 비채변제가 되지 않음)가 되므로 부당이득반환청구를 할 수 없다.

한정승인을 한 상속인이 피상속인에 대하여 가졌던 권리 의무는 소멸하지 않으므로, 부자간의 채권·채무라도 아버지의 사망으로 소멸되지 않는다. 한정승인을 한 상속인은 자신의 고유재산에 대한 것과 동일한 주의의무로 상속재산을 관리하여야 하고, 또한 한정승인을 한 날로부터 5일 내에 상속채권자와 유증을 받은 자에 대하여 한정승인을 하였다는 사실과 2개월 이상이 넘는 일정한 기간을 정하여 그 기간 내에 채권 또는 수증을 신고할 것을 공고하여야 한다(민법 제1032조 제1항). 이 신고기간이 만료되기 전에는 상속채권자와 유증받은 수유자에 대하여 상속채권의 변제를 거절할 수 있다. 그 후 한정승인을 한 상속인은 신고한 채권자와 '상속인이 알고 있는' 채권자에게 그 채권액의 비율로 상속재산으로 변제하여야 한다(민법 제1034조 제1항).

〔6〕 상속의 포기

1. 의 의

상속의 포기란 상속인이 모든 상속재산(상속의 이익과 불이익)의 승계를 전면적으로 부인하는 의사표시이다. 우리 민법은 상속 포기의 자유를 인정하고 있다.

2. 상속포기의 방법

(1) 상속포기 신고

상속포기를 하려는 자는 상속개시를 안 날로부터 3개월의 고려기간 내에 가정법원에 포기신고를 하여야 한다. 상속개시 있음을 안 날이란 상속개시의 원인이 되는 사실의 발생을 알고 이로써 상속인이 되었음을 안 날을 의미한다.

상속포기는 한정승인과 달리 재산목록을 작성할 필요는 없지만, 반드시 가정법원에 신고로써 하여야 하므로(요식행위) 사사로운 개인에 대한 의사표시로는 포기의 효력이 발생하지 않는다. 이를테면 피상속인의 채권자가 채무 변제를 독촉하자 상속인이 「나는 상속을 포기했으니 모르겠다」는 식으로 말하는 것만으로 포기의 효력이 발생하지는 않는다.

(2) 재산전부에 대한 포기

상속의 포기는 상속재산 전부에 대하여 하여야 한다. 특정한 재산은 상속하고 일정한 재산이나 빚만큼은 포기한다는 식으로는 허용되지 않는다. 포기에 조건이나 기한을 붙일 수 없으며, 일단 포기하면 취소할 수 없다.

공동상속인(예컨대 4명의 형제자매)들이 특정한 1인(장남)을 위하여 자신의 상속분을 포기하는 것은 인정되지 않는다. 자기의 상속분을 특정인에게 주는 것은 상속분의 양도에 의하여 할 수 있다.

(3) 상속개시 후의 포기

상속의 포기는 상속이 개시된 후 일정한 기간 내에만 가능하고 가정법원에 신고하는 등 일정한 절차와 방식에 따라야만 그 효력이 있으므로, 상속개시 전에 이루어진 상속포기 약정은 부적법하여 무효가 된다(대판 1994. 10. 14, 94다8334).

3. 상속포기의 효과

(1) 포기의 소급효

상속을 포기하면 상속개시한 때로 소급하여 효력이 생긴다. 상속을 포기한 자는 처음부터 상속인이 아니었던 것으로 된다. 따라서 상속재산에 속한 적극 재산, 채무 기타의 소극 재산 등 일체의 재산을 처음부터 승계하지 않았던 것으로 된다. 상속재산에 관한 일체의 권리가 없게 되는 것이다.

상속포기자가 단독상속인인 경우에는 그 직계비속이 다음 순위의 상속인이 되므로 별 문제가 없다. 그러나 상속인이 여러 명 있는 공동상속인 중 어느 한 상속인이 자기 상속분을 포기하면 포기된 상속분은 다른 상속인들이 자기 상속분의 비율대로 인수하게 된다. 상속인의 포기는 대습상속의 사유가 아니므로 포기한 상속인의 상속인이 그 상속재산을 대습상속하지 아니한다.

예컨대, 제1순위인 피상속인의 배우자와 직계비속인 자녀가 모두 상속을 포기하면 손자녀가 상속하게 되고, 손자녀도 모두 상속을 포기하면 제2순위인 직계존속이 상속하며, 직계존속이 모두 상속을 포기하면 제3순위인 망인(피상속인)의 형제자매가 상속을 한다. 이들도 모두 상속을 포기하여 차순위자(4촌 이내의 방계혈족)가 없으면 상속인부존재 상태가 된다.

■ 무자력인 채무자의 상속포기는 채권자를 해하는 사해행위가 되는가?

판결요지

(가) 상속의 포기는 상속이 개시된 때에 소급하여 그 효력이 있고(민법 제1042조), 포기자는 처음부터 상속인이 아니었던 것이 된다. 따라서 상속포기의 신고가 아직 행하여지지 아니하거나 법원에 의하여 아직 수리되지 아니하고 있는 동안에 포기자를 제외한 나머지 공동상속인들 사이에 이루어진 상속재산분할협의는 후에 상속포기의 신고가 적법하게 수리되어 상속포기의 효력이 발생하게 됨으로써 공동상속인의 자격을 가지는 사람들 전원이 행한 것이 되어 소급적으로 유효하게 된다.

(나) 상속의 포기는 비록 포기자의 재산에 영향을 미치는 바가 없지 아니하나, 앞서 본 대로 상속인으로서의 지위 자체를 소멸하게 하는 행위로서 이를 순전한 재산법적 행위와 같이 볼 것이 아니다. 오히려 상속의 포기는 1차적으로 피상속인 또는 후순위상속인을 포함하여 다른 상속인 등과의 인격적 관계를 전체적으로 판단하여 행하여지는 '인적 결단'으로서의 성질을 가진다고 할 것이다.

그러한 행위에 대하여 비록 상속인인 채무자가 무자력 상태에 있다고 하여서 그로 하여금 상속포기를 하지 못하게 하는 결과가 될 수 있는 채권자의 사해행위 취소를 쉽사리 인정할 것이 아니다. 그리고 상속은 피상속인이 사망 당시에 가지던 모든 재산적 권리 및 의무·부담을 포함하는 총체재산이 한꺼번에 포괄적으로 승계되는 것으로서 다수의 관련자가 이해관계를 가지는 바인데, 위와 같이 상속인으로서의 자격 자체를 좌우하는 상속포기의 의사표시에 사해행위에 해당하는 법률행위에 대하여 채권자 자신과 수익자 또는 전득자 사이에서만 상대적으로 그 효력이 없는 것으로 하는 채권자취소권의 적용이 있다고 하면, 상속을 둘러싼 법률관계는 그 법적 처리의 출발점이 되는 상속인 확정의 단계에서부터 복잡하게 얽히게 되는 것을 면할 수 없다.

상속의 포기는 민법 제406조 제1항에서 정하는 "재산권에 관한 법률행위"에 해당하지 아니하여 사해행위 취소의 대상이 되지 못한다(대판 2011. 6. 9, 2011다29307).

■ 채무초과 상태에 있는 채무자가 상속재산 분할협의를 하면서 자신의 상속분에 대한 권리를 포기한 것은 사해행위가 되는가?

판결요지

상속재산의 분할협의는 상속이 개시되어 공동상속인 사이에 잠정적 공유가 된 상속재산에 대하여 그 전부 또는 일부를 각 상속인의 단독소유로 하거나 새로운 공유관계로 이행시킴으로써 상속재산의 귀속을 확정시키는 것으로 그 성질상 재산권을 목적으로 하는 법률행위이므로 사해행위취소권 행사의 대상이 될 수 있고, 한편 채무자가 자기의 유일한 재산인 부동산을 매각하여 소비하기 쉬운 금전으로 바꾸거나 타인에게 무상으로 이전하여 주는 행위는 특별한 사정이 없는 한 채권자에 대하여 사해행위가 되는 것이므로, 이미 채무초과 상태에 있는 채무자가 상속재산의 분할협의를 하면서 자신의 상속분에 관한 권리를 포기함으로써 일반 채권자에 대한 공동담보가 감소한 경우에도 원칙적으로 채권자에 대한 사해행위에 해당한다(대판 2007. 7. 26, 2007다29119).

■ **채무초과 상태에 있는 채무자가 상속재산의 분할협의를 하면서 유일한 상속재산인 부동산에 관한 상속분을 포기하고 대신 현금을 지급받기로 하였다면 사해행위에 해당하는가?**

판결요지

채무자가 자기의 유일한 재산인 부동산을 매각하여 소비하기 쉬운 금전으로 바꾸거나 타인에게 무상으로 이전하여 주는 행위는 특별한 사정이 없는 한 채권자에 대하여 사해행위가 되는 것이므로, 이미 채무초과 상태에 있는 채무자가 상속재산의 분할협의를 하면서 유일한 상속재산인 부동산에 관하여는 자신의 상속분을 포기하고 대신 소비하기 쉬운 현금을 지급받기로 하였다면, 이러한 행위는 실질적으로 채무자가 자기의 유일한 재산인 부동산을 매각하여 소비하기 쉬운 금전으로 바꾸는 것과 다르지 아니하여 특별한 사정이 없는 한 채권자에 대하여 사해행위가 된다고 할 것이며, 이와 같은 금전의 성격에 비추어 상속재산 중에 위 부동산 외에 현금이 다소 있다 하여도 마찬가지로 보아야 할 것이다(대판 2008. 3. 13, 2007다73765).

제4절 유 언

Ⅰ. 유언의 의의

사람은 사망하기 전에 누구든지 유언을 할 수 있다. 유언이란 유언자의 사망과 동시에 일정한 법률효과를 발생시키는 것을 목적으로 일정한 방식에 따라서 일정한 법정사항에 대하여 하는 상대방 없는 단독행위이다. 즉 유언은 반드시 일정한 방식이 요구되며(요식성), 유언을 할 수 있는 사항은 법으로 한정되어 있다.

유언은 그 효력이 발생하기까지는 언제든지 철회할 수 있는 행위이다. 그러나 유언은 최종의사를 존중하는 것이므로 유언자 자신의 의사에 의하지 않으면 안 되는 것으로서, 대리는 허용되지 않는다.

Ⅱ. 유언사항과 유언능력

〔1〕 유언법정주의

유언을 할 수 있는 내용은 법률로 정하여져 있으며, 법률로 정하여져 있는 내용에 대하여 유언을 한 경우에만 법적으로 효력이 발생한다. 그러므로 법률에 정하여져 있지 않는 유훈과 같은 것, 이를테면 「어머니에게 효도하라」, 「재혼하지 말라」, 「매장하지 말고 화장하라」는 등의 유언을 하는 것은 자유이지만, 그것은 윤리적 · 도덕적인 의미가 있을 뿐, 법적으로는 아무런 효력이 발생하지 않는다.

〔2〕 유언사항

민법에서 인정하고 있는 유언사항은 다음과 같다.

(1) 재단법인을 설립하기 위한 재산 출연(민법 제47조 제2항)
(2) 친생부인(민법 제850조)
(3) 인지(민법 제859조 제2항)
(4) 미성년후견인의 지정(민법 제931조 제1항)
(5) 상속재산 분할방법의 지정 또는 위탁(민법 제1012조 전단)
(6) 상속재산 분할금지(민법 제1012조 후단)
(7) 유언집행자의 지정 또는 위탁(민법 제1093조)
(8) 유증(민법 제1074조 이하)
(9) 신탁(신탁법 제3조)

■ **유언에 의한 입양은 가능한가?**

구 민법상 인정되고 있던 사후양자제도(구민법 제880조)는 1990년 1월 13일 민법개정으로 1991. 1. 1.부터 폐지되었으므로 양자를 지정하는 유언은 무효가 된다.

〔3〕 유언능력

유언도 의사표시이기 때문에 의사능력이 없는 사람은 유언을 하더라도 그것은 무효가 된다. 따라서 제한능력자라고 하더라도 의사능력, 즉 자기가 한 유언이 어떤 결과를 가져오는지에 대한 판단능력만 있으면 유언을 할 수 있다(민법 제1062조). 피성년후견인은 의사능력이 회복된 때에만 유언을 할 수 있으며, 유언을 하려면 의사가 심신회복의 상태를 유언서에 부기하고 서명 날인하여야 한다(민법 제1063조). 다만 우리 민법은 만 17세를 유언능력의 기준으로 하고 있으므로, 만 17세가 되지 않은 자의 유언은 법적으로 효력이 발생하지 않는다(민법 제1061조).

Ⅲ. 유언의 방식

〔1〕 유언의 요식성

유언은 유언자가 사망한 후에 그 효력이 발생하기 때문에 그 내용이 유언자의 진의인가 아닌가 또는 유언이 있었는가 등의 여부를 확인하는 것이 곤란하다. 따라서 그 형식을 엄격히 하여 민법이 규정하고 있는 형식을 반드시 구비할 것을 요구하고 있으므로 법률이 규정한 방식에 의하지 않은 유언은 법률상 효력이 발생하지 않는다.

이처럼 법률은 유언에 대하여 법률이 정한 방식을 따를 것을 요구하고 있는데, 이를 「유언의 요식성」이라고 한다.

〔2〕 유언의 방식

민법이 인정하는 유언의 방식에는 「자필증서에 의한 유언」, 「녹음에 의한 유언」, 「공정증서에 의한 유언」, 「비밀증서에 의한 유언」, 「구수증서에 의한 유언」이 있다.

1. 자필증서에 의한 유언

자필증서에 의한 유언은 유언자가 직접 유언장을 쓰는 것이다. 유언자가 유언장 전체를 직접 쓰고, 작성한 연월일과 주소 및 성명을 기재하고 날인하는 방식이다. 주소는 반드시 주민등록상의 주소가 아니어도 무방하며, 유언자의 생활근거지를 기재하면 된다. 다만, 유언자가 직접 써야 하므로 타인이 대필하거나 또는 타인에게 불러주어 타인이 쓰게 하는 것도 무효이다.

작성 연월일은 유언의 성립시기가 되므로 매우 중요한 요건인데, 이것이 없으면 무효가 된다. 다만 「만 60세 생일에」라든가, 「만 30회 결혼기념일에」, 또는 「아들 누구의 몇 회 생일에」 하는 식으로 기재하더라도 작성 연월일의 식별이 가능하므로 유효하다. 특히 자필유언증서의 연월일은 이를 작성한 날로서 유언능력의 유무를 판단하거나 다른 유언증서와 사이에 유언 성립의 선후를 결정하는 기준일이 되므로 그 작성일을 특정할 수 있게 기재하여야 하므로, 연·월만 기재하고 몇 일인지 날짜를 기재하지 않은 자필증서유언은 그 작성일을 특정할 수 없으므로 무효가 된다(대판 2009. 5. 14, 2009다9768).

성명은 유언자가 누구인지를 알 수 있으면 족하므로 호나 예명을 쓰더라도 무방하다. 날인은 본인이 아니라 옆에 있던 타인이 대신해도 관계없으며, 손도장도 무방하다. 그렇지만 유언자의 날인이 없는 유언장은 자필증서에 의한 유언으로서의 효력이 없다(대판 2006. 9. 8, 2006다25103, 25110).

2. 녹음에 의한 유언

이 방식은 유언자가 녹음기라는 문명의 이기를 이용하여 유언의 취지, 유언자의 성명, 유언한 연월일을 녹음하고, 여기에 참여한 증인이 유언자의 유언이 틀림없고 정확하다는 내용과 자기 성명을 녹음시키는 것이다.

녹음기에 의한 유언은 증인의 참여가 반드시 필요한데, 미성년자는 법정대리인의 동의를 얻더라도 증인이 될 수 없으며, 피성년후견인은 의사능력을 회복하고 있더라도 증인이 될 수 없다. 또한 피한정후견인은 한정후견인의 동의를 얻은 경우라도 증인이 될 수 없다.

뿐만 아니라 그 유언에 의하여 이익을 받게 될 사람이나 그 배우자와 직계혈족은 증인 자격이 없다. 만일 이러한 사람들이 녹음유언에 증인으로 참여하게 되면 그 녹음에 의한 유언은 무효가 된다.

근래에 와서는 비디오가 성행하고 있으므로 비디오 테이프에 위의 사항이 녹화되어 있다면 녹음에 의한 유언에 준하는 유효한 유언방식이라고 할 것이다.

3. 공정증서에 의한 유언

공정증서에 의한 유언은 유언자가 직접 유언장을 작성하지 않고 공증인에게 유언을 부탁하는 것이다. 유언자가 공증인이나, 5인 이상의 변호사가 법무부장관의 설립허가를 받아 개설한 공증합동법률사무소 또는 법무법인에게 유언에 관한 공정증서의 작성을 부탁하여 이루어지는 유언이다.

유언자가 직접 공증인사무소에 출석하지 않아도 되기 때문에 공증인을 유언자의 자택이나 병원으로 오게 해서 작성하는 것도 가능하다. 반드시 증인 2인의 참여가 있어야 하며, 증인이 한 사람밖에 참여하지 않았을 때는 그 유언은 무효가 된다.

판례에 의하면, 공정증서에 의한 유언은 유언자가 공증인의 면전에서 유언의 취지를 구수하여 작성되어야 하는 것이므로, 뇌혈전증으로 병원에 입원치료 중인 유언자가 불완전한 의식상태와 언어장애 때문에 말을 못하고 고개만 끄덕거리면서 반응을 할 수 있을 뿐인 의학상 소위 가면성 정신상태하에서 공증인이 유언내용의 취지를 유언자에게 말하여 주고 "그렇소?"하고 물으면 유언자는 말은 하지 않고 고개만 끄덕거리면 공증인의 사무원이 그 내용을 필기하고 이를 공증인이 낭독하는 방법으로 유언서가 작성되었다면 이는 유언자가 구수한 것이라고 할 수 없으므로 무효가 된다(대판 1980. 12. 23, 80므18). 즉, 제3자에 의하여 미리 작성된 유언의 취지가 적혀 있는 서면에 따라 유언자에게 질문을 하고 유언자가 동작이나 한두 마디의 간략한 답변으로 긍정하는 경우에는 원칙적으로 민법 제1068조에 정한 '유언취지의 구수'라고 보기 어렵지만, 공증인이 사전에 전달받은 유언자의 의사에 따라 유언의 취지를 작성한 다음 그 서면에 따라 유증 대상과 수증자에 관하여 유언자에게 질문을 하고 이에 대하여 유언자가 한 답변을 통하여 유언자의 의사를 구체적으로 확인할 수 있어 그 답변이 실질적으로 유언의 취지를 진술한 것이나 마찬가지로 볼 수 있고, 유언자의 의사능력이나 유언의 내용, 유언의 전체 경위 등으로 보아 그 답변을 통하여 인정되는 유언취지가 유언자의 진정한 의사에 기한 것으로 인정할 수 있는 경우에는, 유언취지의 구수 요건을 갖추었다고 볼 수 있다(대판 2008. 2. 28, 2005다75019).

4. 비밀증서에 의한 유언

이 방식은 유언장의 존재를 자기의 생전에 비밀로 하고 싶은 경우에 이용될 수 있다. 비밀증서는 타인이 써도 되고, 유언자가 문자를 쓸 줄 모르더라도 읽을 수 있고 자기 이름만 쓸 수 있으면 된다. 이 방식에 의한 유언이 유효하기 위해서는 유언자가 자기 또는 타인이 작성해 준 유언장에 이름을 쓴 후 타인이 함부로 열어 볼 수 없도록 봉하고, 봉한 곳에 날인을 한 후, 밀봉 날인한 유언장을 2인 이상의 증인에게 제시하여 자기의 유언장임을 표시한 뒤, 유언장의 겉봉에 제출 연월일을 기재하고 유언자와 증인이 각자 서명 또는 날인한다. 그리고 이러한 절차가 완료된 날로부터 5일 이내에 공증인이나 가정법원에 제출하여 그 봉인된 곳에 확정일자인을 받으면 비밀증서에 의한 유언이 된다.

5. 구수증서에 의한 유언

이는 질병이나 기타 급박한 사정 때문에 앞에서 설명한 방식으로 유언을 성립시킬 수 없는 경우에 인정되는 방식이다.

기타 급박한 사정이란 부상한 경우, 조난당한 선박 중에 있는 경우, 전염병으로 교통이 차단된 곳에 있는 경우 등을 말한다. 따라서 자필증서, 녹음, 공정증서 및 비밀증서의 방식에 의한 유언이 객관적으로 가능한 경우에는 구수증서에 의한 유언이 허용되지 않는다(대판 1999. 9. 3, 98다17800).

구체적인 방법은 2인 이상의 증인을 참여시켜 그 중 1 인에게 유언의 취지를 불러 주고, 증인이 이를 필기하여 읽어 준 다음, 유언자와 증인이 정확성을 확인하여 각자 서명 또는 날인한다. 그 후 급박한 사유가 종료된 날로부터 7일 이내에 가정법원에 검인을 신청하여 검인을 받으면 된다.

판례에 의하면, 유언 당시에 자신의 의사를 제대로 말로 표현할 수 없는 유언자가 유언취지의 확인을 구하는 변호사의 질문에 대하여 고개를 끄덕이거나 "음", "어"라고 말한 것만으로는 민법 제1070조가 정한 유언의 취지를 구수한 것으로 볼 수 없다(대판 2006. 3. 9, 2005다57899).

Ⅳ. 유언의 효력

유언은 유언자가 법률이 규정하고 있는 방식대로 유언을 하였을 때 성립하지만 그 효력은 유언자가 사망한 때 발생한다.

유언에는 조건과 기한을 붙일 수 있다. 정지조건부유언(예컨대 ○○가 혼인을 한 때에는 어디에 있는 부동산을 준다)을 한 경우에는 유언자가 사망한 후 그 조건이 성취되면(예컨대 혼인하면) 그 때부터 부동산의 소유권이 이전된다. 유언에 시기(始期)를 붙인 경우에는 그 시점이 도래한 때 유언의 효력이 생기고, 종기(終期)를 붙인 경우(이 유언은 ○○년 ○○일 까지 유효하다)에는 종기가 도래하면 유언은 효력을 상실한다.

유언자가 상속재산을 분할하지 말라는 유언을 하면서 「사망한 후 5년까지 분할하지 말라」라고 유언할 수 있지만, 5년을 넘는 종기를 붙이는 상속재산분할금지의 유언은 허용되지 않는다.

제 2 장

계약관계와 법

제2장 계약관계와 법

제1절 기본법리

Ⅰ. 법률관계

〔1〕 법률관계

우리가 생활하는 사회관계 속에서, 특히 법에 의하여 규율되는 관계를 법률관계라고 한다. 사실 우리가 살아가면서 맺게 되는 관계는 법률관계뿐만 아니라, 신앙에 의한 종교관계를 비롯하여 경제관계나 가족관계, 윤리관계 등 실로 다양한 관계가 있다. 이러한 다양한 사회생활관계 중에서 법에 의하여 규율되는 관계가 법률관계인 것이다.

이 법률관계는 당사자 사이의 권리·의무로 구성되어 있으며, 더구나 정지되어 있지 않고 변화를 계속하는 관계이다. 예컨대 B가 A로부터 토지를 취득한 후 다시 C에게 매각하고 C는 다시 D에게 매도하였다면, A와 B 사이의 법률관계가 B와 C 사이의 관계로 변화하고, 다시 C와 D 사이의 법률관계로 변화하게 되는 것이다.

법률관계는 권리와 의무로 구성된 관계라는 점에서 법이 보장하는 일정한 효과가 발생하게 된다. 이를 법률효과라고 한다. 즉 법률관계는 법적인 구속력이 부과되며, 법에 의한 강제력이 동원될 수 있다는 점에서 일정한 결과를 실현하게 된다. 예컨대 A가 B에게 자신의 주택을 매도한다면, A는 B에게 그 집을 인도하고 등기까지 이전하여 소유권을 양도해 줄 의무가 있으며, 반면에 B에게 대금을 청구할 권리가 발생한다. B 역시 A에게 대금을 지불할 의무가 있으며, 동시에 가옥의 인도와 등기이전을 청구할 권리가 발생하게 되는 것이다. 만약에 A가 정당한 이유 없이 소유권 이전이라는 자신의 의무를 이행하지 않거나, B가 정당한 사유 없이 대금지급이라는 자신의 의무를 이행하지 않는다면, 상대방에 대한 손해배상의무가 발생하고, 일정한 요건에 따라 강제집행도 가능하게 된다.

다만 근대 민법은 권리중심으로 구성되어 있으므로, 이를 단순히 권리관계라고도 한다. 따라서 법률관계의 변동은 곧 권리·의무의 변동이며, 이를 단순히 권리변동이라고 한다.

〔2〕 법률행위

법률관계의 변동, 즉 권리변동은 아무런 원인 없이 일어나는 것은 아니다. 일정한 원인이 있는 경우에 그 결과로서 발생한다. 이처럼 법률관계(권리) 변동의 원인이 되는 것을 「법률요건」이라고 하고, 그 결과로서 발생하는 법률관계(권리) 변동을 「법률효과」라고 한다.

위의 예에서 A의 주택에 대하여 B와 사이에 매매계약이 성립하게 되면, 그 결과로서 B는 A에게 주택의 소유권이전등기청구권이 발생하고, A는 B에게 대금지급청구권이 발생하게 되는데, 이처럼 A와 B의 권리가 발생한 것이 법률효과이고, 그 법률효과의 원인이 된 A와 B 사이의 매매계약이 법률요건이다.

즉, 법률요건은 법률관계(권리) 변동의 원인이 되는 것이다. 이러한 법률요건 중에서 특히 「의사표시를 불가결의 요소로 하는 사법상의 법률요건」을 법률행위라고 한다. 따라서 의사표시가 없는 법률행위는 있을 수 없다. 그 의사표시는 유언이나 취소처럼 하나일 수도 있고(단독행위), 청약과 승낙에 의하여 성립하는 계약처럼 복수의 것일 수도 있다.

〔3〕 호의관계

호의관계는 법적인 의무가 없지만 호의로 어떠한 행위를 해주기로 하는 생활관계이다. 호의관계는 법률관계와 달리 어떠한 권리나 의무도 발생시키지 않는다. 예컨대 서로 잘 알고 지내는 이웃집에서 그 부모가 모두 외출하게 되어 어린 아이를 아무런 대가 없이 돌보아 주기로 약속한 경우, 교회 신자로서 매주 일요일 교회에 나가면서 일정한 헌금을 하기로 약정한 경우, 자신과 같은 방향으로 간다고 하여 운전하는 승용차에 아는 사람을 무료로 태워주는 경우(호의동승) 등을 수 있다. 호의행위는 항상 아무런 대가 없는 무상적 행위이지만, 모든 무상행위가 언제나 단순한 호의행위가 되는 것은 아니다. 증여하거나 대가 없이 무상으로 사용하게 하는 사용대차, 무상임치 등은 무상계약이지만 호의관계는 아니다.

이와 같은 호의관계는 법의 규율을 받지 않으므로 그 약속을 위반하여도 법적인 제재를 받지 않는다. 즉, 호의적인 급부를 약속받은 자에게 이행을 청구하거나 의무불이행을 이유로 손해배상청구권은 발생하지 않는다.

다만 호의관계라도 불법행위가 발생한 경우에는 손해배상청구권과 같은 법률의 규정에 의한 일정한 청구권이 성립할 수 있다. 이를테면 이웃집 어린 아이를 아무런 대가 없이 돌보아 주기로 약정했는데, 그 아이를 제대로 돌보지 않아 그 아이가 위험한 물건을 갖고 놀다가 다친 경우에는 손해배상책임을 부담할 수 있는 것이다.

■ 운전자의 과실로 호의동승한 동승자가 다친 경우, 호의로 동승하였다는 사실만으로 동승자의 손해배상액이 감경될 수 있는가?

판결요지

차량의 운행자가 아무런 대가를 받지 아니하고 동승자의 편의와 이익을 위하여 동승을 허락하고 동승자도 그 자신의 편의와 이익을 위하여 그 제공을 받은 경우 그 운행 목적, 동승자와 운행자의 인적관계, 그가 차에 동승한 경위, 특히 동승을 요구한 목적과 적극성 등 여러 사정에 비추어 가해자에게 일반 교통사고와 동일한 책임을 지우는 것이 신의법칙이나 형평의 원칙으로 보아 매우 불합리하다고 인정될 때에는 그 배상액을 경감할 수 있으나, 사고 차량에 단순히 호의로 동승하였다는 사실만 가지고 바로 이를 배상액 경감사유로 삼을 수 있는 것은 아니다(대판 1999. 2. 9, 98다53141).

Ⅱ. 신의성실의 원칙과 권리남용금지의 원칙

〔1〕 신의성실의 원칙

1. 의　의

신의성실의 원칙(일명 신의칙)이란 법률관계에 참여하는 모든 사람은 상대방의 정당한 이익을 고려하여 서로 상대방의 신뢰를 헛되이 하지 않도록 성의를 가지고 권리를 행사하거나 의무를 이행하여야 한다는 원칙을 말한다. 「권리의 행사와 의무의 이행은 신의에 좇아 성실히 하여야 한다(민법 제2조 제1항)」고 하여 우리 민법은 신의성실의 원칙을 선언하고 있다.

판례에 의하면, 민법상의 신의성실의 원칙은 법률관계의 당사자는 상대방의 이익을 배려하여 형평에 어긋나거나 신뢰를 저버리는 내용 또는 방법으로 권리를 행사하거나 의무를 이행하여서는 안된다는 추상적 규범을 말하는 것으로서, 신의성실의 원칙에 위배된다는 이유로 그 권리행사를 부정하기 위하여는 상대방에게 신의를 공여하였다거나, 객관적으로 보아 상대방이 신의를 가짐이 정당한 상태에 이르러야 하고, 이와 같은 상대방의 신의에 반하여 권리를 행사하는 것이 정의 관념에 비추어 용인될 수 없는 정도의 상태에 이르러야 한다(대판 2010. 8. 19, 2009다90160, 90177).

근대사회에서 개인과 개인간의 사적인 거래관계는 독립적이고도 자유로운 개인들 사이에서 이루어지는 것이므로 서로 상대방에 대한 신뢰를 바탕으로 성립된다. 따라서 상호간에 상대방의 신뢰를 배반하지 않고 성실하게 행동할 것을 요구하게 되는 것이다. 즉, 어떠한 구체적인 사정 하에서도 상대방으로부터 일반적으로 기대되는 신뢰를 배반하지 않도록 성의를 가지고 행동하여야 한다는 원칙을 신의칙이라고 한다.

따라서 권리의 행사가 신의성실의 원칙에 위반되는 경우에는 권리행사로서의 효과가 발생하지 않는다(권리남용이 되는 것이 보통이다). 그리고 의무의 이행이 신의성실의 원칙에 위반되는 경우에는 의무를 이행한 것으로 인정되지 않기 때문에 채무불이행의 책임을 지게 된다.

2. 구체적인 예

(1) 신의칙에 반하여 허용되지 않는 경우

① 지방자치단체가 그 행정재산인 토지를 매도하였다면 매수인으로서는 그 처분행위가 적법하다고 믿어 매매계약을 체결하였을 것이므로 처분행위 후 20년 가까이 경과하고 공용폐지까지 된 이제 와서 그 토지가 매매당시에 행정재산임을 내세워 무효라고 주장하는 것은 신의칙에 반하는 권리행사에 해당되어 허용될 수 없다(대판 1986. 10. 14, 86다카204).

② 자신이 소유하고 있는 대지상에 친딸로 하여금 벽돌조의 지하

1층 지상 2층의 견고한 건물을 신축하게 하였다가 그 건물이 친딸의 채권자의 강제경매신청에 의하여 제3자에게 매각되자 그 뜻을 바꾸어 신축한지 얼마 되지 아니한 위 건물의 철거를 구하는 것은 특별한 사정이 없는 한 신의성실의 원칙에 어긋난다(대판 1991. 6. 11, 91다9299).

③ 매매대금이 2,000만 원인 부동산의 매매대금 중 약속한 날짜에 지급하지 못한 금액이 불과 105,000원에 불과할 뿐만 아니라, 그 지급하지 못한 금액에 대하여는 월 5分의 지연이자를 지급하겠다고 약정한 경우에 위와 같은 미지급액 105,000원이 있다는 이유만으로 매매계약 전체를 해제한다는 것은 신의칙에 위반된다(대판 1971. 3. 31, 71다352).

④ 근로자가 입은 부상이나 질병이 업무상 재해에 해당하는지 여부에 따라 요양급여 신청의 승인, 휴업급여청구권의 발생 여부가 차례로 결정되고, 따라서 근로복지공단의 요양불승인처분의 적법 여부는 사실상 근로자의 휴업급여청구권 발생의 전제가 된다고 볼 수 있는 점 등을 고려할 때, 근로자가 요양불승인에 대한 취소소송의 판결확정시까지 근로복지공단에 휴업급여를 청구하지 않았던 것은 이를 행사할 수 없는 사실상의 장애사유가 있었기 때문이라고 보아야 하므로, 근로복지공단의 소멸시효 항변은 신의성실의 원칙에 반하여 허용될 수 없다(대판 2008. 9. 18, 2007두2173 전원합의체).

⑤ 건축회사가 상가를 건축하여 각 점포별로 업종을 지정하여 분양한 경우 그 수분양자나 점포에 관한 수분양자의 지위를 양수한 자는 특별한 사정이 없는 한 그 상가의 점포 입주자들에 대한 관계에서 상호간에 명시적이거나 또는 묵시적으로 분양계약에서 약정한 업종제한 등의 의무를 수인하기로 동의하였다고 봄이 상당하므로, 상호간의 업종제한에 관한 약정을 준수할 의무가 있고, 따라서 점포

수분양자나 그 지위를 양수한 자 등이 분양계약에서 정한 업종제한 약정을 위반할 경우, 이로 인하여 영업상의 이익을 침해당할 처지에 있는 자는 침해 배제를 위하여 동종 업종의 영업금지를 청구할 권리가 있으며, 일단 위와 같은 동의를 한 이후 나중에 이와 다른 명시적 의사표시나 행위를 하는 것은 신의칙에 위배되어 허용될 수 없다(대판 2002. 12. 27, 2002다45284).

(2) 신의칙에 반하지 않아 허용되는 경우

① 부동산중개업자와 중개의뢰인의 법률관계는 민법상의 위임관계와 같으므로, 중개업자는 중개의뢰의 본지에 따라 선량한 관리자의 주의로써 의뢰받은 중개 업무를 처리하여야 할 의무가 있을 뿐 아니라, 신의와 성실로써 공정하게 중개행위를 하여야 할 의무를 부담하고 있는바, 중개업자는 선량한 관리자의 주의와 신의성실로써 매도 등 처분을 하려는 자가 진정한 권리자와 동일인인지의 여부를 부동산등기부와 주민등록증 등에 의하여 조사 확인할 의무가 있다(대판 1993. 5. 11, 92다55350).

② 우리 사회의 통념상으로는 공동묘지가 주거환경과 친한 시설이 아니어서 분양계약의 체결 여부 및 가격에 상당한 영향을 미치는 요인일 뿐만 아니라 대규모 공동묘지를 가까이에서 조망할 수 있는 곳에 아파트단지가 들어선다는 것은 통상 예상하기 어렵다는 점 등을 감안할 때 아파트 분양자는 아파트단지 인근에 공동묘지가 조성되어 있는 사실을 분양을 받는 자에게 고지할 신의칙상의 의무를 부담한다(대판 2007. 6. 1, 2005다5812, 5829, 5836).

③ 아파트 분양자는 아파트 단지 인근에 쓰레기 매립장이 건설예정인 사실을 분양계약자에게 고지할 신의칙상 의무를 부담한다(대판 2006. 10. 12, 2004다48515).

④ 공중접객업인 숙박업을 경영하는 자가 투숙객과 체결하는 숙

박계약은 숙박업자가 고객에게 숙박을 할 수 있는 객실을 제공하여 고객으로 하여금 이를 사용할 수 있도록 하고 고객으로부터 그 대가를 받는 일종의 일시 사용을 위한 임대차계약으로서 객실 및 관련 시설은 오로지 숙박업자의 지배 아래 놓여 있는 것이므로 숙박업자는 통상의 임대차와 같이 단순히 여관 등의 객실 및 관련 시설을 제공하여 고객으로 하여금 이를 사용·수익하게 할 의무를 부담하는 것에서 한 걸음 더 나아가 고객에게 위험이 없는 안전하고 편안한 객실 및 관련 시설을 제공함으로써 고객의 안전을 배려하여야 할 보호의무를 부담하며 이러한 의무는 숙박계약의 특수성을 고려하여 신의칙상 인정되는 부수적인 의무로서 숙박업자가 이를 위반하여 고객의 생명·신체를 침해하여 투숙객에게 손해를 입힌 경우 불완전이행으로 인한 채무불이행책임을 부담한다(대판 2000. 11. 24, 2000다38718, 38725).

⑤ 환자가 병원에 입원하여 치료를 받는 경우에 있어서, 병원은 진료뿐만 아니라 환자에 대한 숙식의 제공을 비롯하여 간호, 보호 등 입원에 따른 포괄적 채무를 지는 것인데, 입원환자는 입원 중의 생활을 위하여 필수용품 등을 휴대하지 않을 수 없고 진료를 받기 위하여나 개인 용무를 위하여 병실을 비울 경우에 모든 휴대품을 소지할 수 없는 한편, 병실에는 여러 사람들이 비교적 자유롭게 출입하고 왕왕 병실에서의 도난사고가 발생하는 실정이므로, 병원은 병실에의 출입자를 통제·감독하든가 그것이 불가능하다면 최소한 입원환자에게 휴대품을 안전하게 보관할 수 있는 시정장치가 있는 사물함을 제공하는 등으로 입원환자의 휴대품 등의 도난을 방지함에 필요한 적절한 조치를 강구하여 줄 신의칙상의 보호의무가 있다고 할 것이고, 이를 소홀히 하여 입원환자와는 아무런 관련이 없는 자가 입원환자의 병실에 무단출입하여 입원환자의 휴대품 등을 절취하

였다면 병원은 그로 인한 손해배상책임을 면하지 못한다(대판 2003. 4. 11, 2002다63275).

■ 법정대리인의 동의 없이 신용카드 거래계약을 체결한 미성년자가 동의 없음을 이유로 계약을 취소하는 것은 신의칙에 반하는가?

판결요지

행위무능력자 제도는 사적자치의 원칙이라는 민법의 기본이념, 특히, 자기책임 원칙의 구현을 가능케 하는 도구로서 인정되는 것이고, 거래의 안전을 희생시키더라도 행위무능력자를 보호하고자 함에 근본적인 입법 취지가 있는바, 행위무능력자 제도의 이러한 성격과 입법 취지 등에 비추어 볼 때, 신용카드 가맹점이 미성년자와 신용구매계약을 체결할 당시 향후 그 미성년자가 법정대리인의 동의가 없었음을 들어 스스로 위 계약을 취소하지는 않으리라고 신뢰하였다 하더라도 그 신뢰가 객관적으로 정당한 것이라고 할 수 있을지 의문일 뿐만 아니라, 그 미성년자가 가맹점의 이러한 신뢰에 반하여 취소권을 행사하는 것이 정의 관념에 비추어 용인될 수 없는 정도의 상태라고 보기도 어려우며, 미성년자의 법률행위에 법정대리인의 동의를 요하도록 하는 것은 강행규정인데, 위 규정에 반하여 이루어진 신용구매계약을 미성년자 스스로 취소하는 것을 신의칙 위반을 이유로 배척한다면, 이는 오히려 위 규정에 의해 배제하려는 결과를 실현시키는 셈이 되어 미성년자 제도의 입법 취지를 몰각시킬 우려가 있으므로, 법정대리인의 동의 없이 신용구매계약을 체결한 미성년자가 사후에 법정대리인의 동의 없음을 사유로 들어 이를 취소하는 것이 신의칙에 위배된 것이라고 할 수 없다(대판 2007. 11. 16, 2005다71659, 71673).

■ 주택의 임대인은 신의칙상 임차인에 대하여 도난방지 등의 보호의무를 부담하는가?

판결요지

통상의 임대차관계에 있어서 임대인의 임차인에 대한 의무는 특별한 사정이 없는 한 단순히 임차인에게 임대목적물을 제공하여 임차인으로 하여금 이를 사용 · 수익하게 함에 그치는 것이고, 더 나아가 임차인의 안전을 배려하여 주거나 도난을 방지하는 등의 보호의무까지 부담한다고 볼 수 없을 뿐만 아니라, 임대인이 임차인에게 임대목적물을 제공하여 그 의무를 이행한 경우 임대목적물은 임차인의 지배 아래 놓이게 되어 그 이후에는 임차인의 관리하에 임대목적물의 사용 · 수익이 이루어지는 것이다(대판 1999. 9. 7, 99다10004).

3. 실효의 원칙과 사정변경의 원칙

신의성실의 원칙으로부터 파생된 원칙으로서 실효의 원칙과 사정변경의 원칙이 있다.

(1) 실효의 원칙

실효의 원칙이란 권리자가 자신의 권리를 행사할 수 있는 기회가 충분히 있음에도 불구하고 상당한 기간에 걸쳐 그 권리를 행사하지 아니하였기 때문에 의무자인 상대방이 이제는 권리자가 그 권리를 더 이상 행사하지 아니할 것으로 믿을 만한 상황이 되었는데, 권리자가 새삼스럽게 그 권리를 행사하는 것이 신의성실의 원칙에 위반되는 결과가 될 때에는 그 권리행사를 허용하지 않는 것을 의미한다(대판 2011. 4. 28, 2010다89654).

민법에 실효의 원칙에 관한 명문 규정은 없지만, 우리나라의 대법원 판례는 해고무효 확인소송에서 이 원칙을 많이 원용하고 있다.

예컨대, 근로자인 A가 사직원을 작성하고 제출한 사람이 자신이 한 것이 아니라 형에 의하여 이루어졌음을 이유로 의원면직의 무효확인을 구하는 소송을 제기하였는데, A의 형이 사직원을 제출하게 된 경위 및 A가 아무런 이의 없이 퇴직금을 수령한 점 등 제반 사정에 비추어 볼 때, 의원면직일로부터 5년여가 경과한 후에 무효확인의 소를 제기하는 것은 신의칙에 반하는 것으로서 부적법하다는 것이다(대판 2005. 10. 28, 2005다45827).

다만, 인지청구권은 본인의 일신전속적인 신분관계상의 권리로서 포기할 수도 없으며 포기하였더라도 그 효력이 발생할 수 없는 것이므로, 인지청구권에는 실효의 법리가 적용되지 않는다(대판 2001. 11. 27, 2001므 1353).

(2) 사정변경의 원칙

사정변경의 원칙이란 계약을 체결할 때 기초가 된 사정이 그 후 당사자 쌍방이 예견하지 못하였거나 예견할 수 없었던 중대한 변화가 발생하였기 때문에 원래대로 이행을 하는 것이 당사자에게 현저하게 부당한 경우에는 신의칙에 따라 그 계약의 내용을 변경하거나 해제할 수 있다는 원칙이다.

민법에 명문규정이 있는 경우(예컨대 민법 제557조: 증여 계약을 체결한 후에 증여자의 재산상태가 현저하게 변경되어 계약대로 이행하게 되면 증여자의 생계에 중대한 영향을 미칠 경우에는 증여자의 해제권이 인정됨)에는 당연히 인정되지만, 명문 규정이 없는 경우에 판례는 이 원칙의 일반적인 적용을 거부하고, 소극적인 입장을 취하는 것으로 해석된다. 예컨대, 회사의 이사의 지위에 있었기 때문에 회사의 요구로 부득이 회사와 은행 사이의 계속적 거래로 인한 위 회사의 채무에 대하여 연대보증인이 된 자가 그 후 위 회사로부터 퇴사하여 이사의 지위를 떠난 것이라면 위 연대보증계약 성립 당시의 사정에 현저한 변경이 생긴 경우에 해당하므로 사정변경을 이유로 위 연대보증계약을 해지할 수 있다(대판 1992. 5. 26, 92다2332).

그렇지만, 「사정변경으로 인한 계약해제는 계약 성립 당시 당사자가 예견할 수 없었던 현저한 사정의 변경이 발생하였고 그러한 사정의 변경이 해제권을 취득하는 당사자에게 책임 없는 사유로 생긴 것으로서, 계약내용대로의 구속력을 인정한다면 신의칙에 현저히 반하는 결과가 생기는 경우에 계약준수 원칙의 예외로서 인정되는 것이고, 여기에서 말하는 사정이라 함은 계약의 기초가 되었던 객관적인 사정으로서, 일방당사자의 주관적 또는 개인적인 사정을 의미하는 것은 아니라 할 것이다. 또한, 계약의 성립에 기초가 되지 아니한 사정이 그 후 변경되어 일방당사자가 계약 당시 의도한 계약목적을 달성할 수 없게 됨으로써 손해를 입게 되었다 하더라도 특별한 사정이 없는 한 그 계약내용의 효력을 그대로 유지하는 것이 신의칙에 반한다고 볼 수도 없다(대판 2007. 3. 29. 2004다31302)」고 판시하여 기본적인 법리로서는 인정하되 실제 적용에서는 상당히 제한적인 입장이다.

〔2〕 권리남용금지의 원칙

1. 의 의

권리는 남용하지 못한다(민법 제2조 2항). 이를 권리남용금지의 원칙이라고 한다. 즉 외형적으로는 적법한 권리의 행사처럼 보이지만, 실질적으로는 권리의 사회성·공공성에 반하여 정당한 권리의 행사라고 볼 수 없기 때문에 법이 이를 권리의 행사로 인정하지 않는다는 원칙이다.

권리남용이란 권리자가 그 권리를 행사함으로 인하여 사회적·경제적으로 얻는 이익보다 상대방에게 과대한 손해를 입히는 결과가 됨에도 불구하고, 권리자가 권리행사라는 구실로 상대방에게 손해를 가할 것만을 목적으로 하며, 또한 객관적으로 우리의 통념상 도저히 용인될 수 없는 부당한 결과를 자아내는 등 권리의 사회적 기능을 무시하고, 신의성실의 원칙과 국민의 건전한 권리의식에 반하는 권리행사를 의미한다.

권리의 행사가 남용으로 인정되면 그 법률효과가 발생하지 않는다. 지배권이 남용되면 권리자는 지배를 풀고 상대방에게 목적물을 인도하여야 하고, 청구권이 남용되면 청구기각의 판결을 받게 되며, 형성권이 남용되면 법률관계의 발생 · 변경 · 소멸의 법률효과가 발생하지 않는다.

또한 권리남용의 결과로써 타인에게 손해가 발생하였다면 권리를 남용한 자는 상대방이 입은 손해를 배상하여야 한다.

부모가 친권을 남용한 때에는 친권 상실선고를 받을 수 있다.

2. 요 건

권리행사가 권리남용으로 되기 위해서는 주관적으로 그 권리행사의 목적이 오직 상대방에게 고통을 주고 손해를 입히려는데 있을 뿐 행사하는 권리자에게는 정당한 이익이 없을 뿐만 아니라(가해의사 · 가해목적), 객관적으로 그 권리행사가 사회질서에 위배된다고 볼 수 있어야 한다.

즉 권리행사가 권리 본래의 사회적 목적에 부합하지 아니하며, 권리행사의 목적이 오직 상대방에게 손해를 주는데 그칠 뿐이고, 권리를 행사하는 사람에게는 아무런 이익이 없어야 한다. 그러나 어떠한 권리행사가 권리남용이 되는가의 여부는 개별적이고 구체적인 사안에 따라서 결정될 것이다. 그 권리의 행사가 상대방에게 고통이나 손해를 주기 위한 것이라는 주관적 요건은 권리자의 정당한 이익을 결여한 권리행사로 보이는 객관적인 사정에 의하여 추인할 수 있다(대판 2005. 3. 24, 2004다71522, 71539).

비록 권리의 행사에 의하여 권리행사자가 얻는 이익보다 상대방이 잃을 손해가 현저히 크다고 하여도 그러한 사정만으로는 권리남용에 해당되지 않는다(대판 2010. 2. 25, 2009다58173).

신의성실의 원칙에 반하는 것 또는 권리남용은 강행규정에 위배되는 것이므로 당사자의 주장이 없더라도 법원은 직권으로 판단할 수 있다(대판 1995. 12. 22, 94다42129).

3. 구체적인 예

(1) 권리남용이 되는 경우

① 원고가 공유물의 보존행위로서 피고 소유의 건물 중 경계를 침범하여 건축된 1평방미터 부분의 철거를 구하는 청구는, 철거를 구하는 부분이 겨우 1평방미터에 불과한 건물 모서리의 벽면을 이루는 부분으로서 이를 철거할 경우 원고에게는 별다른 이득이 없는 반면에 피고에게는 막대한 손해가 발생하는 점 등에 비추어 권리남용에 해당한다(대판 1991. 6. 11, 91다8593).

② 외국에 이민을 가 있어 주택에 입주하지 않으면 안될 급박한 사정이 없는 딸이 고령과 지병으로 고통을 겪고 있는 상태에서 달리 마땅한 거처도 없는 아버지와 그를 부양하면서 동거하고 있는 남동생을 상대로 자기 소유 주택의 명도 및 퇴거를 청구하는 행위는 인륜에 반하는 행위로서 권리남용에 해당한다(대판 1998. 6. 12, 96다52670).

③ 지방공사인 의료원이 약제과장으로 근무하던 근로자에 대한 보직을 일반 약사로 변경하는 인사발령을 한 경우에, 근로자는 약제과장에서 약사로 보직이 변경되면 직무와 정년 등의 점에서 현저한 불이익을 받는 반면에, 경영 혁신의 차원에서 인원을 감축하기 위한 방편으로 그 정년을 단축하려고 하였다는 주장 사유만으로는 그 처분을 하여야 할 업무상의 필요성이 있었다고 인정하기 어렵기 때문에 그 보직변경 처분은 재량권을 남용한 것(직권남용)으로 무효가 된다(대판 1998. 1. 20, 97다29471).

④ 토지상의 10층 아파트 건물 중 12.9㎡ 부분을 철거한다면 해

당 10세대의 사용이 불가능하여짐은 물론 아파트 건물 전체의 안전에 중대한 위험이 될 수 있고, 분뇨탱크 관리실 출입통로 등은 이 사건 아파트의 필수적인 부대시설이고, 이를 철거한다 하더라도 대부분의 아파트 건물이 그대로 남아 있는 이상 원고가 이 부분 토지를 다른 용도에 사용하기는 어려워 이 부분 건물 등의 철거나 토지의 인도로 인하여 피고들이 받는 손실은 대단히 큰 반면에 원고가 얻은 이익은 비교할 수 없을 만큼 작다는 이유로, 원고의 이 사건 토지상의 아파트 건물부분 등의 철거와 그 대지의 인도청구는 권리남용에 해당되어 허용되지 아니한다(대판 1993. 5. 11, 92다55356).

(2) 권리남용이 되지 않는 경우

① 상속의 포기는 상속이 개시된 후 일정한 기간 내에만 가능하고 가정법원에 신고하는 등 일정한 절차와 방식을 따라야만 그 효력이 있으므로, 상속개시 전에 한 상속포기 약정은 그와 같은 절차와 방식에 따르지 아니한 것으로 그 효력이 없다 할 것이고, 따라서 상속인 중의 1인이 피상속인의 생존시에 피상속인에 대하여 상속을 포기하기로 약정하였다고 하더라도 상속개시 후 민법이 정하는 절차와 방식에 따라 상속포기를 하지 아니한 이상, 상속개시 후에 자신의 상속권을 주장하는 것은 정당한 권리행사로서 권리남용에 해당하거나 또는 신의칙에 반하는 권리행사라고 할 수 없다(대판 1998. 7. 24, 98다9021).

⇒ 피상속인이 살아 있을 때 상속포기의 약정을 했다고 하더라도, 상속개시(피상속인의 사망)후 민법상의 상속포기 절차를 밟지 않았다면, 그 약정의 효력만으로 상속을 포기하는 효력이 발생하는 것은 아니다.

② 매매계약 체결 후 부동산의 시가가 등귀하였고, 매수인이 잔대금 지급기일을 경과한 지금까지 매매대금 중 7분의 6에 해당하는

금전을 지급하지 아니한 채 매매계약 후 19년이 지난 후에 소유권 이전등기청구의 소를 제기하였다 하더라도 이러한 사유만으로 그 청구가 신의칙에 반하고 권리남용에 해당한다고 볼 수 없다(대판 1992. 6. 12, 92다12384, 12391).

③ 자녀들의 양육과 보호에 관한 의무를 소홀히 하지 아니한 母의 간통행위로 말미암아 부가 사망한 결과가 초래된 사실만으로써는 母에 대한 친권상실선고 사유에 해당한다고 볼 수 없다(대판 1993. 3. 4, 93스3).

■ 착오로 수취인의 계좌에 송금한 의뢰인이 수취은행에 그 송금액의 반환을 요청하고 수취인도 착오 송금임을 인정하여 그 반환을 승낙하고 있는 경우, 수취은행이 수취인에 대한 대출채권을 자동채권으로 하여 착오 송금된 예금 채권과 상계하는 것은 신의칙에 반하는가?

판결요지

[가] 예금거래기본약관에 따라 송금의뢰인이 수취인의 예금계좌에 자금이체를 하여 예금원장에 입금의 기록이 된 때에는 특별한 사정이 없는 한 송금의뢰인과 수취인 사이에 자금이체의 원인인 법률관계가 존재하는지 여부에 관계없이 수취인과 수취은행 사이에는 위 입금액 상당의 예금계약이 성립하고, 수취인이 수취은행에 대하여 위 입금액 상당의 예금채권을 취득한다.

그리고 수취은행은 원칙적으로 수취인의 계좌에 입금된 금원이 송금의뢰인의 착오로 자금이체의 원인관계 없이 입금된 것인지 여부에 관하여 조사할 의무가 없으며, 수취은행이 수취인에 대한 대출채권 등을 자동채권으로 하여 수취인의 계좌에 입금된 금원 상당의 예금채권과 상계하는 것은 신의칙 위반이나 권리남용에 해당한다는 등의 특별한 사정이 없는 한 유효하다.

[나] 송금의뢰인이 착오송금임을 이유로 거래은행을 통하여 혹은 수취은행에 직접 송금액의 반환을 요청하고 수취인도 송금의뢰인의 착오

송금에 의하여 수취인의 계좌에 금원이 입금된 사실을 인정하고 수취은행에 그 반환을 승낙하고 있는 경우, 수취은행이 수취인에 대한 대출채권 등을 자동채권으로 하여 수취인의 계좌에 착오로 입금된 금원 상당의 예금채권과 상계하는 것은, 수취은행이 선의인 상태에서 수취인의 예금채권을 담보로 대출을 하여 그 자동채권을 취득한 것이라거나 그 예금채권이 이미 제3자에 의하여 압류되었다는 등의 특별한 사정이 없는 한, 공공성을 지닌 자금이체시스템의 운영자가 그 이용자인 송금의뢰인의 실수를 기화로 그의 희생하에 당초 기대하지 않았던 채권회수의 이익을 취하는 행위로서 상계제도의 목적이나 기능을 일탈하고 법적으로 보호받을 만한 가치가 없으므로, 송금의뢰인에 대한 관계에서 신의칙에 반하거나 상계에 관한 권리를 남용하는 것이다(대판 2010. 5. 27, 2007다66088).

Ⅲ. 권리능력

〔1〕 권리의 주체

권리가 귀속하는 주체를 권리의 주체라고 한다. 권리주체가 된다는 것은 집을 소유할 수 있는 소유권이나 전세권과 같은 권리를 가질 수 있다는 것을 의미한다. 우리 민법상 권리주체에는 두 종류가 있다.

하나는 인간이다. 이를 자연인이라고 부른다. 다른 하나는 인간은 아니지만 법률상 권리와 의무를 가질 수 있는 법인이다.

■ 개인사찰도 권리의 주체가 되는가?

판결요지

개인이 자기의 사재만으로 사찰을 세워 사찰건물 등 재산 일체를 실질적으로 소유하면서 단독으로 그 운영을 맡아 함으로써 사찰로서의 실체를 갖추지 못한 개인사찰은 단순히 불교 목적 시설에 불과할 뿐 당해 개인을 떠난 독립된 권리주체로서의 사찰에 해당한다고 볼 수 없다(대판 1999. 1. 26, 98다36337).

판결요지

불교신도나 승려 등 개인이 토지를 매수하여 그 지상에 사찰건물을 건립한 다음 주지를 두고 그 곳에서 불교의식을 행하는 경우 위 사찰의 창건주가 특정 종단에 가입하여 그 소속 사찰로 등록을 하고 사찰의 부지와 건물에 관하여 그 사찰 명의로 등기를 마침으로써 사찰재산을 창건주 개인이 아닌 사찰 자체에 귀속시키는 등의 절차를 거쳤다면 이로써 그 사찰은 법인 아닌 재단 또는 사단으로서 독립된 권리주체가 되었다고 할 것이나, 이에 이르지 못한 경우에는 창건주의 개인 사찰로서 불교목적시설에 불과하다고 할 것이고, 일시적으로 사찰재산의 일부에 관하여 사찰을 명의인으로 한 등기가 마쳐졌다는 사정만으로 위 사찰이 법인 아닌 재단으로서 단체성을 취득하는 것은 아니다(대판 2005. 6. 24, 2003다54971).

〔2〕 권리능력

1. 권리능력의 의의

권리능력이란 권리 · 의무의 주체가 될 수 있는 자격이나 지위를 의미한다. 모든 인간은 출생하면서 평등하게 권리능력을 가진다. 따라서 일단 출생한 사람이라면 권리무능력자는 존재하지 않는다.

다만 고대사회에서는 가장만이 완전한 권리능력을 가지고 가족이나 노예의 권리능력은 대부분 인정되지 않았다. 특히 노예는 사람이지만 고대사회에서는 살아있는 물건으로서 물권의 객체로 다루어지고 권리능력이 인정되지 않은 때가 있었다. 중세의 봉건사회에서도 농민(농노)은 토지에 예속되어 일종의 토지의 종물처럼 취급되었으며 완전한 권리능력이 인정되지 않았다.

근대사회에 들어와서 계몽주의와 자연법사상에 힘입어 인간의 권리능력은 평등하다는 원칙을 정립하게 되었고, 특히 프랑스혁명의 결과, 모든 인간은 재산관계와 가족관계 등 모든 사법관계에서 권리의 주체로 인정될 수 있었다.

2. 의사능력 · 행위능력 · 책임능력

의사능력은 법률행위를 하는 데 충분한 판단능력을 의미한다. 의사능력이 없는 의사무능력자(예: 유치원생, 백치, 정신착란자 등)의 법률행위는 무효가 된다.

행위능력은 단독으로 법률행위를 할 수 있는 자격 · 지위를 의미한다. 법정대리인의 동의 없는 제한능력자(미성년자, 피성년후견인, 피한정후견인, 피특정후견인)의 일정한 법률행위(계약 등)는 취소될 수 있다.

책임능력은 법률상 손해배상책임을 부담할 수 있는 자격 · 지위를 의미한다. 민법은 미성년자(제753조)나 심신상실자(제754조)를 책임무능력자로 규정하고 있다. 책임능력의 유무는 구체적 · 개별적으로 판단한다. 대체적으로 판례는 12세 전후로 그 미만의 연령은 책임능력을 부인한다. 그렇지만 13세 5개월 되거나, 14세 2개월 된 자에게 책임능력이 없다고 한 예도 있다.

책임무능력자는 손해배상책임을 부담하지 않고 그 감독자가 책임을 부담한다(민법 제755조).

3. 권리능력의 시기

(1) 출 생

사람은 생존한 동안 권리와 의무의 주체가 된다(민법 제3조). 생존한 동안이란 출생한 때부터 사망할 때까지를 의미한다. 따라서 사람은 출생한 때부터 권리능력을 취득한다.

즉, 모든 인간은 누구나 할 것 없이 성이나 연령·직업·지위 등에 의한 차별을 받지 않고 평등하게 권리능력을 가지는 것이다(권리능력 평등의 원칙).

남녀노소를 막론하고 정신능력(판단능력)이나 체력의 강약 여부를 묻지 않고 모두 평등하게 권리의 주체가 될 수 있다. 갓난아기나 유아 또는 정신병자라도 아무런 제한 없이 권리능력을 가진다.

다만 아직 출생하지 않은 태아는 권리능력이 없게 된다. 우리 민법은 태아를 보호하기 위하여 특별한 경우에는 예외적으로 태아의 권리능력을 인정하고 있을 뿐이다.

이 경우 출생이란 태아가 살아서 모체로부터 완전히 분리되었을 때(전부노출설)를 의미하는 것으로 해석한다. 또한 전부노출설을 취하더라도 태아가 출생하였다고 하기 위해서는, 태아가 모체에서 전부노출된 후 잠시 짧은 시간이라도 살아있을 것을 요한다. 즉, 모체에서 분리된 후 조금이라도 생존의 징표가 나타나는 이상 살아서 태어난 것으로 보아야 한다. 그러나 반드시 생존능력이 있어야 하는 것은 아니다.

한편 형법에서는 낙태죄와 살인죄를 명확하게 구분하기 위하여 태아가 모체로부터 분리되려고 진통이 시작된 때(진통설)를 출생으로 해석한다.

따라서 태어나지 않는 한 권리능력을 취득하지 않으나, 출생 후 한 순간이라도 살았다면 권리능력을 취득하였던 것으로 한다. 또한 인간으로서 출생한 이상, 기형아이건 미숙아이건 관계없이 모두 권리능력을 취득하며, 인공수정자도 차별을 받지 않는다.

(2) 출생의 증명

사람의 출생이나 출생 시기를 증명하는 경우에 유력한 증거가 되는 것은 가족관계등록부의 기재이다. 그러나 그 기재는 추정력을 가지는데 불과할 뿐, 권리능력의 취득을 좌우할 수는 없다.

권리능력의 취득은 어디까지나 출생이라는 사실관계에 의하여 발생하는 것이지, 가족관계등록부의 기재로 취득되는 것은 아니다. 따라서 타인의 자식을 친생자로 출생신고를 한 경우에도 친생자로서의 효력이 발생하지 않는다. 다만 그러한 신고가 입양할 때 요구되는 실질적 요건을 갖추었을 때에는 입양으로서 유효할 뿐이다.

사람이 출생하면 일정한 자(친생자 출생의 경우에는 부 또는 모, 혼인외의 출생자인 경우에는 모, 부모가 신고할 수 없으면 동거하는 친족, 분만에 관여한 의사 · 조산사 등의 순위로 신고의무자가 된다)는 출생 후 1개월 이내에 주소지나 출생지(시 · 군 · 면)의 장에게 그 사실을 신고할 의무가 있다.

> 고대 게르만사회에서는 아내가 아이를 낳은 후 바닥에 내려놓으면 남편이 방에 들어와서 아이를 안아 침대 위에 눕힐 때 비로소 권리능력 발생이 발생하는 것으로 하였다.

4. 권리능력의 종기

(1) 사망의 의미

사람은 사망에 의하여 권리능력을 상실한다. 오로지 사망만이 권리능력의 소멸원인이 될 뿐이다. 사망을 결정하는 것은 의학상의 문제이지만, 종래 통설적 입장은 사망시점을 심장의 기능이 회복 불가능한 상태로 정지된 때라고 보았다. 즉, 호흡이 정지하고 심장의 고동이 완전히 영구적으로 정지하며 동공이 확산된 때(3 징후설)를 사망이라고 판정한 것이다.

그런데 최근 장기 이식문제가 제기되면서 뇌기능이 완전히 정지한 시기를 사망으로 보자는 주장이 제기되고 있다(뇌사설). 사람의 중추기관인 뇌에 초점을 맞추어 뇌파가 일정한 기간 계속하여 정지(회복불가능을 요함)한 때에는 비록 심장이 살아 있다고 할지라도 사망한 것으로 판정하여야 한다는 견해이다. 특히 「장기 등 이식에 관한 법률(1999년 2월 8일 제정. 2000년 2월 9일부터 시행)」에 의하면 뇌사판정 기준 및 뇌사판정절차에 따라 뇌 전체의 기능이 되살아 날 수 없는 상태로 정지되었다고 판정된 자는 살아있는 자가 아니라고 한다(동법 제3조 제4호).

■ 안락사의 정당성은 인정될 수 있는가? 인간은 스스로 죽을 권리가 있는가?

판결요지

(가) 의학적으로 환자가 의식의 회복가능성이 없고 생명과 관련된 중요한 생체기능의 상실을 회복할 수 없으며 환자의 신체상태에 비추어 짧은 시간 내에 사망에 이를 수 있음이 명백한 경우(이하 '회복불가능한 사망의 단계'라 한다)에 이루어지는 진료행위(이하 '연명치료'라 한다)는, 원인이 되는 질병의 호전을 목적으로 하는 것이 아니라 질병의 호전을 사실상 포기한 상태에서 오로지 현 상태를 유지하기 위하여 이루어지는 치료에 불과하므로, 그에 이르지 아니한 경우와는 다른 기준으로 진료중단 허용 가능성을 판단하여야 한다. 이미 의식의 회복가능성을 상실하여 더 이상 인격체로서의 활동을 기대할 수 없고 자연적으로는 이미 죽음의 과정이 시작되었다고 볼 수 있는 회복불가능한 사망의 단계에 이른 후에는, 의학적으로 무의미한 신체 침해 행위에 해당하는 연명치료를 환자에게 강요하는 것이 오히려 인간의 존엄과 가치를 해하게 되므로, 이와 같은 예외적인 상황에서 죽음을 맞이하려는 환자의 의사결정을 존중하여 환자의 인간으로서의 존엄과 가치 및 행복추구권을 보호하는 것이 사회상규에 부합되고 헌법정신에도 어긋나지 아니한다. 그러므로 회복불가능한 사망의 단계에 이른 후에 환자가 인간으로서의 존엄과 가치 및 행복추구권에 기초하여 자기결정권을 행사하는 것으로 인정되는 경우에는 특별한 사정이 없는 한 연명치료의 중단

이 허용될 수 있다. 한편, 환자가 회복불가능한 사망의 단계에 이르렀는지 여부는 주치의의 소견뿐 아니라 사실조회, 진료기록 감정 등에 나타난 다른 전문의사의 의학적 소견을 종합하여 신중하게 판단하여야 한다.

(나) 환자가 회복불가능한 사망의 단계에 이르렀을 경우에 대비하여 미리 의료인에게 자신의 연명치료 거부 내지 중단에 관한 의사를 밝힌 경우(이하 '사전의료지시'라 한다)에는, 비록 진료 중단 시점에서 자기결정권을 행사한 것은 아니지만 사전의료지시를 한 후 환자의 의사가 바뀌었다고 볼 만한 특별한 사정이 없는 한 사전의료지시에 의하여 자기결정권을 행사한 것으로 인정할 수 있다. 다만, 이러한 사전의료지시는 진정한 자기결정권 행사로 볼 수 있을 정도의 요건을 갖추어야 하므로 의사결정능력이 있는 환자가 의료인으로부터 직접 충분한 의학적 정보를 제공받은 후 그 의학적 정보를 바탕으로 자신의 고유한 가치관에 따라 진지하게 구체적인 진료행위에 관한 의사를 결정하여야 하며, 이와 같은 의사결정 과정이 환자 자신이 직접 의료인을 상대방으로 하여 작성한 서면이나 의료인이 환자를 진료하는 과정에서 위와 같은 의사결정 내용을 기재한 진료기록 등에 의하여 진료 중단 시점에서 명확하게 입증될 수 있어야 비로소 사전의료지시로서의 효력을 인정할 수 있다(대판 2009. 5. 21, 2009다17417 전원합의체).

⇒ 연명(생명연장) 치료의 중단(소극적 의미의 안락사)을 허용한 사례.

【사형제도의 합헌성을 선언한 헌법재판소결정】

〔1〕(가) 생명권 역시 헌법 제37조 제2항에 의한 일반적 법률유보의 대상이 될 수밖에 없는 것이나, 생명권에 대한 제한은 곧 생명권의 완전한 박탈을 의미한다 할 것이므로, 사형이 비례의 원칙에 따라서 최소한 동등한 가치가 있는 다른 생명 또는 그에 못지 아니한 공공의 이익을 보호하기 위한 불가피성이 충족되는 예외적인 경우에만 적용되는 한, 그것이 비록 생명을 빼앗는 형벌이라 하더라도 헌법 제37조 제2항 단서에 위반되는 것으로 볼 수는 없다.

(나) 모든 인간의 생명은 자연적 존재로서 동등한 가치를 갖는다고 할 것이나 그 동등한 가치가 서로 충돌하게 되거나 생명의 침해에 못지아니한 중대한 공익을 침해하는 등의 경우에는 국민의 생명·재산 등을 보호할 책임이 있는 국가는 어떠한 생명 또는 법익이 보호되어야

할 것인지 그 규준을 제시할 수 있는 것이다. 인간의 생명을 부정하는 등의 범죄행위에 대한 불법적 효과로서 지극히 한정적인 경우에만 부과되는 사형은 죽음에 대한 인간의 본능적 공포심과 범죄에 대한 응보욕구가 서로 맞물려 고안된 “필요악”으로서 불가피하게 선택된 것이며 지금도 여전히 제 기능을 하고 있다는 점에서 정당화될 수 있다. 따라서 사형은 이러한 측면에서 헌법상의 비례의 원칙에 반하지 아니한다 할 것이고, 적어도 우리의 현행 헌법이 스스로 예상하고 있는 형벌의 한 종류이기도 하므로 아직은 우리의 헌법질서에 반하는 것으로 판단되지 아니한다.

〔2〕 형법 제250조 제1항이 규정하고 있는 살인의 죄는 인간생명을 부정하는 범죄행위의 전형이고, 이러한 범죄에는 그 행위의 태양이나 결과의 중대성으로 미루어 보아 반인륜적 범죄라고 규정될 수 있는 극악한 유형의 것들도 포함되어 있을 수 있는 것이다. 따라서 사형을 형벌의 한 종류로서 합헌이라고 보는 한, 그와 같이 타인의 생명을 부정하는 범죄행위에 대하여 행위자의 생명을 부정하는 사형을 그 불법효과의 하나로서 규정한 것은 행위자의 생명과 그 가치가 동일한 하나의 혹은 다수의 생명을 보호하기 위한 불가피한 수단의 선택이라고 볼 수 밖에 없으므로 이를 가리켜 비례의 원칙에 반한다고 할 수 없어 헌법에 위반되는 것이 아니다(헌재 1996. 11. 28, 95헌바1).

(2) 사망의 증명

통상 가족관계등록부의 기재에 의하여 사망이 인정된다. 이 역시 출생의 증명과 동일하게 사실상의 추정적 효력 밖에 없다. 따라서 가족관계등록부에 사망사실이 기재되어 있으면 그 사람은 반증이 없는 한, 사망한 것으로 추정된다.

(3) 사망으로 발생하는 효력

㉠ 상속개시
㉡ 유언의 효력 발생
㉢ 잔존배우자의 재혼가능
㉣ 사인증여의 효력발생

㉤ 생명보험금 청구권과 연금청구권 등의 효력 발생

(4) 동시사망의 추정

어느 때를 사망시점으로 할 것인가 하는 문제는 재산상 또는 신분상의 문제에 큰 영향을 미치기 때문에 사망시점의 증명은 중요한 문제가 된다. 그러나 사망시점의 증명이 극히 어려운 경우가 있다. 예를 들면 부자가 함께 탑승하고 있던 항공기가 추락하여 이들이 모두 사망한 경우라든가 부부와 친자가 함께 숙박하고 있던 호텔의 화재로 모두 사망한 경우에는 이들 중 누가 먼저 사망하였는가에 따라 살아 있는 사람들의 상속관계에 지대한 영향을 미치게 되는 것이다.

이처럼 누가 먼저 사망했는가에 따라 상속관계는 현저하게 달라지므로 이는 매우 심각한 문제가 되며, 심지어 살아있는 가족(특히 고부관계) 사이에 재산분쟁을 일으킬 요인마저 있다. 이에 민법은 「2인 이상이 동일한 위난으로 사망한 경우에는 동시에 사망한 것으로 추정한다(민법 제30조)」고 하여 이들을 동시에 사망한 것으로 추정함으로써 이후의 재산관계를 처리하도록 하고 있다.

(5) 실종선고 제도

실종선고란 자신의 주소나 거소를 떠나 장기간 그 생사를 알 수 없는 사람의 생사불명 상태가 일정기간(보통실종: 5년, 전쟁이나 위난에 의한 특별실종: 1년) 동안 계속되어 사망의 개연성이 상당히 높은 경우에, 배우자 등 이해관계인의 청구에 따라 가정법원이 실종선고를 함으로써 그 실종자를 사망한 것으로 간주하는 제도이다.

실종선고가 확정되면 실종자는 실종기간이 만료한 때에 사망한 것으로 보고 이에 따라 종래의 주소를 중심으로 하는 사법상의 법률관계(재산상·가족법상의 법률관계)가 확정된다(민법 제27조-제29조).

따라서 상속이 개시되며, 상대방 배우자에게는 재혼할 수 있는 기회가 부여된다.

실종선고를 받은 자가 살아서 돌아와 실종선고가 취소되면 그 효과는 처음부터 소급하여 발생하므로 과거의 모든 관계가 부활된다. 다만 실종선고를 받은 후 취소되기 전에 선의로 한 행위는 아무런 영향을 받지 아니한다. 예컨대 상속인이 상속재산을 처분한 경우, 상속인 및 거래한 상대방 모두 실종자가 생존해 있다는 사실을 알지 못했다면 그 거래는 유효한 것으로 보호되지만, 어느 일방이 실종자의 생존사실을 알고 있었다면 그 거래는 무효가 되어 재산을 반환하여야 한다. 실종선고 후 잔존 배우자가 재혼한 경우에도 쌍방 모두 선의라면 실종자와의 구혼은 부활되지 않고 새로운 혼인은 보호되지만, 어느 쪽이든 실종자의 생존 사실을 알면서 재혼한 때에는 구혼이 부활되어 중혼 문제가 발생한다.

또한 실종선고가 취소된 경우에 실종선고로 직접 재산을 취득한 자(상속인 등)가 선의인 때에는 현존이익만 반환하면 되지만, 악의인 때에는 받은 재산과 그 이후의 이자까지 반환하여야 한다.

실종선고의 효과는 공법상의 선거권 · 피선거권의 유무나 범죄의 성립 여부 등에는 아무런 영향을 미치지 아니한다.

(6) 인정사망제도

인정사망제도란 항공기추락 · 선박침몰 · 화재 · 홍수 등의 위난으로 인한 제반사정에 비추어 사망이 확실하다고 인정되는 경우에는 사체를 찾지 못하여 사망사실을 확인할 수 없다고 하더라도 이를 조사한 관공서의 사망보고에 따라 가족관계등록부에 사망으로 기재를 하는 제도이다. 실종선고에 비하여 요건이 간편하므로 많이 활용되고 있다. 이 경우에는 가족관계등록부에 기재된 날에 사망한 것으로 추정된다.

Ⅳ. 행위능력

〔1〕 행위능력

모든 사람(자연인)에게 권리능력이 인정되고 있다는 점은 앞에서 설명한 바와 같다. 그런데 현실적으로 우리가 어떠한 권리를 취득하거나 의무를 부담하게 되는 방법으로서는 크게 다음과 같은 두 가지의 방법을 생각할 수 있다.

먼저 하나는 우리들의 행위에 의하지 않는 경우로서, 예컨대 상속과 같이 사람의 행위와는 관계없이 법률의 규정(민법 제997조. 1000조등)에 의하여 상속인이 사망한 피상속인의 권리와 의무를 승계하는 경우이다.

다른 하나는 우리들의 행위에 의한 경우이다. 타인과의 계약이라는 행위를 통하여 권리를 취득하거나 의무를 부담하게 되는 경우를 말한다.

그런데 문제는 상속으로 부모의 유산을 취득한 5세 정도의 유아가 양육비에 충당하기 위해서 그 재산을 매각할 수 있는가? 또한 그 매매 계약을 인정할 수 있겠는가 하는 점이다. 아무래도 5세 정도의 유아는 아무 것도 할 수 없으며, 설령 초등학교 학생이라고 해도 그의 판단력은 불안전하다고 하지 않을 수 없다. 여기서 「의사능력」과 「행위능력」이라는 문제가 제기된다.

이미 앞에서 설명하였듯이 「의사능력」이란 자기 행위의 결과를 판단할 수 있는 정신능력(또는 판단능력)을 말한다. 이러한 정신능력이 없는 정신 상태를 「의사무능력」이라고 한다. 예컨대 유아, 정신병자, 몽유병 환자가 꿈속에서 헤매는 경우, 정상적인 사람이지만 의식을 잃을 정도로 만취한 경우 등의 상태를 들 수 있다. 이러한 상태에 있는 자, 즉 의사무능력자가 한 법률행위는 법률적인 효과가 인정되지 않는다. 무효가 된다.

그런데 의사능력이 있는지의 여부에 대한 구체적인 판단기준이 문제가 된다. 이는 개개의 구체적인 법률행위와 관련하여 개별적으로 판단할 수밖에 없다. 대체적으로 7세 정도가 되는 통상인의 지능 정도가 의사능력유무의 분계선이 된다.

이처럼 의사능력이 없는 자의 행위는 무효가 되는데 의사무능력을 이유로 무효를 주장하기 위해서는 행위자 자신이 그 법률행위를 할 당시(계약당시)에 의사능력이 없었다는 것을 입증하여야 한다. 그러나 그러한 입증을 한다는 것은 실제로 쉽지 않기 때문에 이와 같은 입증책임의 부담을 면제시키고 거래상 판단능력이 충분하지 않은 자의 재산을 보호하기 위하여 창설된 제도가 「제한능력자제도」이다.

연령과 정신장애의 정도를 기준으로 하여 의사능력을 객관적으로 획일화함으로써 이들이 법정대리인의 동의 없이 단독으로 한 일정한 법률행위는 후에 취소할 수 있는 것으로 하였다.

민법상 제한능력자로서는 미성년자(제4조), 피성년후견인(제9조), 피한정후견인(제12조), 피특정후견인(제14조의 2)이 있다.

〔2〕 미성년자

1. 성 년 기

만 19세를 성년기로 하여 성년기에 이르지 않은 자를 미성년자라고 한다. 연령계산방법은 출생일을 산입하여 역(曆)에 의하여 계산한다. 예컨대 1997년 4월 25일 오후 8시에 출생한 자는 2016년 4월 25일 오전 0시에 만 19세가 된다.

또한 성년의제제도에 의하여 미성년자가 혼인하였을 때에는 성년에 달한 것으로 본다. 따라서 혼인을 한 미성년자는 성년자와 같은 능력을 가지게 되므로 자기의 자(子)에 대하여 친권을 행사할 수 있으며 타인의 후견인이 될 수 있다. 다만 성년의제는 민법상의 제도이므로 그 효과가 미치는 범위도 민법상의 효과에 대한 것뿐이며, 청소년기본법, 근로기준법, 공직선거법, 조세법 등에서는 여전히 미성년자로 취급된다.

미성년자의 보호기관은 제1차로 친권자, 제2차로 후견인이 있는데 이들을 법정대리인이라고 한다.

2. 미성년자의 행위능력

미성년자가 법률행위(예컨대 계약체결 등)를 하려면 원칙적으로 법정대리인의 동의가 필요하다. 법정대리인의 동의를 얻지 않고 법률행위를 한 경우에는 미성년자 본인이나 법정대리인이 그 법률행위를 취소할 수 있다. 그러나 미성년자도 예외적으로 다음과 같은 경우에는 행위능력이 인정된다.

(1) 권리만을 얻거나 의무만을 면하는 행위(민법 제5조 제1항 단서)

(2) 처분이 허락된 재산의 처분행위(민법 제6조)

대학 등록금이나 여비 등으로 사용목적을 정하여 미성년자에게 일정한 범위의 재산을 주었더라도 미성년자는 그 목적과 관계없이 그 재산을 임의로 처분할 수 있다. 거래의 안전을 고려하기 때문이다.

(3) 영업이 허락된 미성년자가 그 영업에 관하여 하는 행위(민법 제8조 제1항)

영업이란 상업 · 공업 · 농업 및 자유업 등 널리 영리를 목적으로 하는 독립적 · 계속적인 사업을 의미한다. 다만 종류를 특정하지 않은 허락은 인정되지 않으므로, 예를 들면 문방구점, 운동구점 등과 같은 식으로 특정하여야 한다. 또한 화장품 가게를 허락하면서 2만원 이하의 거래만 허락하는 등 한 개의 단위가 되는 영업의 일부만을 허락하거나 품목을 제한해서는 안 된다. 영업에 관한 행위란 그 영업을 하는데 직접·간접적으로 필요하다고 인정되는 일체의 행위(점포 임대차, 종업원 채용 등)를 포함한다.

(4) 대리행위(민법 제117조)

대리인은 행위능력자임을 요하지 않는다. 미성년자가 타인의 대리인으로서 하는 대리행위는 언제나 단독으로 유효하게 할 수 있다.

(5) 유언행위(민법 제1061조, 1062조)

만 17세에 달한 미성년자는 유효한 유언을 단독으로 할 수 있다.

(6) 근로계약으로 인한 임금의 청구

친권자나 후견인은 미성년자의 근로계약을 대리할 수 없으며, 근로계약은 미성년자 자신이 직접 체결하여야 한다. 또한 미성년자는 독자적으로 임금을 청구할 수 있다.

(7) 생필품 구입계약

미성년자라도 일상생활에 필요한 생활필수품은 법정대리인의 동의 없이 단독으로 구입할 수 있다.

〔3〕 피성년후견인

1. 의 의

질병·장애·노령 등의 사유로 인한 정신적 제약으로(신체적 장애는 해당되지 않음) 사무를 처리할 능력이 지속적으로 결여된 사람으로서 일정한 자의 청구에 의하여 가정법원으로부터 성년후견개시의 심판을 받은 자를 '피성년후견인'이라고 한다(민법 제9조 제1항).

성년후견개시의 심판을 청구할 수 있는 사람은, 본인 · 배우자 · 4촌 이내의 친족 · 미성년후견인 · 미성년후견감독인 · 한정후견인 · 한정후견감독인 · 특정후견인 · 특정후견감독인 · 검사 · 지방자치단체의 장이 되고, 가정법원이 직권으로 하지 못한다. 가정법원이 성년후견개시의 심판할 때에는 본인의 의사를 고려하여야 한다.

2. 피성년후견인의 행위능력

피성년후견인이 단독으로 한 법률행위는 원칙적으로 성년후견인이 취소할 수 있다. 그렇지만 가정법원은 피성년후견인이 단독으로 할 수 있는 법률행위의 범위를 정할 수 있고, 본인 · 배우자 · 4촌 이내의 친족 · 성년후견인 · 성년후견감독인 · 검사 또는 지방자치단체의 장의 청구에 의하여 그 범위를 변경할 수 있다. 또한 일용품의 구입 등 일상생활에 필요하고 그 대가가 과도하지 않은 법률행위는 피성년후견인이 단독으로 할 수 있다.

그 밖에 피성년후견인은 약혼 · 혼인 등의 친족법상 행위는 성년후견인의 동의를 얻어서 스스로 할 수 있으며, 17세가 되었으면 의사능력이 회복된 때에 단독으로 유언도 할 수 있다.

피성년후견인에게는 보호자로서 성년후견인을 두어야 하는데, 가정법원은 성년개시 심판을 하면서 직권으로 성년후견인을 선임한다. 성년후견인은 피성년후견인의 법정대리인이 된다. 성년후견인은 수명 둘 수 있고, 법인도 성년후견인이 될 수 있다. 성년후견인은 원칙적으로 동의권은 없고, 대리권만 있다. 다만 예외적으로 약혼 · 혼인 등의 친족법상 행위에 대하여는 동의권도 가지며, 취소권도 있다.

성년후견개시의 원인이 소멸된 경우에는, 가정법원은 본인 · 배우자 · 4촌 이내의 친족 · 성년후견인 · 성년후견감독인 · 검사 또는 지방자치단체의 장의 청구에 의하여 성년후견종료의 심판을 한다. 성년후견종료의 심판이 있으면 피성년후견인은 행위능력을 장래에 회복하지만, 그 효력은 과거로 소급하지 않고 장래에 향하여서만 발생한다.

〔4〕 피한정후견인

1. 의 의

질병·장애·노령 등의 사유로 인한 정신적 제약으로 사무를 처리할 능력이 부족한 사람으로서 일정한 자의 청구에 의하여 가정법원으로부터 한정후견개시의 심판을 받은 자를 '피한정후견인'이라고 한다(민법 제12조 제1항).

피한정후견인은 질병, 장애, 노령 그 밖의 사유로 인한 정신적 제약으로 사무를 처리할 능력이 부족한 자로서서, 그 능력이 지속적으로 결여된 상태인 성년후견인과 구별된다.

한정후견개시의 심판을 청구할 수 있는 사람은 본인, 배우자, 4촌 이내의 친족, 미성년후견인, 미성년후견감독인, 성년후견인, 성년후견감독인, 특정후견인, 특정후견감독인, 검사, 지방자치단체의 장 등이 되고, 가정법원이 직권으로 하지 못한다. 역시 가정법원이 한정후견개시의 심판을 할 때에는 본인의 의사를 고려하여야 한다.

2. 피한정후견인의 행위능력

피한정후견인은 원칙적으로 행위능력을 가지므로, 유효하게 법률행위를 할 수 있다. 다만, 가정법원은 피한정후견인의 정신적 제약의 상태에 따라 한정후견인의 동의를 받아야 하는 행위의 범위(예: 부동산 거래·예금거래 등)를 탄력적으로 정할 수 있다. 한정후견인의 동의가 필요한 법률행위를 피한정후견인이 단독으로 한 경우에는 한정후견인이 그 법률행위를 취소할 수 있다. 다만, 일용품의 구입 등 일상생활에 필요하고 그 대가가 과도하지 않은 법률행위는 피한정후견인이 단독으로 할 수 있다.

피한정후견인에게도 보호자로서 한정후견인을 두어야 한다. 한정후견인은 한정후견개시의 심판을 할 때에 가정법원이 직권으로 선임한다. 한정후견인이 당연히 피한정후견인의 법정대리인이 되는 것은 아니다. 가정법원은 한정후견인에게 대리권을 수여하는 심판을 할 수 있는데, 그와 같은 심판이 있는 경우에만 정해진 범위 내에서 법정대리인으로서 대리권을 가진다.

한정후견개시의 원인이 소멸된 경우에는, 가정법원은 본인 · 배우자 · 4촌 이내의 친족 · 한정후견인 · 한정후견감독인 · 검사 또는 지방자치단체의 장의 청구에 의하여 한정후견종료의 심판을 한다. 역시 그 효력은 과거로 소급하지 않고 장래에 향하여서만 발생한다.

〔5〕 피특정후견인

1. 의 의

질병 · 장애 · 노령 등의 사유로 인한 정신적 제약으로 일시적 후원 또는 특정한 사무(예: 현재 거주하고 있는 주택의 매도 등)에 관한 후원이 필요한 사람으로서 일정한 자의 청구에 의하여 가정법원으로부터 특정후견의 심판을 받은 자를 '피특정후견인'이라고 한다(민법 제14조의 2 제1항).

특정후견도 정신적 제약을 원인으로 한다는 점에서 성년후견이나 한정후견과 본질적으로 다른 것은 아니지만, 1회적 · 특정적 보호를 받는다는 점에서 성년후견이나 한정후견과 다르다.

가정법원이 특정후견의 심판을 하려면 본인 · 배우자 · 4촌 이내의 친족 · 미성년후견인 · 미성년후견감독인 · 검사 또는 지방자치단체의 장의 청구가 있어야 한다. 특정후견은 본인의 의사에 반해서는 할 수 없지만, 본인의 적극적인 동의를 받아야 하는 것은 아니다.

가정법원이 특정후견의 심판을 하는 경우에는 특정후견의 기간이나 사무의 범위를 정하여야 한다. 가정법원은 피특정후견인의 후원을 위하여 필요한 처분을 명할 수 있다. 예컨대, 의식불명의 상태에 있는 피특정후견인이 스스로 수술에 동의할 수 없는 경우에는 가정법원이 동의에 갈음하는 처분을 할 수 있다.

2. 피특정후견인의 행위능력

특정후견은 원칙적으로 피특정후견인의 행위능력에 아무런 영향을 미치지 않는다. 즉 피특정후견인은 완전한 행위능력을 유지한다. 따라서 피특정후견인이 거주하는 주택의 매매에 대하여 특정후견인이 선임되고 법정대리권을 부여받은 경우에도, 피특정후견인은 스스로 그 주택의 매매계약을 체결할 수 있고 소유권이전등기도 할 수 있다. 때문에 특정후견인과 피특정후견인이 각각 매매계약을 체결할 수 있는데, 이 두 개의 매매계약은 모두 유효하고, 먼저 소유권이전등기를 받은 매수인이 그 주택의 소유권을 취득하게 된다.

〔6〕 제한능력자의 기망행위

제한능력자가 능력자인 것처럼 보이기 위하여 상대방을 속인 경우(이를 제한능력자의 사술이라고 함)에는 이를 보호할 필요가 없으므로 그 행위는 취소할 수 없는 것이 된다. 즉, 제한능력자가 사술(기망수단)을 이용하여 상대방으로 하여금 자신이 행위능력자라고 믿게 하거나, 제한능력자가 사술로 법정대리인의 동의가 있는 것으로 믿게 한 경우에는 오히려 그 상대방을 보호하여야 할 것이므로 그 행위를 취소하지 못한다.

예를 들면 나이에 관한 증명서(주민등록증이나 주민등록초본 또는 가족관계등록부 등)를 변조하거나 위조하여 상대방에게 제시한다든가, 법정대리인의 동의서를 허위로 작성하여 제시한다든가, 또는 다른 사람과 짜고 그 사실을 보증하게 하는 등 적극적인 사술행위를 한 경우에는 제한능력자 쪽에서 그 행위를 취소하지 못한다. 다만 단순히 성년이 되었다고 거짓말을 하는 정도는 사술로 볼 수 없다는 것이 판례의 태도이다.

제2절 계약의 성립과 효력

Ⅰ. 계약의 성립

〔1〕 법률행위의 성립요건

당사자에 의한 법률관계가 성립하기 위해서는 최소한의 외형적 내지 형식적인 요건을 갖추어야 한다. 이를 성립요건이라고 한다. 법률행위일반에 공통하는 성립요건, 즉 일반적 성립요건은 ① 당사자, ② 목적, ③ 의사표시가 된다.

이와 같은 요건이 갖추어 지면 그에 따르는 법률행위(계약)가 성립하지만, 만약 그러한 요건이 충족되지 않으면 그 법률행위는 불성립으로 되어 유효·무효를 논할 필요도 없을 뿐만 아니라 효력도 발생하지 않는다.

〔2〕 법률행위의 효력요건

이상과 같은 성립요건을 갖추어 성립한 법률행위(계약)가 법률상 일정한 효과를 발생하기 위하여 요구되는 요건을 유효요건 또는 효력요건이라고 한다.

일반적인 효력요건으로서는

① 당사자의 권리능력 · 행위능력 · 의사능력이 존재할 것.

② 계약의 목적(내용)이 가능하고, 적법하고, 사회적 타당성을 가지며, 확정할 수 있을 것.

③ 의사표시에 관하여 의사와 표시가 일치하고, 의사표시에 하자가 없어야 한다.

〔3〕 법률행위의 목적

일반적으로 법률행위(계약)의 목적이란 당사자가 체결한 계약에 의하여 발생시키려고 하는 법률효과를 말한다. 예컨대 매매계약의 경우를 보면, 매매계약을 체결한 결과 매도인은 목적물에 대한 소유권이전의무와 대금지급청구권이 발생하게 되며, 매수인은 대금지급의무와 소유권이전청구권이 발생한다. 이러한 양자의 청구권이 매매계약이라는 법률행위의 목적이 되는 것이다. 이러한 목적을 계약의 내용이라고도 한다.

그런데 계약은 사적자치를 위하여 인정되는 법률상의 수단이므로 계약체결은 그것이 사적자치가 허용되는 사항에 관한 것이고, 또한 그 범위에 속하는 것이어야만 법률상의 효력을 가질 수 있다. 따라서 계약의 목적도 법에 의하여 승인되고 보호되는 것이어야만 한다. 즉, 법률은 모든 계약의 내용을 시인하고 그 목적달성에 조력하는 것은 아니며, 일정한 이상을 가지고 그 이상에 타당하다고 인정되는 것에 대해서만 계약을 체결한 자가 원하는 대로의 효과가 확실하게 발생하도록 도움을 주는 것이다. 이러한 점에서 계약의 목적은 가능하고, 확정될 수 있는 것으로서, 적법하여야 하며, 또한 선량한 풍속이나 사회질서에 위반되어서는 안 된다.

1. 목적(내용)의 확정성

내용이 불확정한 계약은 무효가 된다. 다만 계약의 목적이 명확하지 않은 경우에도 그것을 명확하게 하기 위해서 계약의 해석이라는 작업을 통하여 그 내용을 보충할 수 있다면 무방하다.

계약의 내용은 계약이 성립될 때에 확정되어 있거나 또는 확정할 수 있는 것이어야 한다. 이 확정의 표준은 구체적인 상황에 따라 판단되어야 하나, 보통 당사자에 의하여 정해지며 경우에 따라서는 거래의 관습이나 법률의 규정에 의하여 주어지는 경우도 있다.

막연히 「뒤를 돌보아주겠다」는 내용의 계약은 확정가능성이 없는 예가 되며 그 효력이 인정되지 않는다.

■ "최대한 노력하겠다", "최대한 선처하겠다"라고 합의한 경우, 이는 법적 구속력이 있는가?

판결요지

어떠한 의무를 부담하는 내용의 기재가 있는 문면에 「최대한 노력하겠습니다」라고 기재되어 있는 경우, 특별한 사정이 없는 한 당사자가 위와 같은 문구를 기재한 객관적인 의미는 문면 그 자체로 볼 때 그러한 의무를 법적으로는 부담할 수 없지만 사정이 허락하는 한 그 이행을 사실상 하겠다는 취지로 해석함이 상당하다(대판 1994. 3. 25, 93다32668).

판결요지

회사와 노동조합 사이에 쟁의행위 중에 발생한 구속 및 고소, 고발자에 대하여 「징계를 하지 않는다」라는 문구 대신 「최대한 선처하겠다」라고 합의한 경우, 이는 회사가 구속자에 대한 형사 처벌이 감경되도록 노력하겠다는 취지로 해석되고 구속자들을 징계하지 않겠다는 내용의 합의로는 볼 수 없다(대판 1993. 5. 11, 93다1503).

2. 목적(내용)의 실현가능성

실현이 불가능한 사항을 목적으로 하는 계약은 법적효과를 인정하더라도 아무런 의미가 없기 때문에 무효가 된다. 예를 들면 죽은 사람을 다시 살린다는 취지의 계약은 실현가능성이 없기 때문에 무효가 되는 것이다.

실현이 가능한가 불능인가를 결정하는 기준은 사회통념, 즉 그 시대 그 사회에서의 통상인의 평가에 의한다. 따라서 물리적인 불능뿐만 아니라 물리적으로 가능하다고 하더라도 사회통념상 불능이라고 볼 수 있는 경우라면 불능이 된다. 이를 테면 한강에 빠뜨린 반지를 찾아내는 계약은 불능에 해당한다.

3. 목적(내용)의 적법성

계약의 목적은 적법한 것이어야 한다. 그 목적이 강행법규(강행규정)에 위반하는 내용의 계약은 무효가 된다.

강행법규란 「법령 중의 선량한 풍속 기타 사회질서에 관계있는 규정」을 의미하며, 이는 당사자의 의사와 관계없이 언제나 그 규정이 적용되는 것이다.

이와 반대로 「법령 중의 선량한 풍속 기타 사회질서에 관계없는 규정」은 「임의법규(임의규정)」라고 한다. 임의법규는 당사자의 의사에 의하여 그 규정의 적용을 배제할 수 있다.

예컨대, 만 18세인 자가 법정대리인의 동의 없이 자기 이름으로 등기된 토지를 매도하는 계약을 체결하면서 유효하게 하자는 합의는 아무런 효력이 발생하지 않는다(행위능력에 관한 규정은 강행법규임). 그렇지만, 금전소비대차 계약을 체결하여 돈을 빌려간 채무자는 특별한 합의가 없는 한, 채권자의 주소에 가서 돈을 갚아야 하는 것이 원칙인데(민법 제467조 제2항), 서로 합의하여 채권자가 채무자의 주소로 돈을 받으러 오게 할 수 있는 것이다(변제의 장소에 관한 민법 규정은 임의법규임).

4. 목적(내용)의 사회적 타당성

앞에서 살펴보았듯이 그 목적이 강행법규에 반하는 계약은 무효가 된다. 그렇다고 해서 강행법규에 반하지 않는 한 어떠한 행위든 유효한 것은 아니다. 즉 강행법규에 반하지 않더라도 정의에 반하는 행위라든가 반사회적인 행위마저 유효하다고 할 수는 없다. 선량한 풍속 기타 사회질서에 반하는 사항을 목적으로 하는 계약은 무효이다. 이는 항을 바꾸어 자세히 살펴보기로 한다.

〔4〕 청약과 승낙에 의한 계약 성립

계약은 청약이라는 의사표시와 승낙이라는 의사표시가 합치하여 성립되는 법률행위이다. 즉, 의사표시를 중요한 요소로 하는 사법상의 법률요건이므로 그 속에 반드시 의사표시를 포함하고 있지 않으면 안된다.

이처럼 계약은 둘 이상의 계약 당사자의 의사표시의 일치에 의하여 성립하며, 계약을 성립시키는 이러한 의사표시의 일치를 합의라고 한다.

1. 청 약

청약은 이에 대응하는 상대방의 승낙과 결합하여 일정한 내용의 계약을 성립시킬 것을 목적으로 하는 일방적 · 확정적 의사표시이다. 예컨대, 화가인 A가 B에게 자신의 그림을 300만 원에 구입하라고 편지를 보내는 경우, 청약이 된다. 청약은 이에 대응하는 승낙만 있으면 곧바로 계약이 성립하는 확정적 의사표시이므로 계약의 중요한 내용을 결정할 수 있을 정도의 사항이 포함되어 있어야 한다.

그렇지만, 청약에 계약내용이 반드시 명시되어야 하는 것은 아니고, 의사표시의 해석에 의하여 확정할 수 있으면 족하다.

이 점에서 청약의 유인과 구별된다. 청약의 유인은 상대방에게 청약을 하도록 하는 의사의 통지(거래의 권유)라고 할 수 있다. 예컨대, 구인광고라든가, 주택의 임대나 전세 광고, 상품목록의 배부, 기차나 버스의 시간표게시, 단순한 상품진열, 아파트분양광고, 상가분양광고 등을 들 수 있다. 청약의 유인에 대하여는 상대방이 그 의사에 대응하여 의사표시를 하더라도 그것만으로는 계약이 성립되지 않는다. 오히려 그 의사표시가 청약이 된다. 유인자는 상대방의 청약을 기다려서 승낙여부를 결정할 수 있는 자유가 있는 것이다.

청약과 청약의 유인을 구별하는 기준으로서는 그 행위가 계약의 내용을 지시하고 있느냐의 여부(지시하고 있지 않으면 유인에 불과), 계약의 당사자가 누가 되더라도 상관없는 성질의 것이냐의 여부(당사자에게 중점을 두는 경우에는 유인이 됨), 거래관습 등을 들 수 있다.

청약자는 명시되지 않아도 무방하므로 익명의 청약, 자동판매기의 설치 등도 유효한 청약이 될 수 있고, 불특정다수인에 대한 청약도 유효하다. 또한 청약은 상대방 있는 의사표시이지만, 그 상대방은 특정인이 아니라도 무방하다. 신문광고에 의한 청약, 버스 정류장의 정차, 자판기의 설치, 정찰제 상품진열 등도 유효한 청약이다.

청약의 의사표시는 상대방에게 도달한 때부터 효력이 발생하며, 일단 효력이 발생한 후에는 청약자가 임의로 철회하지 못한다(민법 제527조). 이러한 성질을 청약의 구속력이라고 한다. 청약의 철회는 청약수령자의 지위를 불안하게 함으로써 신뢰에 기초한 거래풍토를 위협할 우려가 있기 때문이다.

■ **분양회사가 상가를 분양하면서 월 100만 원 이상의 수익을 보장한다는 광고를 한 경우, 분양회사는 위 수익을 보장할 책임을 지게 되는가?**

판결요지

상가를 분양하면서 그 곳에 첨단 오락타운을 조성·운영하고 전문경영인에 의한 위탁경영을 통하여 분양계약자들에게 일정액(월 100만원) 이상의 수익을 보장한다는 광고를 하고, 분양계약체결시 이러한 광고내용을 계약 상대방에게 설명하였더라도 체결된 분양계약서에는 이러한 내용이 기재되지 않은 점과, 그 후의 위 상가 임대 운영 경위 등에 비추어 볼 때, 위와 같은 광고 및 분양계약체결시의 설명은 청약의 유인에 불과할 뿐, 상가 분양계약의 내용으로 되었다고 볼 수 없고, 따라서 분양회사는 위 상가를 첨단 오락타운으로 조성·운영하거나 일정한 수익을 보장할 의무를 부담하지 않는다(대판 2001. 5. 29, 99다55601, 55618).

2. 승 낙

승낙은 청약의 상대방이 청약에 응하여 계약 성립을 목적으로 이루어지는 청약에 대한 의사표시이다. 앞의 예에서 B가 A의 그림을 300만 원에 구입하겠다는 의사표시를 하는 경우를 의미한다.

승낙은 특정한 청약에 대하여 계약을 성립시킬 의사로 청약자에게 하여야 한다(주관적 합치). 청약과 달리 불특정다수인에 대한 승낙이란 있을 수 없다. 또한 승낙은 청약의 내용과 일치하여야 한다(객관적 합치). 청약에 조건을 붙이거나(예: 위약금약관), 대금의 감액을 요구하는 경우와 같이 변경을 가한 승낙은 청약을 거절하고 새로운 청약을 한 것으로 본다(민법 제534조).

또한 승낙은 청약의 존속기간 내에 하여야 한다. 청약의 수령자는 계약자유의 원칙상 일반적으로 승낙할 의무가 없으며, 또한 반드시 승낙여부의 회답을 하여야 하는 것도 아니다.

따라서 청약자가 청약할 때, 상대방이 확답을 하지 않으면 승낙한 것으로 간주하겠다고 하거나, 청약과 동시에 상품을 송부하면서 구입할 의사가 없으면 즉시 반송하라고 한 경우에도 그 법률적 구속력은 인정되지 않는다(대판 1991. 9. 1, 98다48903). 다만 예약한 경우, 거래관습, 또는 공익적 견지에서 법률이 계약체결을 강제하는 경우는 있다. 이를테면, 전세권의 존속기간이 만료되어 소멸하게 된 경우, 전세권설정자가 전세목적물에 부속시킨 부속물건의 매수를 청구한 때(청약)에는 전세권자는 정당한 이유 없이 거절하지 못한다(민법 제316조).

승낙방법에는 원칙적으로 제한이 없다. 즉, 승낙은 불요식의 의사표시임이 원칙이다. 다만 당사자간에 예약 기타 특약으로서 승낙 방법이 정해진 때, 또는 승낙방법에 대하여 특별한 거래관습이 있는 경우에는 그 내용에 따르지 않으면 승낙의 효력은 발생하지 않는다. 승낙의 의사표시는 반드시 명시적으로 할 필요는 없고, 묵시적으로 하여도 무방하다.

예컨대, 청약을 받고 바로 대금을 송금하거나, 물건을 송부하는 등의 이행행위를 하는 경우를 들 수 있다.

승낙기간이 있는 경우에는 승낙통지가 그 기간 내에 도달하여야 계약이 성립한다(민법 제528조 제1항). 승낙통지가 기간 후에 도달하였으나 통상적인 경우라면 그 기간 내에 도달할 수 있었을 경우에는 청약자는 지체 없이 상대방에게 그 연착을 통지하여야 한다(민법 제528조 제2항 본문). 이 경우, 청약자가 연착통지를 하지 않은 때에는 승낙통지는 연착하지 않은 것으로 본다(민법 제528조 제3항). 그 승낙은 승낙기간 내에 도달한 것으로 되어 계약이 체결된다.

상당한 기간 내에 승낙통지를 받지 못하면 청약의 효력이 상실된다(민법 제529조). 즉, 계약은 성립하지 않는다. 상당한 기간이란 구체적인 거래모습, 거래관행, 기타 사정을 고려하여 객관적으로 판단한다. 승낙기간을 경과하여 연착된 승낙은 그 자체가 승낙의 효력을 지니지는 않지만, 청약자는 이를 새로운 청약으로 볼 수 있다(민법 제530조). 연착된 승낙에 대하여는 청약자가 다시 승낙하여야 계약이 성립한다.

승낙자가 청약의 내용에 조건을 붙이거나, 내용을 변경하여 승낙한 경우에는 승낙자가 새롭게 청약한 것으로 볼 수 있다(민법 제534조). 이를테면, 1 상자 당 3만 원에 100상자를 팔겠다는 A의 청약에 대하여, B는 1 상자 당 2만 5천원이면 구입하겠다는 승낙을 하여, A가 그 가격에는 팔지 않는다고 하자, 할 수 없이 B가 3만원에 구입하겠다고 승낙한 경우, B의 의사표시만으로 계약이 성립되는 것은 아니다. 이에 대한 A의 승낙이 있어야 계약이 성립되는 것이다.

3. 합 의

계약은 대립하는 복수 당사자간의 청약과 승낙의 의사표시의 합치(합의)에 의하여 성립한다. 즉, 대립하는 복수의 의사표시가 객관적인 내용에서 일치할 것(주로 대금과 목적물이 객관적 요소로 됨)이 요구된다. 예컨대, A가 B에게 노트북을 90만 원에 팔겠다는 의사표시를 했는데, B는 80만 원이면 사겠다는 의사표시를 한 경우, 객관적 합치는 존재하지 않는다. 이 경우, B의 변경된 승낙내용에 대하여 다시 A가 '좋다 그 가격에 팔겠다. 그런데 대금을 현금으로 지급하라'고 답하였다면 계약은 곧바로 성립되는 것이 아니다. 다시 B가 승낙한 때 계약은 성립한다.

판례에 의하면, 계약이 성립하기 위해서는 당사자의 서로 대립하는 수개의 의사표시의 객관적 합치가 필요하고, 객관적 합치가 있다고 하기 위해서는 당사자의 의사표시에 나타나 있는 사항에 관하여는 모두 일치하고 있어야 하는 한편, 계약 내용의 '중요한 점' 및 계약의 객관적 요소는 아니더라도 특히 당사자가 그것에 중대한 의의를 두고 계약 성립의 요건으로 할 의사를 표시한 때에는 이에 관하여 합치가 있어야 계약이 적법 · 유효하게 성립한다(대판 2003. 4. 11, 2001다53059).

또한 당사자의 의사표시가 상대방의 의사표시와 결합하여 계약을 성립시키려는 의의를 가져야 한다(주관적 합치). 예컨대, A의 B에 대한 청약에 C가 승낙을 한다고 하더라도 주관적 합치가 없으므로 계약이 성립되는 것은 아니다. 다만 A의 청약이 특정인에게 중점을 두지 않고 상품에 중점을 두고 있는 경우에는 동일한 상품을 취급하는 C가 승낙함으로써 주관적 합치를 인정할 수 있다.

반면에 청약과 승낙 의사표시가 불일치하는 경우(불합의)에는 계약은 성립하지 않는다. 불합의는 당사자가 의사표시의 불일치를 인식하고 있는지의 여부에 따라 의식적 불합의(상대방의 청약에 조건을 붙이거나, 그 내용을 변경하여 승낙하는 경우)와 무의식적 불합의(숨은 불합의)로 나누어진다.

무의식적 불합의는 계약 당사자 쌍방 또는 일방의 의사표시의 불일치를 인식하지 못하고 계약이 성립 된 것으로 아는 것이다. 당사자들이 완전히 합의되었다고 믿은 반면에 실제로는 합의가 존재하지 않는 경우이다. 이를테면, 미국인과 홍콩에 거주하는 중국인이 우리나라에서 매매계약을 체결하면서 대금을 달러로 표시했는데, 미국인은 미국달러로 중국인은 홍콩달러로 매매계약을 체결한 것으로 알고 있는 경우, 숨은 불합의가 되어 매매계약은 성립되지 않는다.

그밖에도 A와 B가 동일한 내용의 청약을 서로 한 경우(교차청약)

에는 각자의 청약이 각각 상대방에게 도달한 때에 계약은 성립한 것으로 된다(민법 제533조). 이 경우, 계약이 성립되는 시기는 양 청약이 모두 상대방에게 도달한 때가 되는데, 양 청약이 동시에 도달하지 않은 경우에는 후에 상대방에게 도달한 청약이 도달하는 때에 계약이 성립한다. 또한 청약자의 의사표시나 관습에 의하여 승낙통지가 필요하지 않은 경우에는, 승낙의 의사표시로 인정되는 사실(의사실현)이 있다는 자체만으로 계약은 성립된다(민법 제532조). 이를 의사실현에 의한 계약성립이라고 한다. 이를테면, 당사자간에 신간서적을 부쳐주면 그 중에서 필요한 서적을 구입하기로 한 약정이 있는 경우, 청약과 동시에 송부된 서적에 장서인을 찍는 행위를 하거나 그 신간 서적에 연필로 줄을 치며 읽기 시작하는 경우에는 그 사실만으로서 계약은 성립한다. 즉, 의사실현의 사실이 발생한 때에 계약은 성립하게 되고, 청약자가 그 사실을 안 때에 계약이 성립하는 것은 아니다.

Ⅱ. 무효가 되는 계약

1. 선량한 풍속 기타 사회질서에 반하는 계약

선량한 풍속 기타 사회질서에 위반하는 계약은 무효가 된다(민법 제103조). 선량한 풍속이란 사회의 일반적인 윤리 · 도덕관념을 말하며, 사회질서란 국가사회의 일반적 이익이라고 한다.

그러나 따지고 보면 양자는 그 한계가 애매하며, 반드시 별개의 내용을 가지고 있는 것도 아니다. 따라서 선량한 풍속 기타 사회질서의 위반여부는 계약의 내용뿐만 아니라 동기나 목적 등 주위 사정을 종합하여 미루어 짐작되는 계약의 전체 성격으로부터 결정하여야 할 것이다. 계약의 내용이 선량한 풍속 기타 사회질서에 위반되는 형태는 대단히 다양하나 보편적으로 다음과 같이 분류한다.

(1) 가족질서나 인륜에 반하는 계약

일부일처제나 친자간의 윤리, 성도덕에 반하는 것을 목적으로 하는 계약은 무효이다. 판례에 의하면 일부일처제에 반하는 이른바 불륜관계를 목적으로 하는 계약은 아내의 동의 유무에 관계없이 사회질서에 반하는 계약이라고 하여 이를 무효로 하고 있다.

다만 판례는 종래의 불륜관계를 청산하는 것을 조건으로 한 금전지급 약정은 유효하다고 한다(대판 1980. 6. 24, 80다458). 따라서 불륜관계를 해소하면서 생활비를 대주겠다는 계약이나, 그 사이에서 출생한 자녀의 양육비를 대 주겠다는 계약은 유효하다고 하겠다.

그러나 아내가 있는 남자가 다른 여자와 혼인식을 거행하고 장래 혼인신고하기로 하여 혼인예약을 맺는 것은 무효가 된다. 또한 혼인예약(약혼)후 동거를 거부할 때에는 금전을 지급하기로 하는 계약도 무효이다. 친자간의 윤리관계로서 부모가 이혼하더라도 어머니와는 동거하지 않겠다는 부자간의 계약은 무효가 되며, 자식이 부모를 상대로 하여 불법행위로 인한 손해배상을 청구하는 행위도 인륜에 반하여 허용되지 않는다.

■ **약혼한 남녀 사이에 남자가 여자와의 동거를 거부할 때에는 돈을 지급하겠다는 약정은 유효한가?**

판결요지

남녀가 혼인예약을 한 뒤에 남자가 여자와의 동거를 거부할 때에는 그 여자에게 금 45,000원을 지급하기로 한 약정은, 남자는 상대방에게 금전을 지급함으로써 법률상 보호를 받아야 할 쌍방 간의 사실상 혼인관계를 파기할 수도 있는 반면 계속 동거할 의무를 여자에게만 지우게 하는 것은 분명히 사회질서와 선량한 풍속에 반하는 사항을 내용으로 하는 계약이다(대판 1963. 11. 7, 63다587).

(2) 정의의 관념에 반하는 계약

① 동기의 불법

어떠한 범죄를 내용으로 하거나 조건 또는 동기로 하여 체결된 계약은 무효이다. 예를 들면 밀수입의 자금으로 사용하기 위한 금전대차나 밀수를 목적으로 한 출자는 무효가 된다. 그밖에 장물매각의 부탁, 살인청부 계약 등이 전형적인 예가 된다.

또한 그 내용자체는 반사회질서적인 것이 아니라 하여도 법률적으로 이를 강제하거나 그 계약이 반사회적인 조건이나 금전적 가치가 결부됨으로써 반사회질서적 성질을 띠게 되는 경우도 역시 무효가 된다. 이를테면 명예훼손의 범행을 하지 않는다는 것을 조건으로 금전을 지급받기로 한 계약은 무효이다.

② 부동산의 2중매매

부동산이 이미 매수인에게 매도되었음을 알면서도 매도인에게 2중매매를 적극 권유하여(예컨대 2중매매는 민·형사상 아무런 문제가 없으며 만일 문제가 되면 자기가 전부 책임을 지겠다는 등의 감언이설로 적극 사주한 경우) 목적물의 소유권이전등기를 하게 하는 것처럼, 제2매수인에게 윤리적비난가능성이 있는 경우에는 사회정의에 위반되는 반사회적 법률행위로 무효가 된다.

■ **이미 매도된 부동산을 자신에게 다시 팔도록 적극 가담하여 2중으로 매수한 자가 그 목적물을 제3자에게 매도한 경우, 제3자가 그 사실을 알지 못한 선의라면 소유권을 취득하게 되는가?**

판결요지

부동산의 이중매매가 반사회적 법률행위에 해당하는 경우에는 이중매매계약은 절대적으로 무효이므로, 당해 부동산을 제2매수인으로부터 다시 취득한 제3자는 설사 제2매수인이 당해 부동산의 소유권을 유효하게 취득한 것으로 믿었더라도 이중매매계약이 유효하다고 주장할 수 없다(대판 1996. 10. 25, 96다29151).

(3) 인격의 존중 또는 개인의 자유를 심하게 제한하는 계약

① 정신적 · 신체적 자유를 심하게 제한하는 행위

이를테면 노예계약이나 인신매매 및 매춘 행위 등은 반사회적 법률행위로 무효가 된다. 또한 일생동안 혼인을 하지 않겠다는 계약이나 어떤 일이 있어도 이혼하지 않겠다는 약정, 근로계약 중 결혼하면 자동으로 퇴직한다는 결혼퇴직조항(일명 독신약관이라고도 함) 등도 결혼의 자유를 심하게 제한하는 것으로서 무효가 된다.

다만 생존 중에 혈액이나 장기 등 신체의 일부를 양도하는 계약은 양도인의 건강 등 의학적 측면과 양도인과 양수인 사이의 신분관계를 고려하여 사회적 타당성 여부를 판단하여야 할 것이다. 그러나 채무불이행시에는 신체의 일부를 절단하여 양도한다는 계약(셰익스피어의 희곡, "베니스의 상인"에서 샤일록과 안토니오가 체결한 계약)은 당연히 무효가 된다.

② 경제활동의 자유를 심하게 제한하는 경우

예를 들면 피용자가 퇴직 후 고용주와 경쟁관계에 있는 영업을 하지 않겠다는 계약, 영업을 양도한 자가 같은 종류의 영업을 하지 않기로 하는 계약 등은 영업금지의 지역과 기간, 영업의 종류 등으로 보아 개인의 생존권적인 영업의 자유를 구속한다고 볼 수 있을 정도로 현저하게 제한되는 것이면 무효가 된다.

(4) 생존의 기초가 되는 재산을 처분하는 계약

이를테면 자기가 장차 취득할 전 재산을 양도하는 계약과 같이 생존을 불가능하게 하는 것은 무효이다. 판례는 사찰이 그 존립에 필요불가결한 재산인 임야를 증여하는 계약을 무효라고 판시하고 있다.

(5) 사행성이 현저한 계약

도박은 형사상 범죄가 되지만, 범죄가 되지 않을 정도의 것도 도박에 관한 모든 계약은 사회질서에 반하여 무효가 된다. 즉, 도박에 의하여 금전채무를 발생시키는 행위 자체뿐만 아니라, 그와 관련하여 도박자금을 대여하는 행위, 도박으로 부담하게 된 노름빚을 갚기 위하여 토지를 양도하는 계약, 도박자금으로 빌린 돈의 담보를 위하여 근저당권을 설정하고 가등기하는 것 등도 모두 무효이다.

■ 남편이 아내(피보험자)를 살해하여 보험금을 편취할 목적으로 자녀를 보험수익자로 하여 생명보험계약을 체결한 후 아내를 살해한 경우, 고의로 보험사고를 일으키지 않은 자녀는 보험금을 청구할 수 있는가?

판결요지

(가) 생명보험계약은 사람의 생명에 관한 우연한 사고에 대하여 금전을 지급하기로 약정하는 것이어서 금전을 취득할 목적으로 고의로 피보험자를 살해하는 등의 도덕적 위험의 우려가 있으므로, 그 계약 체결에 관하여 신의성실의 원칙에 기한 선의(이른바 선의 계약성)가 강하게 요청되는바, 당초부터 오로지 보험사고를 가장하여 보험금을 취득할 목적으로 생명보험계약을 체결한 경우에는 사람의 생명을 수단으로 이득을 취하고자 하는 불법적인 행위를 유발할 위험성이 크고, 이러한 목적으로 체결된 생명보험계약에 의하여 보험금을 지급하게 하는 것은 보험계약을 악용하여 부정한 이득을 얻고자 하는 사행심을 조장함으로써

사회적 상당성을 일탈하게 되므로, 이와 같은 생명보험계약은 사회질서에 위배되는 법률행위로서 무효이다.

(나) 피보험자(아내)를 살해하여 보험금을 편취할 목적으로 체결한 생명보험계약은 사회질서에 위배되는 행위로서 무효이고, 따라서 피보험자를 살해하여 보험금을 편취할 목적으로 피보험자의 공동상속인 중 1인(남편)이 상속인(자녀)을 보험수익자로 하여 생명보험계약을 체결한 후 피보험자를 살해한 경우, 다른 공동상속인(자녀)은 자신이 고의로 보험사고를 일으키지 않았다고 하더라도 보험자에 대하여 보험금을 청구할 수 없다(대판 2000. 2. 11, 99다49064).

2. 불공정한 계약

(1) 의 의

당사자의 궁박 · 경솔 또는 무경험으로 인하여 현저하게 공정을 잃은 계약은 무효가 된다(민법 제104조). 이러한 행위를 폭리행위라고 하며, 경제적 강자가 약자를 착취하는 것을 방지하기 위한 것이다.

(2) 요 건

① 궁 박

궁박이란 급박한 곤궁, 즉 벗어날 길이 없는 어려운 상태를 말하며, 경제적인 어려움에 한하는 것은 아니다. 신분적 압박이나 신체적 · 정신적으로 절박한 상태도 포함된다. 또한 궁박의 상태는 계속적인 것이든 일시적인 것이든 상관없으며, 친척 등의 궁박 상태 때문에 계약을 체결한 경우도 포함된다.

궁박의 예로서는, 배우자의 치료비 및 자녀의 학교 등록금이 필요한 경우, 국회의원선거에 출마한 자가 선거운동비 부족으로 부동산을 처분하여야만 하게 된 경우, 아버지의 병이 위독하기 때문에 그 치료비를 마련하기 위하여 할 수 없이 부동산을 처분하게 된 경우, 농촌에서 농사만을 짓던 가족이 사고로 가장을 잃어 경제적으로나 정신적으로나 경황이 없는 경우, 응급처치를 요하는 환자가 의사로부터 부당한 보수를 요구받는 경우 등을 들 수 있다.

② 경 솔

경솔이란 특정한 행위를 하기로 의사결정을 한 때에 그 행위의 결과에 대하여 보통 사람이 기울이는 주의를 하지 않은 심적 상태를 말한다. 판례상 인정되는 경솔의 예로서는, 매도인이 평소 어리석은 사람인 것이 인정되고, 매수인이 목적물을 매수한 후 불과 3개월 만에 지불한 대금의 4.5배를 받고 다시 제3자에게 전매한 것이 판명된 경우 등을 들 수 있다.

③ 무경험

무경험이란 일반적인 생활체험의 부족을 의미한다. 이를테면 나이가 어리다든가, 외국에서 이사 온지 얼마 안 된다든가 하는 경우이다.

판례에 나타난 것을 보면 원래 아는 것과 경험이 없을 뿐만 아니라 사고 경위도 모르는 채 아들이 사망했다는 비보에 충격을 받아 경황이 없는 상태에서 상대방 회사의 규모나 신용에 비추어 그 직원들의 말만 믿고 정상적인 손해배상금보다 훨씬 작은 금원을 수령하면서 합의서에 날인한 경우, 상속인이 아무 것도 모르는 것을 기화로 학자의 집에서 귀중한 서적을 염가로 매수한 경우 등을 들 수 있다. 그러나 자동차구입자가 전문가나 알 사항을 모른다고 해서 무경험으로 인정되는 것은 아니며, 매도인이 부동산 매매계약 당시 나이가 32세 6개월 된 대학졸업자로서 직장생활도 했고 토지담보거래, 소송 수행 등의 체험이 있으며 인감도 네 차례나 개인한 일이 있다면 무경험·경솔로 매매계약을 체결한 것으로 볼 수 없다고 한다.

④ 현저한 불균형

또한 폭리행위가 되기 위해서는 계약 내용이 현저하게 공정을 잃은 것, 즉 급부와 반대급부 사이에 현저한 불균형이 있어야 한다. 이는 단순한 산술적 개념이 아니므로 계약의 내용 · 시기 · 장소 기타 주위의 사정을 종합적으로 고려하여 판단할 수밖에 없다.

판례는 임야를 시가의 1/2.5 내지 1/5의 가격으로 매매한 경우, 3,400만원 상당하는 임야를 600만 원에 매매한 경우, 시가의 1/8정도의 가격으로 매매가 된 경우, 정상적으로 받을 수 있는 손해배상금의 1/8만 받고 합의서를 작성한 경우, 700만 원 상당의 생활근거 가옥을 267만원에 매도한 경우를 급부와 반대급부 간에 현저한 불균형이 있는 것으로 보고 있다.

⑤ 편승의도

판례는 상대방의 궁박 · 경솔 · 무경험을 폭리자가 이용하여야 폭리행위가 성립한다고 판시하여, 상대방의 「편승의도」를 요건으로 요구하고 있다.

(3) 효 과

이와 같은 요건을 갖춘 불공정한 법률행위(계약)는 무효가 되는데, 그 효과는 절대적이다. 즉, 계약(법률행위)이 불공정한 행위로서 무효가 되는 경우에는 목적 부동산의 소유권 이전등기가 이미 제3자에게 넘어갔다고 하더라도 불공정한 계약을 체결하여 피해를 보게 된 자는 누구에 대해서도 무효를 주장하여 목적물을 반환받을 수 있다.

■ **유부녀와 통정한 후 상간자의 배우자와 고소하지 않기로 합의하면서 1억7천만 원을 지급하기로 약정한 것은 불공정한 행위에 해당하는가?**

판결요지

지역사회에서 상당한 사회적 지위와 명망을 가지고 있는 자가 유부녀와 통정한 후 상간자의 배우자로부터 고소를 당하게 되면 자신의 사회적 명예가 실추되고 구속될 여지도 있어 다소 궁박한 상태에 있었다고 볼 수는 있으나 상간자의 배우자가 상대방의 그와 같은 처지를 적극적으로 이용하여 폭리를 취하려 하였다고 볼 수 없는 경우, 고소를 하지 않기로 합의하면서 금 170,000,000원의 약속어음 공정증서를 작성한 행위가 불공정한 법률행위에 해당한다고 볼 수 없다(대판 1997. 3. 25, 96다47951).

■ 아파트 건축 등 개발사업이 추진되는 지역의 토지를 소유하고 있는 자가 그 토지를 매도하지 않고 버티다가 결국 인근 토지의 시세보다 몇 배 많은 금액을 받으면서 매도한 경우(속칭 '알박기')는 범죄가 되지 않는가?

판결요지

(가) 형법상 부당이득죄에서 궁박이라 함은 '급박한 곤궁'을 의미하고, '현저하게 부당한 이익의 취득'이라 함은 단순히 시가와 이익과의 배율로만 판단해서는 안 되고 구체적·개별적 사안에 있어서 일반인의 사회통념에 따라 결정하여야 한다. 피해자가 궁박한 상태에 있었는지 여부 및 급부와 반대급부 사이에 현저히 부당한 불균형이 존재하는지 여부는 거래당사자의 신분과 상호 간의 관계, 피해자가 처한 상황의 절박성의 정도, 계약의 체결을 둘러싼 협상과정 및 거래를 통한 피해자의 이익, 피해자가 그 거래를 통해 추구하고자 한 목적을 달성하기 위한 다른 적절한 대안의 존재 여부, 피고인에게 피해자와 거래하여야 할 신의칙상 의무가 있는지 여부 등 여러 상황을 종합하여 구체적으로 판단하여야 한다. 특히, 우리 헌법이 규정하고 있는 자유시장 경제질서와 여기에서 파생되는 사적 계약자유의 원칙을 고려하여 그 범죄의 성립을 인정함에 있어서는 신중을 요한다.

(나) 개발사업 등이 추진되는 사업부지 중 일부의 매매와 관련된 이른바 '알박기' 사건에서 부당이득죄의 성립 여부가 문제되는 경우, 그 범죄의 성립을 인정하기 위해서는 피고인이 피해자의 개발사업 등이 추진되는 상황을 미리 알고 그 사업부지 내의 부동산을 매수한 경우이거나 피해자에게 협조할 듯한 태도를 보여 사업을 추진하도록 한 후에 협조를 거부하는 경우 등과 같이, 피해자가 궁박한 상태에 빠지게 된 데에 피고인이 적극적으로 원인을 제공하였거나 상당한 책임을 부담하

는 정도에 이르러야 한다. 이러한 정도에 이르지 않은 상태에서 단지 개발사업 등이 추진되기 오래 전부터 사업부지 내의 부동산을 소유하여 온 피고인이 이를 매도하라는 피해자의 제안을 거부하다가 수용하는 과정에서 큰 이득을 취하였다는 사정만으로 함부로 부당이득죄의 성립을 인정해서는 안 된다.

⇒ 아파트 건축사업이 추진되기 수년 전부터 사업부지 내의 일부 부동산을 소유하여 온 소유자가 사업자의 매도 제안을 거부한 끝에 인근 토지 시가의 40배가 넘는 대금을 받고 매도하였더라도 부당이득죄가 성립되지 않는다(대판 2009. 1. 15, 2008도8577).

3. 통정허위표시

(1) 의 의

채무자가 강제집행을 면하기 위하여 친구와 통모하여 자기가 소유하는 부동산에 대한 소유권을 그 친구에게 잠시 넘기는 경우와 같이 상대방과 통정하여 체결하는 진의 아닌 계약(통정허위표시)은 무효가 된다. 실제로는 증여를 하면서 증여세를 면탈하기 위하여 증여가 아닌 매매를 원인으로 하여 소유권 이전등기를 하는 경우 등을 들 수 있다.

■ 주거용 목적이 아니라 채권자가 우선변제 받을 목적으로 가장 임대차계약을 체결한 경우에도 주택임대차보호법이 적용되는가?

판결요지

임대차는 임차인으로 하여금 목적물을 사용·수익하게 하는 것이 계약의 기본 내용이므로, 채권자가 주택임대차보호법상의 대항력을 취득하는 방법으로 기존 채권을 우선변제 받을 목적으로 주택임대차계약의 형식을 빌려 기존 채권을 임대차보증금으로 하기로 하고 주택의 인도와 주민등록을 마침으로써 주택임대차로서의 대항력을 취득한 것처럼 외관을 만들었을 뿐 실제 주택을 주거용으로 사용·수익할 목적을 갖지 아니 한 계약은 주택임대차계약으로서는 통정허위표시에 해당되어 무효라고 할 것이므로 이에 주택임대차보호법이 정하고 있는 대항력을 부여할 수는 없다(대판 2002. 3. 12, 2000다24184, 24191).

(2) 제3자에 대한 효력

허위표시의 무효는 선의의 제3자에게 대항하지 못한다. 예를 들면, A와 B가 서로 통모하여 허위표시에 의한 증여로서 A가 소유하는 부동산의 소유권을 B에게 이전한 경우에, 그 사실을 알지 못하는 제3자 C가 B로부터 그 부동산을 구입했다면 C는 유효하게 그 부동산의 소유권을 취득하게 된다. 이러한 효력은 부동산 등기에 공신력이 인정되지 않고 있는 현행 법제 하의 부동산거래에서 중요한 의미를 가진다.

(3) 가장혼인과 가장이혼

실질적인 혼인의사의 합치 없이 국적취득 등의 목적으로 혼인신고의 합의만 한 경우는 가장혼인으로서 무효가 된다. 그런데 가장이혼의 경우에는 반드시 무효가 되는 것이 아니다.

4. 진의 아닌 의사표시

(1) 의 의

의사표시를 하는 표의자가 자신의 표시행위가 진의 아님을 알면서 진의와는 다른 표시를 하는 경우를 진의 아닌 의사표시라고 한다. 이를테면 문제를 유발한 사원이 회사에 사직할 의사는 없이 반려될 것으로 믿고 도의상 사직서를 제출한 경우, 건물의 임대인이 임차인이 쩔쩔매면서 간청하는 모습을 보려고 실제로 마음에도 없으면서 연말까지 가게를 비워달라고 하는 경우, B남이 레스토랑에서 같이 온 A녀를 감탄시키기 위하여 값비싼 희귀한 요리는 없을 것이라고 오신하고서 그것을 주문하는 경우 등을 들 수 있다.

(2) 효 력

① 원 칙

이러한 계약은 그대로 효력이 발생한다. 계약을 체결한 자는 자신의 의사표시가 진의가 아니었음을 이유로 그 효력을 부정할 수 없다. 상대방이 자신의 진심이 아님을 알 것이라는 기대 하에 제출한 사표가 그대로 수리되었다면, 그대로 효력이 발생하게 되는 것이고 부정할 수 없게 된다. 이와 같은 진의 아닌 의사표시는 원칙적으로 표시한 내용대로 효력을 발생한다. 이는 거래의 안전과 표시를 신뢰한 상대방을 보호하기 위한 것이다.

다만 명백한 농담이나, 배우의 극중 대사라든가, 교수가 강의실에서 견본으로 학생들에게 어음 수표를 교부하는 행위 등은 의사표시라고 할 수 없으므로 진의 아닌 의사표시의 문제에 해당되지 않는다.

② 예 외

예외적으로 상대방이 표의자의 진의 아님을 알았거나 이를 알 수 있었을 경우에는 진의 아닌 의사표시는 무효가 된다. 위의 예에서 사직서를 받은 대표이사가 그 사표가 진심이 아님을 알았거나 알 수 있었다면 무효가 된다는 것이다.

알았거나 알 수 있었을 경우란 과실로 알지 못하였다는 의미이며, 보통사람의 주의를 하였다면 충분히 알았을 경우를 말한다. 상대방이 진의 아님을 알았다거나 알 수 있었다는 것은 의사표시의 무효를 주장하는 자가 입증하여야 한다.

(3) 선의의 제3자 보호

진의 아닌 의사표시가 예외적으로 무효가 되는 경우에, 그 무효는 선의의 제3자에게 대항하지 못한다. 선의란 의사표시가 표의자의 진의 아님을 알지 못하는 것이다.

이를테면 진의 아닌 의사표시를 요소로 하여 성립한 부동산 매매계약의 매수인으로부터 그 부동산을 다시 매수한 자가 선의인 때에는 앞서의 매매계약이 진의 아닌 의사표시로서 무효가 된다고 하여도 자기는 유효하게 소유권을 취득한다는 것이다.

Ⅲ. 취소할 수 있는 계약

1. 제한능력자의 계약

미성년자 · 피성년후견인 · 피한정후견인 등이 법정대리인의 동의를 얻지 않고 체결한 계약은 법정대리인이 취소할 수 있다.

2. 착오에 의한 계약

(1) 의 의

계약 내용의 중요한 부분에 대하여 착오가 있는 때에는 중대한 과실이 없는 한, 그 계약을 취소할 수 있다(민법 제109조). 이미 체결한 계약에 대하여 착오를 이유로 취소할 수 있기 위해서는 계약의 중요부분에 관한 착오가 있어야 하고, 그 착오가 중대한 과실에 의한 것이 아니라야 한다.

(2) 착오의 유형

① 표시상의 착오

표시행위를 잘못하는 것이 표시의 착오이다. 표의자가 표시하고자 의욕한 것과 다른 표시를 하는 것이다. 예를 들면 매도인이 청약서에 75만 원으로 기재할 것을 잘못하여 57만 원으로 쓴 경우이다.

② 내용의 착오

표의자가 표시행위의 의미를 잘못 이해하는 것이 내용의 착오이다. 표의자가 의사표시의 내용에 관하여 착오에 빠지는 것이다. 예를 들면 우리나라의 「원」을 일본의 「円」과 동일한 가치로 오신하고 100円이라고 적을 것을 100원이라고 표시하는 경우이다.

③ 동기의 착오

동기의 착오란 표시에 대응하는 내심의 의사는 존재하지만, 그 내심의 의사를 결정할 때의 동기 내지 내심의 의사를 결정하는 과정에 착오가 있는 경우를 말한다. 예컨대 축사를 지어서 소를 사육할 목적으로 토지를 매수하였는데, 계약을 하고 보니 그 토지는 법령에 의하여 축사를 지을 수 없는 토지로 판명된 경우를 들 수 있다.

(3) 착오의 효과

① 원 칙

계약을 체결하면서 그 내용의 중요 부분에 착오가 있는 때에는 그 계약을 취소할 수 있다. 계약 내용의 중요하지 않은 부분에 착오가 있으면 취소하지 못한다.

계약 내용의 중요한 부분에 관한 착오란 표의자가 그러한 착오를 하지 않았더라면 그러한 의사표시를 하지 않았으리라고 생각될 뿐만 아니라(주관적 요건), 보통 일반인도 표의자의 지위에 섰더라면 그러한 의사표시를 하지 않았을 것이라고 생각될 정도(객관적 요건)로 중요한 것이어야 한다.

무엇이 중요한 부분의 착오인가는 추상적·일률적으로 결정할 것이 아니라 개개의 법률행위에 관하여 구체적으로 표의자 자신의 이익과 상대방의 이익 및 거래의 안전등을 고려하여 판단되어야 한다.

대체적으로 살펴보면, 계약의 성질에 관한 착오(예를 들면 임대차를 사용대차인 줄로 잘못 알았거나, 연대채무를 보증채무로 잘못 안 경우)는 보통 중요부분의 착오가 된다. 신용매매 · 대차 · 증여 · 위임 · 고용 등에서는 상대방이 누구인가 하는 것이 중요부분이 되므로 이 경우 사람의 동일성에 관한 착오는 중요부분의 착오가 된다. 그러나 현실매매에서는 중요부분의 착오라고 할 수 없다. 특정물을 목적으로 하는 법률행위는 원칙적으로 물건의 개성을 중시하여 행하여지는 것이므로 이러한 경우에는 물건의 동일성은 원칙적으로 중요한 사항이며 이에 관한 착오는 중요부분의 착오가 된다.

판례는 매매 목적 부동산의 근소한 평수의 차이는 매매계약의 중요부분의 착오가 될 수 없다고 한다. 또한 매매목적물의 시가에 관한 착오, 즉 매매 목적물의 시가를 알지 못하여 대금과 현실의 시가 간에 착오가 있어도 이것은 중요부분의 착오가 아니라는 것이 판례의 입장이다.

② 예 외

착오가 표의자의 중대한 과실로 인한 때에는 취소하지 못한다. 중대한 과실이란 표의자가 자신의 직업이나 행위의 종류, 목적 등에 비추어 보통 베풀어야 할 주의를 현저하게 가지고 있지 않은 것을 말하며, 그 입증책임은 상대방에게 있다.

예컨대, 공장을 경영하는 자가 공장이 협소하여 새로운 공장을 설립할 목적으로 토지를 매수하면서 그 토지상에 공장을 건축할 수 있는지 여부를 관할 관청에 알아보지 않고 계약을 체결한 것은 중대한 과실에 해당된다(대판 1993. 6. 29, 92다38881). 반면에 부동산중개업자가 다른 점포를 매매 목적물로 잘못 소개하여 매수인이 매매목적물에 관하여 착오를 일으킨 경우에는, 부동산중개업자의 설명을 신뢰하여 매매계약을 체결한 것으로서 목적물 오인에 관한 중과실이 없다고 한다(대판 1997. 11. 28, 91다32772).

(4) 동기의 착오

앞에서 설명하였듯이 동기의 착오란 표시에 대응하는 내심의 의사는 존재하지만, 그 내심의 의사를 결정할 때의 동기 내지 내심의 의사를 결정하는 과정에 착오가 있는 경우를 말한다.

예를 들면, 조카가 운전면허시험에 합격했다고 믿고서 조카에게 승용차를 사주었는데 사실은 불합격한 경우, 손님을 맞기 위하여 소파를 구입하였는데 손님이 오지 않은 경우, 상가가 개설될 것이라고 생각하여 그 토지를 매수하였는데 실은 상가 예정지가 아닌 것으로 판명된 경우 등을 들 수 있다.

이와 같은 동기의 착오가 앞에서 설명한 착오로 인정될 수 있는가 하는 것이 문제로 된다.

해석상 논의가 있으나 판례에 의하면 의사표시의 동기에 착오가 있는 경우에는, 당사자 사이에 그 동기를 의사표시의 내용으로 삼았을 때(계약 내용으로 명시한 때)에 한하여 의사표시의 내용의 착오가 된다고 한다. 즉, 한우인 비육우를 사육하여 판매하는 자가, 우사를 짓고 비육우를 사육하는 목적에 적합한 토지를 물색하던 중, 마음에 드는 토지가 있어서 매매계약을 체결하였는데, 매매계약을 체결하고 보니 사실상 그 토지가 시설녹지·자연녹지 및 도로부지인 토지이기 때문에 토지를 구입하게 된 목적을 달성할 수 없게 된 경우, 그와 같은 구입동기를 계약 내용으로 명시하지 않았다면 매수인의 착오에 의한 의사표시로서의 계약 취소는 인정되지 않는다(대판 1984. 10. 23, 83다카1187).

3. 사기나 강박에 의한 계약

(1) 의 의

타인(상대방이나 제3자)의 사기나 강박 등 위법한 간섭으로 말미암아 자유로운 결정이 방해된 상태 하에서 체결된 계약은 취소할 수 있다.

(2) 사기와 강박

① 사기에 의한 의사표시

사기에 의한 의사표시란, 표의자(의사표시를 하는 자, 즉 계약을 체결하는 자)가 타인(상대방 또는 제3자)의 기망행위로 인하여 착오에 빠져서 한 의사표시를 의미한다.

기망행위에는 적극적으로 진실에 반하는 허위사실을 명시적 또는 묵시적으로 주장하는 것은 물론, 때로는 소극적으로 신의성실의 원칙 또는 거래관념에 비추어 어떤 상황을 고지할 법률상의 의무가 있음에도 불구하고 이를 알리지 않음으로써 의사표시를 하는 자에게 실제와 다른 관념을 야기하거나 유지하게 하는 침묵도 포함된다.

② 강박에 의한 의사표시

강박에 의한 의사표시란, 표의자가 타인(상대방이나 제3자)의 강박행위로 공포심을 가지게 되어 그 해악을 피하기 위하여 진의아니게 표시하는 의사표시를 의미한다.

형법에서는 사기죄(형법 제347조), 공갈죄(형법 제350조), 협박죄(형법 제283조)로 처벌된다.

사기나 강박이 불법행위의 요건을 갖춘 때에는, 피해자에게 손해배상청구권이 발생하고, 사기나 강박에 의하여 행하여진 의사표시는 취소할 수 있도록 한 것이다.

(3) 요 건

① 사기자 · 강박자의 고의

사기자 · 강박자에게 고의가 있어야 하며, 과실만으로는 부족하다. 예컨대, 중고자동차를 파는 매도인이 그 차가 사고를 당한 충격으로 약간의 이상이 있다는 사실을 알면서도 이를 숨기고 매도하는 경우에는 고의가 인정되지만, 매도인이 그 차가 사고가 났던 차라는 사실을 알지 못한 때에는, 알지 못한데 중대한 과실이 있더라도 사기에 의한 의사표시로 되지 않는다.

이 경우, 고의로서는 2단계의 고의가 있어야 한다. 사기자가 상대방을 기망하여 착오에 빠지게 하려는 고의와 그 착오에 의하여 상대방에게 일정한 의사표시를 하게 하려는(계약을 체결하게 하려는) 고의, 또는 강박자가 상대방에게 공포심을 일으키려는 고의와 그 공포심에 기해서 의사표시를 하게 하려는 고의를 요한다.

② 위법한 기망행위 또는 강박행위가 있을 것

기망행위란 적극적으로 진실에 반하는 허위사실을 명시적 또는 묵시적으로 주장하는 것은 물론, 때로는 소극적으로 신의성실 또는 거래관념에 비추어 어떤 상황을 알려줄 법률상의 의무가 있음에도 불구하고, 이를 알리지 않음으로써 표의자에게 실제와 다른 관념을 야기·강화·유지하게 하는 침묵도 포함된다.

예컨대, 생명보험계약을 체결하면서 질병에 관한 질문에 허위로 대답하는 것은 기망행위가 된다. 또한 사고차인 사실을 숨기거나, 자동차 계기판의 고장으로 실제 주행거리는 1만㎞인데도 1천㎞로 잘못 표시된 사실을 알면서 상대방에게 알려주지 않은 것도 기망행위가 성립한다. 이미 앞에서 언급하였지만, 아파트 분양자는 아파트 단지 인근에 쓰레기 매립장이 건설예정인 사실이나 공동묘지가 조성되어 있는 사실을 아파트 분양계약자에게 고지할 신의칙상 의무를 부담하므로 이를 알리지 않은 것은 기망행위가 된다(대판 2006. 10. 12, 2004다48515; 대판 2007. 6. 1, 2005다5812).

■ 43평형 아파트를 분양받는 자들에게 다른 일반 아파트의 43평형보다 전용면적이 더 넓어질 것이라고 오인하도록 광고한 것은 기망행위가 되는가?

판결요지

(가) 상품의 선전, 광고에 있어 다소의 과장이나 허위가 수반되는 것은 그것이 일반 상거래의 관행과 신의칙에 비추어 시인될 수 있는 한 기망성이 결여된다고 하겠으나, 거래에 있어서 중요한 사항에 관하여 구체적 사실을 신의성실의 의무에 비추어 비난받을 정도의 방법으로 허위로 고지한 경우에는 기망행위에 해당한다.

(나) 피고(아파트 분양업자)는 아파트 43평형의 수분양자들로 하여금 다른 일반 아파트의 43평형보다 전용면적이 더 넓어질 것이라고 오인하게끔 광고한 것이고, 이는 피고가 거래에 있어 중요한 사항에 관하여 구체적 사실을 신의성실의 의무에 비추어 비난받을 정도의 방법으로 허위로 고지한 경우로서 기망행위에 해당하며, 따라서 피고는 위와 같은 허위광고에 속아 이 사건 아파트 43평형을 분양받은 원고들에게 이로 인한 손해를 배상할 책임이 있다(대판 2008. 10. 23, 2007다44194).

(4) 효 과

① 취소권 발생

상대방이나 제3자의 사기 · 강박에 의하여 본의 아니게 계약을 체결한 자는 그 계약을 취소할 수 있다. 취소하게 되면 그 계약은 처음부터 소급하여 소멸하게 되므로 이미 채무가 이행되었다면 부당이득반환청구권이 발생한다.

② 선의의 제3자 보호

사기 · 강박을 이유로 한 계약의 취소는 선의의 제3자에게 대항하지 못한다. 선의란 사기 · 강박의 의사표시를 완전히 유효한 것으로 신뢰한 경우, 즉 권리의 외관을 신뢰한 경우를 말한다.

(5) 사기 · 강박에 의한 가족법상의 행위

가족법상의 행위에는 특별한 규정이 별도로 있다. 사기 또는 강박으로 인하여 혼인의 의사를 표시하거나 이혼의 의사표시 또는 입양의 의사표시를 한 때에는 가정법원에 그 취소를 청구할 수 있다(민법 제816조 제3호). 사기 또는 강박으로 인한 혼인은 사기를 안 날 또는 강박을 면한 날로부터 3월을 경과한 때에는 그 취소를 청구하지 못한다(민법 제823조).

제 3 장

부동산 등기와 임대차

제3장 부동산 등기와 임대차

제1절 부동산 등기

Ⅰ. 동산과 부동산

〔1〕 민법상의 물건

1. 물건의 의의

민법상의 물건이란 「유체물 및 전기 기타 관리할 수 있는 자연력」을 의미한다(민법 제98조).

(1) 유체물 또는 관리할 수 있는 자연력

유체물이란 공간의 일부를 차지하며, 오감으로 지각할 수 있는 유형적 존재(고체 · 액체 · 기체)를 말한다.

관리할 수 있는 자연력이란 전기 · 열 · 광선 · 원자력 · 음향 · 향기 등의 자연력처럼 유형적인 존재는 없지만 인공적으로 지배할 수 있는 자연력을 말한다. 권리는 물건이 아니다.

(2) 배타적 지배(관리)가능성

유체물이라 할지라도 사람이 배타적으로 지배하고 관리할 수 없다면 아무런 의미가 없다. 따라서 해나 달, 별과 같은 천체나 바다 같은 것은 유체물이지만 사람이 배타적으로 관리나 지배를 할 수 없기 때문에 법률상 물건이라고 할 수 없다. 다만 해양은 그 일부를 구획하여 지배할 수 있게 하면 어업권의 대상이 될 수 있다.

(3) 비인격성

근대법은 개인의 존엄을 기본원리로 하고 있기 때문에 법률상의 주체인 사람에 대한 배타적 지배는 인정하지 않는다. 살아 있는 인간의 신체 및 그 일부는 물건이 아니다. 따라서 생존하고 있는 타인의 신체는 물론 자기의 신체에 대해서도 소유권을 취득하는 것은 허용되지 않는다.

그러나 신체로부터 분리된 모발·치아·혈액 등과 같이 분리된 신체의 일부는 물건으로 취급된다. 의안·의치·의수·의족 등은 권리의 객체인 물건이 되지만, 이것이 인체에 고착되고 있는 한 인체의 일부를 이루며 물건이 되지 않는다.

시체나 유골도 물건이며 소유권의 객체로 인정되지만, 매장이나 제사 등의 목적 이외에는 처분의 객체가 될 수 없는 특수한 물건이다. 그 소유권은 제사주재자에게 귀속된다고 본다.

의사에게 수술을 받기 위하여 신체의 일부를 절단하는 계약이나 분리된 것을 처분하는 행위는 사회질서에 반하지 않는 한 유효하다. 그리고 생전에 자기의 시신을 대학병원에 기증한다는 등의 처분행위를 한 경우에는 사망 후 시신의 귀속자를 법률상 구속할 수 없지만, 사회질서에 반하지 않는 한 그 방법에 따라 처분하여도 무방하다.

(4) 독립성(단일성)

권리의 객체인 물건은 배타적으로 지배할 수 있어야 하기 때문에 그 독립성이 요구된다. 물건의 독립성에 대한 판단은 사회생활상의 거래관념에 따라 결정한다.

2. 물건의 종류

민법은 물건을 동산·부동산, 주물·종물, 원물·과실이라는 세 가지 유형으로 분류하고 있다. 그 내용은 항을 바꾸어 자세히 설명하기로 하고, 그 밖에 강학상 분류되고 있는 중요한 내용을 설명한다.

(1) 대체물 · 부대체물

대체물은 일반거래관념상 물건의 개성이 중시되지 않으므로 동일한 종류, 동일한 품질, 동일한 양의 다른 물건으로 바꾸어도 당사자에게 아무런 영향을 주지 않는 물건이다. 반면에 부대체물은 물건의 개성이 중시되어 다른 물건으로 바꿀 수 없는 물건이다. 예컨대, 금전이나 신간 서적, 곡물 등은 대체물에 속하고, 건물이나 토지, 중고자동차, 골동품 등은 부대체물에 속한다. 이는 거래의 일반관념에 따라 결정되며, 물건의 성질에 따른 구별이다.

(2) 특정물 · 불특정물

구체적인 거래에서 당사자가 물건의 개성을 중요시하여 특정한 물건을 지정하고 다른 물건으로 바꾸지 못하게 한 것이 특정물이고, 동일한 종류, 동일한 품질, 동일한 양의 것이면 다른 물건으로 바꿀 수 있게 한 물건이 불특정물이다. 이는 주관적으로 당사자자의 의사해석에 의하여 결정된다. 따라서 대체물이라도 당사자의 의사에 의해 특정물로 할 있으며, 부대체물도 당사자의 의사에 따라 불특정물이 될 수 있다. 예컨대 개성을 중시하는 그림과 같은 부대체물도 대량으로 거래하면서 불특정물로 취급할 수 있으며, 신간서적과 같은 대체물도 「이 책」이라고 특정하여 거래할 수 있다.

〔2〕 부 동 산

부동산이란 토지 및 그 토지의 정착물을 말한다(민법 제99조 제1항).

1. 토 지

토지란 일정한 지면과 이 지면의 상하(공중과 지하)를 포함한다. 따라서 지중의 암석이나 토사·지하수 등은 토지의 구성부분을 이루는 것으로서 토지와 별개의 물건이 아니다. 또한 인공적으로 부착시킨 것이라도 거래의 관념상 토지의 구성부분으로 보아야 할 돌담이나 터널·다리·우물·포장 등은 독립한 소유권의 객체가 되지 않는다.

토지는 자연적 구분이나 사용상의 구분에 의하지 않고, 인위적·관념적·사무적으로 구분하여 1필마다 지번을 붙이고 그 개수, 즉 개개의 범위를 정하여 그 동일성을 식별한다.

2. 토지의 정착물

토지의 정착물이란 토지에 고정적으로 부착되어 용이하게 이동할 수 없는 물건으로서, 거래관념상 계속적으로 토지에 부착하여 이용되는 것으로 인정되는 것을 말한다. 구체적인 예로서는 건물·수목 등을 들 수 있다. 가건물이나 공중전화박스, 가식중의 수목, 토지나 건물에 충분히 정착되지 않은 기계 등은 정착물이 아니라 동산이다.

(1) 건 물

건물은 토지로부터 완전히 독립한 별개의 부동산으로 토지와는 따로 등기제도를 두고 있다. 동일한 사람이 토지와 그 토지 위에 건물을 가지고 있을 경우, 토지와 건물은 독립한 별개의 소유권의 객체가 된다.

어느 정도에 이르면 건물이라고 할 수 있는가는 사회통념에 비추어 정할 일이다. 판례에 의하면, 최소한의 기둥과 지붕 그리고 주벽이 이루어지면 독립한 부동산으로서 사회통념상 건물로 인정된다고 한다.

1동의 건물의 일부라도 독립한 부동산으로서 법적 처리를 하는데 적합한 것이면 독립하여 소유권의 객체가 될 수 있으며, 이를 구분소유(아파트 등 집합건물의 경우)라고 한다.

한 채의 건물에 대한 구분 또는 분할등기 절차를 밟기 전에는 그 일부를 처분하지 못한다. 다만 한 채의 건물 일부에 대한 전세권설정은 예외적으로 인정된다.

■ 건축업자 A가 B 소유의 대지를 매수하여 그 대금을 지급하지 않은 채, B 명의로 건축허가를 받고 자신의 비용과 노력으로 건물을 신축한 경우, 완성된 건물의 소유권은 누구에게 있는가?

판결요지

(가) 건축허가는 행정관청이 건축행정상 목적을 수행하기 위하여 수허가자에게 일반적으로 행정관청의 허가 없이는 건축행위를 하여서는 안된다는 상대적 금지를 관계 법규에 적합한 일정한 경우에 해제하여 줌으로써 일정한 건축행위를 하여도 좋다는 자유를 회복시켜 주는 행정처분일 뿐 수허가자에게 어떤 새로운 권리나 능력을 부여하는 것이 아니고, 건축허가서는 허가된 건물에 관한 실체적 권리의 득실변경의 공시방법이 아니며 추정력도 없으므로 건축허가서에 건축주로 기재된 자가 건물의 소유권을 취득하는 것은 아니므로, 자기 비용과 노력으로 건물을 신축한 자는 그 건축허가가 타인의 명의로 된 여부에 관계없이 그 소유권을 원시취득한다.

(나) 건축업자가 타인의 대지를 매수하여 그 대금을 지급하지 아니한 채 그 위에 자기의 노력과 재료를 들여 건물을 건축하면서 건축허가 명의를 대지소유자로 한 경우에는, 특별한 사정이 없는 한 건축허가명의인 앞으로 소유권보존등기를 할 수밖에 없는 점에 비추어 볼 때, 그

목적이 대지대금 채무를 담보하기 위한 경우가 일반적이라 할 것이고, 이 경우 완성된 건물의 소유권은 일단 이를 건축한 채무자가 원시적으로 취득한 후 채권자 명의로 소유권보존등기를 마침으로써 담보 목적의 범위 내에서 위 채권자에게 그 소유권이 이전된다(대판 2002. 4. 26, 2000다16350).

(2) 농작물

토지에서 경작 재배되는 각종의 농작물은 토지의 구성부분에 불과하다. 농작물은 반대의 특약이 없는 한, 토지의 일부가 되어 토지 소유권이 이전되면 농작물의 소유권도 이전되는 것이다. 그러나 반대의 특약으로서 토지의 소유권만 이전하는 것도 가능하며, 또한 농작물의 소유권만 이전하는 것도 가능하다.

다만 정당한 권원(임차권, 지상권 등)에 의하여 타인의 토지에서 경작 재배한 농작물은 마치 토지로부터 독립한 별개의 부동산처럼 다루어진다.

그런데 아무런 권원 없이 타인의 토지에서 경작 재배한 농작물이 문제가 된다. 판례에 의하면 경작자가 정당한 권원 없이 위법하게 타인의 토지에서 경작 재배한 경우에도 그 농작물은 경작자의 소유권에 귀속한다는 입장을 취하고 있다. 이는 경작자를 보호하기 위한 정책적 고려가 담겨진 것으로서 농작물에 한하여 보호되는 것이며, 수목과 같은 것은 포함되지 않는다.

(3) 수 목

수목은 토지와 분리되면 동산으로 되지만, 토지로부터 분리되지 않은 상태에서는 원칙적으로 토지의 구성부분에 불과하여 독립한 물건으로 취급되지 않는다. 따라서 토지 소유자의 소유권은 그 지상에 자라고 있는 수목에 까지 미친다.

다만 「입목에 관한 법률」에 의하여 소유권보존등기를 받은 수목의 집단(이를 입목이라고 함)은 토지와 별개의 부동산으로 다루어진다. 또한 입목이 아닌 수목의 집단도 명인방법(표찰을 붙이는 등 수목이나 그 집단 또는 미분리된 과실의 현재 소유자가 누구라는 것을 제3자가 명백하게 인식할 수 있도록 하는 관습법상의 공시방법)을 갖추면 토지와 분리된 부동산으로서 거래의 객체가 된다.

〔3〕 동 산

토지와 그 정착물 이외의 모든 물건, 부동산 이외의 물건이 동산이다. 전기 기타 관리할 수 있는 자연력도 동산이다. 다만 무기명채권(예컨대 상품권·입장권·승차권 등)은 물건이 아니므로 동산에 해당되지 않는다.

〔4〕 주물과 종물

두 개의 물건 사이에 객관적·경제적인 주종적 결합관계가 있을 때(예를 들면 시계와 시계 줄, 배와 노, 본채와 광, 가옥과 덧문 등), 제3자의 권리를 해하지 않는 범위 내에서 종물을 주물의 법적 운명에 따르게 하는 것이 주물과 종물제도이다. 즉, 물건의 소유자가 그 물건의 상용에 공하기 위하여 자기 소유인 다른 물건을 귀속하게 한 때에는 그 물건을 「주물」이라 하고, 그 물건(주물)에 부속한 물건을 「종물」이라고 한다(민법 제100조 제2항).

당사자 사이에 다른 의사표시가 없는 한, 주물의 채권적·물권적 처분의 효력은 종물에도 미친다. 즉, 주물이 양도되면 종물도 양도되고, 주물에 저당권이 설정되면 종물에도 그 효력이 미치며, 주물에 관하여 임대차계약을 체결하면 종물에도 임차권의 효력이 미친다. 판례에 의하면, 주요소의 주유기는 독립된 물건이지만 주유소건물의 상용에 공하기 위하여 부속시킨 종물이 되고(대판 1995. 6. 29, 94다6345), 횟집으로 사용할 점포 건물에 거의 붙여서 횟감용 생선을 보관하기 위하여 신축한 수족관 건물도 점포 건물의 종물이 된다(대판 1993. 2. 12, 92도3234).

〔5〕 원물과 과실

물건으로부터 생기는 경제적 수익물을 과실이라고 하며, 과실을 낳게 하는 물건을 원물이라고 한다. 과실에는 천연과실과 법정과실이 있다.

천연과실이란 물건(원물)의 경제적 용법에 의하여 자연적·인공적으로 수취되는 산출물을 말한다. 예컨대, 달걀·과일·양모·석재·광물 등이다.

천연과실은 그 원물로부터 분리한 때에는 이를 수취할 권리자에게 귀속한다. 예를 들면 원물의 소유자, 선의의 점유자, 전세권자, 저당권자, 매도인, 임차인 등이 수취권자에 해당한다.

법정과실이란 물건(원물)의 사용대가로 받는 금전 기타의 물건을 말한다. 예를 들면 토지나 주택 등의 사용대가인 사용료나 차임, 금전의 사용대가인 이자 등이 법정과실이다. 물건의 매매대금과 같은 것은 법정과실이 아니다.

원물과 법정과실은 모두 물건이어야 하며, 권리과실이라는 개념은 인정하고 있지 않으므로 주식의 배당금이나 특허권의 사용료, 노동의 대가 등은 법정과실이 아니다.

법정과실은 수취할 권리의 존속기간 일수의 비율로 취득한다.

Ⅱ. 부동산 등기

〔1〕 부동산 등기제도

1. 부동산 등기

부동산 물권의 공시방법은 등기이다. 부동산의 권리관계를 모든 사람에게 알려주기 위한 방법으로 국가에서 등기부라고 하는 공적인 장부를 만들어 놓고 등기공무원으로 하여금 부동산에 관한 권리관계를 기재하도록 하는 것이 부동산 등기제도이다.

등기부는 등기소나 법원 또는 인터넷등기소(http://www.iros.go.kr)를 이용하여 누구나 열람하고 등본을 교부받을 수 있다.

2. 부동산 등기부

부동산 등기부에는 「토지등기부」와 「건물등기부」가 있으며 각각 1필의 토지 또는 1동의 건물에 대하여 1용지를 사용한다. 즉 1개의 부동산을 단위로 편성된다. 토지는 인위적으로 금을 그어서 나누고 지번을 매기는데 토지 1필지가 1개의 부동산이 된다.

건물도 토지에 붙어 있는 것이지만 별개의 부동산으로 취급되어 따로 등기부가 있다. 건물이 1개냐 2개냐 하는 것은 일반관념에 따라 결정되는데 요즈음 아파트 등 집합 건물이 많이 생겨서 외관상 1개의 건물이지만 각 세대마다 구분하여 독립한 소유권을 인정하고 있다.

과거의 구식 등기부는 한자를 사용하고 세로쓰기를 하여 읽기가 불편하였으나 새로이 편성된 등기부는 전산체제를 갖추어 한글과 가로쓰기를 하며 인쇄되어 있으므로 읽기가 훨씬 쉬워졌다.

부동산에 관한 공부로서 등기부외에 토지대장과 가옥대장(건축물과

세대장)이 있다. 이는 각각 토지와 가옥의 상황을 명확히 표시하는 장부이고 과세의 기본이 되며, 시・군에 비치한다.

3. 등기되어야 할 권리

등기가 요구되는 부동산 물권은 소유권, 지상권, 지역권, 전세권, 저당권 등이다. 따라서 이와 같은 부동산 물권 변동은 원칙적으로 당사자들의 합의(부동산소유권 이전의 합의, 저당권설정계약, 전세권설정계약 등)와 그 등기(부동산 소유권 이전등기, 저당권설정등기, 전세권설정등기 등)가 있을 때 일어난다. 부동산임차권(민법 제621조)・부동산환매권(민법 제592조) 등은 부동산물권은 아니지만 등기능력이 있다.

예를 들면, 매도인 A와 매수인 B 사이에 A가 소유하고 있는 건물을 사고팔기로 합의한 것 만으로서는 소유권이 매수인 B에게 이전하지 않으며, 소유권 이전등기가 매수인 B의 이름으로 행하여졌을 때 비로소 소유권이 B에게 이전하여 법적으로 주인이 되는 것이다. 비록 매수인 B가 그 건물로 이사하여 현재 살고 있다거나 집문서를 가지고 있다고 하더라도 등기부에 B의 이름으로 이전등기가 되어 있지 않는 한, B는 소유권을 취득한 것이 아니다.

다만 상속이나 판결, 공용징수, 경매 기타 법률의 규정에 의한 부동산 물권의 취득은 등기 없이도 효력이 발생하지만 등기하지 않고는 처분하지 못한다.

4. 등기부의 구조와 등기부 보는 법

등기부는 토지등기부와 건물등기부가 따로 있으므로 집을 사려면 양쪽을 다 보아야 한다.

(1) 등기부의 구조

등기부는 등기번호란, 표제부, 갑구, 을구의 4부분으로 되어 있다.

등기번호란에는 토지나 건물 대지의 지번이 기재되어 있다.

① 표제부

표제부에는 토지와 건물의 내용, 즉 소재지(예컨대, 대구광역시 남구 ○○동 △△△)와 면적(예컨대, 200㎡), 용도(예컨대, 대지·임야·주택·창고 등), 구조(예컨대 2층 목조건물, 철근콘크리트조 슬라브지붕) 등이 변경된 순서대로 적혀있다.

즉, 토지등기기록의 표제부는 표시번호란, 접수란, 소재지번란, 지목란, 면적란, 등기원인 및 기타사항란으로 되어 있고, 건물등기기록의 표제부는 표시번호란, 접수란, 소재지번 및 건물번호란, 건물내역란, 등기원인 및 기타사항란으로 되어 있다.

아파트와 같은 구분건물등기기록에는 1동의 건물에 대한 표제부를 두고, 전유부분마다 표제부, 갑구, 을구로 되어 있다. 1동의 건물의 표제부에는 표시번호란, 접수란, 소재지번 ·건물명칭 및 번호란, 건물내역란, 등기원인 및 기타사항란을 두고, 전유부분의 표제부에는 표시번호란, 접수란, 건물번호란, 건물내역란, 등기원인 및 기타사항란으로 되어 있다.

② 갑 구

갑구에는 소유권에 관한 사항이 접수된 일자순으로 적혀있다. 순위번호란, 등기목적란, 접수란, 등기원인란, 권리자 및 기타사항란으로 되어 있다. 맨 처음 기재된 사항이 소유권보존등기(최초의 소유자)이고, 그 이하 소유권 이전등기가 계속되어 간다. 각 등기사항 중 변경된 것이 있으면(예컨대 소유자의 주소변경) 변경등기(부기등기)를 한다.

과거에는 소유권 이전등기가 무효라고 하여 제3자가 소송을 걸어오면 법원에서 등기부에 예고등기를 하였는데, 2011년 부동산등기법 개정으로 폐지되었다.

특히 주의할 것은 가등기이다. 가등기는 부동산 물권변동을 일어나게 할 청구권을 가지는 자를 보호하기 위하여 일시적 예비적 보전수단으로서의 등기이다.

가등기는 순위보전적 효력이 있으므로 나중에 본등기를 하게 되면 가등기보다 늦게 된 등기는 원칙적으로 무효가 된다. 그 절차가 쉽고 효력이 강한 반면에 등록세는 싸기 때문에 많이 이용된다. 특히 근래에는 가등기 담보의 형태로서 중요한 기능을 한다.

③ 을 구

을구는 소유권 이외의 권리, 즉 저당권, 지상권, 전세권과 같은 제한물권에 관한 사항을 기재한다. 을구도 갑구와 마찬가지로 순위번호란, 등기목적란, 접수란, 등기원인란, 권리자 및 기타사항란으로 되어 있다. 특히 주의할 점은 근저당권 설정등기이다. 근저당권 설정등기에는 채권 최고액이란 것이 있어서 등기부에 기재된 최고액을 한도로 부동산의 가격에서 담보책임을 지게 되므로 실제 채무액이 얼마인가를 따로 파악하여야 한다.

(2) 등기된 권리의 순위

같은 부동산에 관하여 등기한 권리의 순위는 법률에 다른 규정이 없으면 등기한 순서에 따른다. 등기관이 등기기록을 할 때 등기한 순서대로 순위번호를 기재하도록 하고 있으므로 같은 구(예컨대 갑구나 을구)에서는 그 순위번호에 의하여 등기의 우열이 결정되고, 다른 구 사이(예컨대 갑구와 을구)에서는 접수번호에 의하여 그 우선순위를 가리게 된다. 다만, 부기등기의 순위는 주등기의 순위에 의하고, 가등기가 있는 경우에 본등기를 하게 되면 그 본등기의 순위는 가등기의 순위에 의하게 된다. 따라서 등기부를 볼 때에 가장 중요한 것은 갑구와 을구에 기재된 가등기, 소유권 이전등기, 저당권 설정등기 등의 등기 전후와 접수일자(접수번호)를 잘 살펴보아야 한다는 점이다.

5. 등기 절차

(1) 공동신청의 원칙

등기 신청은 등기권리자와 등기의무자가 공동으로 하는 것이 원칙이다(공동신청주의). 즉, 등기권리자와 등기의무자가 목적 부동산을 관할하는 법원 등기과나 등기소에 서면으로 신청하여야 한다. 예컨대, A가 B와 사이에 자신이 소유하고 있는 X 토지를 B에게 팔기로 하는 매매계약을 체결하여 대금을 받고 B 명의로 소유권이전등기를 하게 된다면, A와 B가 공동으로 등기를 신청하여야 한다. 이 경우 A는 등기의무자에 해당하고, B는 등기권리자에 해당한다. 보통은 법무사나 변호사가 양쪽의 위임을 받아서 처리한다. 주의할 점은 행정서사는 등기신청절차를 대행할 수 없다.

(2) 단독신청이 인정되는 경우

미등기부동산의 소유권보존등기, 판결에 의한 등기, 상속에 따른 등기 등은 단독으로 등기를 신청할 수 있다.

(3) 등기 신청의 심사

등기는 실체관계와 일치하여야 하므로 등기신청을 하면 등기공무원이 그 내용을 심사하게 된다. 그렇지만 법원이나 등기소의 등기공무원은 등기신청이 있으면 순서대로 이를 접수하여 순서대로 등기부에 기재하여야 하고, 일단 접수된 신청서류 등에 형식적인 결함이 있으면 신청을 각하할 수 있지만, 실질적 심사권(예컨대 매매계약이 무효는 아닌지의 여부 등)은 없다. 즉, 등기공무원은 등기신청에 대하여 실체법상의 권리관계와의 일치 여부를 심사할 실질적 심사권한은 없고, 오직 신청서 및 그 첨부 서류와 등기부에 의하여 등기요건의 충족여부를 심사할 형식적 심사권밖에는 없으므로 필요하다고 판단하여 다른 서면의 제출을 요구하거나 관계인의 진술을 요구하는 등 등기내용을 조사할 수는 없다(대결 1990. 10. 29, 90마772). 따라서 일응 형식적 요건만 구비되어 있으면 실질적 등기원인에 하자가 있더라도 등기를 하여야 한다.

(4) 등기신청 방법

등기신청 방법으로서는 방문신청과 전자신청 두 가지 방법이 있다.

방문신청은 신청인인 등기당사자나 대리인이 등기소에 직접 출석하여 신청서를 제출하는 방법으로 등기를 신청하는 방법이다. 전자신청은 등기소를 방문하지 않고 전산정보처리조직을 이용하여 등기를 신청하는 방법인데, 법원행정처장이 지정하는 등기유형에 한정된다. 전자신청을 하기 위해서는 그 등기신청을 하는 당사자나 대리인이 최초의 등기신청 전에 사용자등록을 하여야 한다.

〔2〕 부동산거래에서 유의할 사항

살아가면서 우리는 토지나 집을 사고파는 이른바 부동산거래를 적어도 한번쯤은 하지 않을 수 없을 것이다. 특히 생활의 터전이 되는 주택에 대한 우리의 집념은 대단한 것이어서 누구든 자신의 집을 가지기 위하여 부단한 노력을 아끼지 않고 있다.

그런데 무주택자가 아끼고 아껴서 근근이 모은 돈으로 드디어 집을 장만하려다가 사기를 당하는 등 엉뚱한 피해를 입는 경우도 적지 않다. 이러한 점을 감안하여 이하에서는 부동산 거래에서 피해를 예방하기 위한 최소한 유의하여야 할 사항을 정리해 보기로 한다.

1. 계약전의 유의사항

(1) 현장 확인과 관련 서류 확인

부동산을 사고자 하는 사람은 먼저 해당지번과 지적을 확인하고 등기부등본과 토지대장, 가옥대장(건축물과세대장), 임야대장, 도시계획 확인원 및 용도지역 확인원 등을 떼어 보고 현장을 반드시 확인하여야 한다.

현장과 등기부, 토지대장, 가옥대장 등이 일치하는가의 여부를 사전에 알아보아야 하고 또한 매도하려는 자가 실지 소유자인가의 여부도 신중하게 알아보아야 한다. 부동산중개소에서 소개하는 경우에도 본인이 직접 위와 같은 조치를 취하여 알아보는 것이 좋다.

(2) 등기부 열람

상대방이 보여 주는 등기부 등본만을 믿어서는 안 된다. 최근에는 복사기술이 발달되어 정당한 원본이라도 이를 고쳐 다시 복사하는 사례가 많아 원본과 다른 복사본이 많이 나돌고 있기 때문에 등본이 있으면 반드시 관계공무원의 인증(원본과 같다는 확인)이 있는가의 여부를 확인하여야 할 것이다. 가장 바람직한 것은 본인이 직접 등기부를 열람하여 확인하거나 등본을 떼어보는 것이다.

특히 주의할 점은 등기부에 어떤 사람이 소유자로 등재되어 있다고 하더라도 이 등기부에는 공신력이 없다는 점이다. 예를 들면 A의 토지를 X가 서류를 위조하여 자기 명의로 이전등기를 한 후 B에게 팔아 넘겼다면(물론 이러한 사실은 A가 입증할 책임이 있다), B가 아무리 등기부를 확인하고 X의 소유로 믿었다고 하더라도 A가 X의 사기 행각을 입증하여 자신이 소유자임을 주장하고 나서면 B는 소유권을 취득하지 못하게 된다.

이렇게 되면 등기부 등본도 믿을 것이 못되고 만다. 이 때문에 등기부의 공신력을 제도화하기 위해서 등기 공무원에게 실질적인 심사권을 주어야 한다는 주장이 있으나, 앞으로 해결되어야 할 과제이다. 결국 앞의 예에서 B는 X에게 손해배상을 청구하는 방법과 형사 고소하는 방법으로 구제될 수밖에 없는 것이다.

(3) 기타 고려 사항

짧은 시일 안에 권리자가 여러 명씩 바뀌는 등 권리변동 관계가 빈번하고 복잡한 물건은 일단 의심을 하고 사지 말아야 한다. 또한 근저당 등 여러 가지 담보물권이나, 가등기가 설정되어 있는 것은 사지 않는 것이 현명하다. 또 매수 직전에 비로소 보존등기가 되어 있거나, 기타 상속등기나 회복등기가 된 것은 일단 의심을 해야 한다. 소송으로 확정판결을 받은 물건을 매수할 때는 패소판결을 받은 자를 찾아가 사실여부를 확인하는 것이 좋다. 재산세 납세자가 소유자와 다른 경우에는 그 이유를 알아보아야 하며, 또 건축과 관련하여 도시계획 여부나 개발제한구역 여부 등도 반드시 확인하여야 한다.

2. 계약할 때의 유의사항

(1) 명확한 계약서 작성

계약서는 구체적으로 명백히 쓰고 애매한 문구로 인하여 손해를 보는 일이 없도록 하고, 특히 부동산 중개업소에 인쇄되어 있는 계약서 용지를 사용하려면 이를 면밀히 읽어 보고 검토할 것이며, 특약 사항이 있으면 그 특약도 명백하게 기재하여야 한다.

(2) 당사자와 직접 계약체결

계약할 때에는 매도인측 대리인과 계약하지 말고 거래 당사자간에 직접 계약하는 것이 좋고, 부동산 중개업소의 소개로 계약하는 경우에도 매도인과 직접 계약하는 것이 좋으며, 반드시 입회인을 두는 것이 좋다. 부득이 대리인과 계약을 체결할 때에는 본인의 인감이 날인된 위임장과 본인의 인감증명서를 지참하도록 하여야 한다. 왜냐하면 대리인이라고 지칭한 자에게 대리권이 없으면 그 계약의 효력은 본인에게 발생하지 않기 때문이다.

(3) 변호사 등 전문가와의 상담

신문지상의 광고만을 믿고 경솔하게 계약해서는 안 될 것이다. 왜냐하면 광고에는 좋고 유리한 것만 게재하지 부동산 자체의 결함은 나타나지 않기 때문이다. 부동산의 결함을 알아보기 위해서는 토지대장, 임야대장, 가옥대장 등도 확인하여 등기부와 일치 여부를 알아볼 필요가 있다. 특히 앞에서 언급하였지만, 상가나 아파트의 분양광고 내용은 원칙적으로 계약의 내용이 되지 않으므로(청약이 아니라 청약의 유인에 불과함) 광고 내용대로 이행되지 않아도 책임을 지지 않을 수 있다(판례).

일생일대의 중대한 생활터전을 마련하는 경우일수록 사전 확인을 치밀히 해야 하고, 변호사나 법무사, 기타 법을 잘 아는 사람 혹은 법률상담실 등을 찾아가 상의해 본 후 계약하는 것이 바람직한 방법이다

3. 대금 지급시의 유의사항

(1) 영수증 수령

계약금, 중도금, 잔대금을 지급할 때에는 반드시 영수증을 주고받는 등 대금지급 내용을 명확히 하여야 한다.

(2) 등기부 확인

등기부는 중도금을 지급하거나, 잔금을 지급할 때마다 그 직전에 확인하여야 한다. 중도금을 받고도 이중으로 매도하는 경우가 있기

때문이다.

(3) 조속한 이전등기 실행

잔금을 지급함과 동시에 매도인으로부터 등기필증, 인감증명서 등 권리이전에 관한 서류를 받아 조속한 시일 내에 이전등기 절차를 마치도록 한다.

■ 부동산 매도인이 매수인으로부터 중도금까지 수령한 후 그 부동산을 제3자에게 처분하였다면 매도인은 형사처벌 되는가?

판결요지

부동산의 매도인이 매수인으로부터 계약금과 중도금까지 수령한 이상 특단의 약정이 없다면 잔금수령과 동시에 매수인 명의로의 소유권 이전등기에 협력할 임무가 있다고 한 것이므로 그 후 매도인이 위 부동산을 제3자에게 처분함으로써 제1차 매수인이나 중간생략등기의 합의를 한 전매수인에게 잔대금수령과 상환으로 소유권이전등기절차를 이행하는 것이 불가능하게 되었다면 배임죄의 책임을 면할 수 없다(대판 1985. 1. 29, 84도1814).

판결요지

부동산을 2중으로 양도한 매도인이 제1차 매수인으로부터 계약금 및 중도금 명목의 금전을 교부받은 후 제2차 매수인에게 부동산을 매도하기로 하고 계약금만을 지급받은 뒤 더 이상의 계약 이행에 나아가지 않았다면 배임죄의 실행의 착수가 있었다고 볼 수 없다(대판 2003. 3. 25, 2002도7134).

제2절 임대차와 전세권

Ⅰ. 임 대 차

〔1〕 전 세

타인이 소유하고 있는 토지나 건물을 장기간 빌려서 사용하는 방법으로서 일반적으로 「전세」라는 제도가 많이 이용되고 있다. 보증금 또는 전세금이라는 명목으로 목적물 시가의 60-70%에 해당하는 몫 돈을 일시불로 빌려주는 자에게 지급하여 그 이자로서 월세(차임)를 대신하고 계약기간이 종료하면 그 몫 돈을 다시 돌려받는 방식이다. 등기를 하지 않은 채 이루어지므로 「미등기 전세」 또는 「채권적 전세」라고 한다. 또한 보증금으로서 일부를 지급하고 월세도 매월 지급하는 방법도 있다. 이 역시 등기는 이루어지지 않는다. 이러한 방법은 모두 민법상의 임대차에 해당한다. 이 경우, 임차인의 권리는 상대방에게 일정한 권리를 청구할 수 있는 채권자의 지위에 불과하다. 따라서 임차인의 보호에 상당히 부족한 점이 많으므로 주택인 경우에는 임차권 등기를 하지 않더라도 목적물을 인도받고 주민등록전입신고를 마쳤다면 일정한 대항력을 인정하여 임차인을 강력하게 보호하기 위하여 주택임대차보호법이 제정되었던 것이다. 이에 대하여는 항을 바꾸어 자세히 설명하기로 한다.

이에 반하여 전세권등기를 마치게 되면 민법상 전세권으로 된다. 전세권은 물권으로서 임차인의 임차권보다 훨씬 강력한 권리가 보장된다.

〔2〕 임 대 차

1. 의 의

임대차는 당사자 일방(임대인)이 상대방(임차인)에게 목적물(임대물)을 사용·수익하게 할 것을 약정하고, 상대방(임차인)은 사용·수익의 대가로서 차임을 지급할 것을 약정함으로써 성립하는 계약이다(민법 제618조). 일반적으로 임대차계약은 채권적 전세계약이나 월세계약의 모습으로 실행되고 있다. 즉, 등기가 없다는 점에서 임대차계약에 의한 임차인의 권리(임차권)은 채권에 불과하고 물권으로서의 전세권과 구별된다. 즉, 전세권은 전세권설정등기를 하여야 한다.

2. 임대차계약의 성립

(1) 당사자

임대차계약의 당사자는 임대인과 임차인이다. 임대인이 임대 목적물의 소유권이나 처분권을 가지고 있어야 하는 것이 아니므로 타인의 소유물에 대해서도 임대차계약은 유효하게 성립될 수 있다.

■ 임대인이 소유권을 상실하였다는 이유만으로 임대인의 의무는 이행불능이 되는가?

판결요지

계약의 이행불능 여부는 사회통념에 의하여 이를 판정하여야 할 것인바, 임대차계약상의 임대인의 의무는 목적물을 사용수익케 할 의무로서, 목적물에 대한 소유권 있음을 성립요건으로 하고 있지 아니하여 임대인이 소유권을 상실하였다는 이유만으로 그 의무가 불능하게 된 것이라고 단정할 수 없다(대판 1994. 5. 10, 93다37977).

(2) 계약 방식

민법상의 임대차계약은 특별한 방식이 필요 없는 불요식계약이다. 부동산임대차계약 중, 농업경영을 하고자 하는 자에게 농지를 임대할 경우의 농지임대차계약은 서면에 의한 계약 체결을 원칙으로 하고 있으며(농지법 제24조), 임대주택법에 의한 임대주택의 임대차계약은 표준임대차계약서를 이용하도록 강제하고 있다(임대주택법 제18조). 부동산임대차가 중요한 비중을 차지하며, 부동산임대차는 토지임대차와 건물임대차로 구분되는데, 농지의 임대차는 일정한 농지만 예외적으로 허용되고(농지법 제23조), 건물에 대하여는 주택임대차(주택임대차보호법 적용)와 상가임대차(상가임대차보호법 적용)가 각각 제정되어 그 법적용을 달리 하고 있다.

(3) 차임 지급

임차인은 임대인에게 임차물의 사용대가로서 차임을 반드시 지급하여야 한다. 임대차계약이 요물계약은 아니므로 차임 지급을 약정함으로써 임대차계약은 성립한다.

동산·건물·대지에 대한 차임은 매월 말에 지급하고, 토지의 차임은 매년 말에 지급하여야 하며, 수확기가 있는 것은 그 수확 후 지체 없이 지급하여야 한다는 점에서, 민법은 후급을 원칙으로 하고 있다(민법 제633조).

차임은 금전으로 지급하는 것이 원칙이지만, 금전에 한하지 않고 수확물 등으로도 지급할 수 있다.

3. 임대차의 존속기간

(1) 존속기간을 정한 경우

임대차 존속기간은 원칙적으로 20년을 넘지 못한다고 규정한 민법 제651조가 헌법재판소로부터 계약의 자유를 침해한다고 위헌결정을 받게 되어(헌재 2013. 12. 26, 2011헌바234) 삭제됨으로써(2016. 1. 6.) 이제는 임대차기간에 대하여 아무런 제한이 없이 20년이 넘는 기간으로도 당사자가 자유롭게 임대차계약을 체결할 수 있게 되었다.

(2) 임대차의 갱신

임대인과 임차인은 임대차 기간이 만료한 때에 다시 합의하여 임대차의 동일성을 유지한 채 존속기간을 연장(갱신)할 수 있으며, 갱신된 임대차의 존속기간도 제한이 없고 갱신 횟수에도 제한이 없다.

임대차기간이 만료한 후에도 임차인이 임차물을 계속하여 사용·수익하고 있는 경우에 임대인이 상당한 기간 내에 이의를 제기하지 않으면 전임대차와 동일한 조건으로 다시 임대차한 것으로 본다(민법 제639조 제1항 본문). 이를 묵시적 갱신이라고 하며, 이 경우 전임대차에 대하여 제3자가 제공한 담보는 기간의 만료로 모두 소멸된다(민법 제639조 제2항).

(3) 존속기간을 정하지 않은 경우

임대차의 존속기간에 관한 약정이 없는 경우에는 임대인과 임차인은 언제든지 상대방에게 임대차계약의 해지를 통고할 수 있다(민법 제635조 제1항). 해지통고로 임대차계약이 즉시 해지되지는 않고, 임차인을 보호하기 위하여 해지통고가 상대방에게 도달한 날로부터 일정한 유예기간이 경과한 후에 그 효력이 발생한다. 즉, 토지·건물 기타 공작물 등의 부동산 임대차의 경우, 임대인이 해지통고를 한 때에는 6개월 경과 후에 해지의 효력이 발생하고, 임차인이 해지를 통고한 때에는 1개월 경과 후 해지의 효력이 발생한다(민법 제635조 제2항 제1호). 동산 임대차의 경우에는 당사자 중 어느 쪽이

해지 통고를 하든 상대방이 통고를 받은 날로부터 5일이 경과하면 해지의 효력이 발생한다(제635조 제2항 제2호).

해지통고에 관한 위 규정은 강행규정으로서 이 규정에 위반하는 약정으로서 임차인에게 불리한 내용은 무효가 된다.

4. 임대인의 의무와 권리

(1) 임대인의 의무

① 목적물을 사용·수익하게 할 의무

임대인은 임대기간 중 임차인이 임대 목적물을 사용 · 수익할 수 있도록 하여야 할 의무를 부담한다(제618조). 즉, 목적물 인도의무, 방해제거의무, 수선의무를 부담한다. 다만 판례에 의하면 임차인의 안전을 배려하여 주거나 도난을 방지하는 등의 보호의무는 인정되지 않는다.

② 비용상환의무

임차인이 임대 목적물의 보존에 필요한 필요비를 지출한 경우에 임대인은 그 전액을 임차인에게 상환하여야 한다(제626조 제1항). 필요비란 임대차 계약의 목적에 따라 목적물을 사용 · 수익하는데 적합한 상태로 보존 · 유지하기 위하여 필요한 모든 비용을 의미한다.

또한 임차인이 유익비를 지출한 경우에는, 임대인은 임대차 종료 시에 그 임대 목적물 가액의 증가가 현존하는 때에 한하여 임차인이 지출한 금액이나 그 증가액을 임차인에게 상환하여야 한다(제626조 제2항 본문). 유익비란 목적물의 객관적 가치를 증가시키는 것이어야 하며, 이용자의 편의를 위하여 지출된 것만으로는 부족하다(임대 주택 앞의 도로 포장 · 정원 설치 · 임대인 승낙하의 건물용도 변경 등을 위하여 지출한 비용은 유익비가 되지만, 임차지의 잡초를 제거한 비용은 포함되지 않는다). 유익비와 달리 임차인이 지출한 필요비는 지체 없이 즉시 임대인에게 전액을 상환 청구할 수 있다.

필요비와 유익비의 상환청구권은 임대인이 목적물을 반환받은 날로부터 6개월 내에 행사하여야 한다(민법 제654조 · 민법 제617조).

③ 담보책임

임대차는 유상계약이므로 매매에 관한 규정이 준용되어(민법 제567조) 임대인은 임대 목적물에 대하여 매도인과 같은 담보책임을 부담한다. 즉, 임대 목적물에 하자가 있거나 임차권한에 하자가 있는 경우에는 손해배상을 청구할 수 있고, 수량이 부족한 경우에는 차임의 감액을 청구할 수 있으며, 하자로 계약의 목적을 달성할 수 없을 때에는 계약을 해지할 수 있다.

(2) 임대인의 권리

① 차임지급청구권

임대인의 차임지급청구권은 필수적 권리이다.

② 차임증감청구권

임대물에 대한 공과부담 기타 경제사정의 변동으로 약정한 차임이 상당하지 않게 된 경우에는 임대인은 장래에 대한 차임의 증액을 청구할 수 있다(민법 제628조).

③ 임대물반환청구권

임대인은 임대차 관계가 종료한 때에는 암차인에게 임차물을 반환할 것을 요구할 수 있다(민법 제654조, 민법 제615조).

5. 임차인의 권리와 의무

(1) 임차인의 권리

① 임차권(사용·수익권)

임차인은 임차물을 사용 · 수익할 권리를 가진다(민법 제618조). 이를 임차권, 즉 사용·수익권이라고 한다. 임차권은 임차인이 임대인에 대하여 가지는 채권이다.

임차인은 임대차 계약이나 임차물의 성질에 의하여 정해진 용법으로 임차 목적물을 사용하여야 한다(민법 제654조, 민법 제610조 제1항). 예컨대 주거 목적으로 임차한 주택을 공장이나 영업용으로 사용할 수 없다. 임차인이 이를 위반하여 임차물을 사용·수익한 때에는 채무불이행이 된다. 임차인이 임차권의 범위를 위반한 경우에는 임대인은 위반행위의 중지를 청구할 수 있고, 그로 인한 손해배상을 청구할 수 있으며, 나아가 임대차계약을 해제할 수 있다. 계약 또는 목적물의 성질에 위반한 사용·수익으로 인한 임대인의 손해배상청구권은 임대인이 목적물을 반환받은 날로부터 6개월 내에 행사하여야 한다(제654조, 제617조).

② 임차권의 대항력

임차권은 채권이므로 임대인에게만 행사할 수 있고, 임대 목적물이 제3자에게 매각되는 등 양도되면 그 제3자에게는 대항할 수 없는 것이 원칙이다. 따라서 임차인의 지위는 매우 불리하다. 이에 민법은 당사자 사이에 반대특약이 없다면 부동산 임차인은 임대인에게 임차권의 등기절차에 협력할 것을 청구할 수 있으며(민법 제621조 제1항), 부동산임대차를 등기한 때에는 그 때부터 제3에 대해서도 효력이 인정된다(민법 제621조 제2항).

③ 부속물매수청구권

건물 기타 공작물의 임차인이 그 사용의 편익을 위하여 임대인의 동의를 얻어 임차물인 건물이나 기타 공작물에 부속시킨 물건이 있거나, 또는 임대임으로부터 매수한 부속물이 있는 때에는, 임대차 종료시에 임대인에게 그 부속물의 매수를 청구할 수 있다(민법 제646조). 다만 임대차계약이 임차인의 채무불이행으로 인하여 해지된 경우에는 임차인은 부속물매수청구권을 행사할 수 없다(대판 1990. 1. 23, 88다카7245, 7252).

④ 지상물매수청구권

건물 기타 공작물의 소유 또는 식목, 채염, 목축을 목적으로 한 토지임대차의 기간이 만료한 경우에, 건물, 수목 기타 지상시설이 현존하면 임차인은 지상물매수청구권을 가진다(민법 제643조). 행정관청의 허가를 받은 적법한 건물이 아닌 무허가 건물인 경우에도 건물매수청구권이 인정된다(대판 1997. 12. 23, 97다37753).

(2) 임차인의 의무

임차인은 차임을 지급할 의무가 있고(민법 제618조), 선량한 관리자의 주의로 임차물을 보관할 의무가 있으며(민법 제374조), 임대차 기간이 종료된 때에는 임차물을 반환할 의무가 있다(민법 제613조).

6. 임차권의 양도와 전대차

(1) 양도와 전대의 제한주의

임차인이 임차인으로서의 권리 의무를 타인에게 양도하거나 자기의 임차권에 기초하여 또 하나의 임차권을 설정(전대)할 수 있는가? 우리 민법은 임차인의 양도·전대를 임대인의 승낙이 있는 경우로 제한하고 있다.

임차인은 임대인의 동의 없이 그 권리를 양도하거나 임차물을 전대하지 못하며, 임차인이 그에 위반하여 무단양도나 무단전대를 한 경우에는 임대인은 계약을 해지할 수 있다.

(2) 임차권의 양도와 전대의 의의

① 임차권의 양도

임차권을 그 동일성을 유지하면서 이전하는 계약이 임차권의 양도이다. 임차권의 양도가 있게 되면 임차인은 임차인으로서의 지위를 벗어나게 되고, 양수인이 임차인의 지위를 승계하여 임차인으로서의 권리 · 의무를 취득하게 된다.

② 전대차

임차인이 제3자(전차인)에게 임차물을 사용 · 수익하도록 하는 계약이 전대차이다.

임차권이 양도되면 임차인은 임대차관계로부터 탈퇴하게 되지만, 전대차에서는 임대인과 임차인 사이의 임대차관계는 그대로 존속하면서 임차인(전대인)과 전차인 사이에 새로운 임대차관계가 성립한다.

(3) 임대인의 동의

임차인이 그 권리를 양도하거나 임차물을 전대하려면, 임대인의 동의를 얻어야 한다. 임차인이 누구이냐 하는 것은 임대인의 이해관계에 큰 영향을 줄 수 있기 때문이다.

임대인의 동의란 임차물의 양도나 전대를 허락하는 의사표시이다. 동의의 상대방은 임차인이나 전차인이다. 임대인의 동의는 전대차(양도)계약을 체결하기 전이든 후이든 관계없다. 또한 동의는 반드시 명시적으로 표시되어야 하는 것은 아니며, 묵시적으로 표시될 수도 있다. 임대인이 전차인(양수인)에게 차임을 청구하는 등 일정한 행위를 함으로써 추단되는 것으로도 충분하다.

(4) 동의 없는 양도·전대차의 효력

임대인의 동의를 얻지 않은 임차권의 양도 내지 전대차도 전혀 무효는 아니고, 임대인에게 대항할 수 없을 뿐이다.

양도계약이나 전대차계약을 맺은 것만으로는 임대인에게 아무런 불이익도 없을 것이므로 임대차를 해지할 수 없으나, 임차인의 무단 양도 또는 무단 전대에 의하여 제3자가 목적물을 사용·수익하게 되는 경우에는 임대인은 제3자에 대하여 그 정지를 청구할 수 있는 동시에 임차인과의 임대차계약을 해지할 수 있다. 다만 임대차의 목적물이 건물인 경우에는 임차인이 그 건물의 소부분을 타인에게 사용하게 하더라도 임대인은 계약을 해지할 수 없다.

판례에 의하면, 임차권의 양수인이 임차인과 부부로서 임차건물에 동거하면서 함께 가구점을 경영하고 있는 등, 임차인의 무단 양도 행위가 임대인에 대한 배신적 행위라고 인정할 수 없는 특별한 사정이 있는 경우에는 임대인의 해지권을 인정하지 않는다(대판 1993. 4. 27, 92다45308).

(5) 적법한 양도·전대차의 효과

① 양도의 효과

임차인이 임대인의 동의를 얻어 임차권을 양도한 때에는 임차인은 계약관계로부터 탈퇴하고 임대인과 양수인과의 사이에 임대차가 계속된다.

② 전대의 효과

임대인의 동의를 얻어 전대한 경우에는 임대인과 임차인의 관계는 변경이 없고 새로이 전대인(임차인)과 전차인 사이에 임대차계약이 성립한다. 임대인과 전차인 사이에는 직접적인 계약관계가 존재하지 않지만, 민법은 전차인이 직접 임대인에게 차임을 지불할 의무를 부담하도록 하였다(민법 제630조). 따라서 임대인은 전차인에게 직접 차임을 청구할 수 있다. 그리고 전차인은 전대인(임차인)에 대한 차임의 지급으로서 임대인에게 대항하지 못한다. 전대인과 전차인이 서로 짜고서 임대인을 해할 것을 염려하여 마련한 규정이다.

7. 보 증 금

부동산의 임대차 특히 건물의 임대차계약을 체결할 때에는 임차인이 차임을 연체하거나 계약 기간 중 임차인에 의한 임차 목적물의 손상에 따른 손해배상채권을 담보하기 위하여 일반적으로 보증금이 수수되고 있다. 그런데 민법에는 보증금에 대한 아무런 규정도 없으므로 결국 판례에 의하여 보증금에 관한 분쟁이 해결되고 있는 실정이다.

(1) 보증금의 의의

보증금은 임차인에 대한 차임지급청구권 또는 기타의 채무불이행으로 인한 손해배상청구권을 담보하기 위하여 임대차계약을 체결할 때에 임차인이나 제3자가 임대인에게 교부하는 금전 기타의 유가물이다.

우리나라에서 실시되고 있는 보증금의 금액은 다른 나라에 비하여(외국의 경우 대체적으로 1-2개월치 월세가 됨) 상당히 높은 금액이다. 매월 지급되는 차임(월세)이외에 비교적 높은 액의 보증금이 지급되고 있는 경우가 많다. 이는 교부된 보증금의 이자를 차임(월세)의 일부로서 변칙적으로 지불하기 때문이라고 여겨진다.

이러한 보증금의 관습이 있음에도 불구하고 민법에는 이에 관한 아무런 규정도 두고 있지 않다. 다만 주택임대차보호법에서「전세금」을「임대차의 보증금」으로 본다는 규정을 하고 있을 뿐이다.

(2) 보증금의 효력

보증금은 임차인이 차임지급을 연체하거나, 용도를 위반한 사용으로 목적물이 멸실·훼손되어 발생한 손해배상 등 임대차관계에서 발생하게 되는 임차인의 모든 채무를 담보한다. 임대인은 임대차에 기초하여 임차인에게 가지게 되는 모든 채권을 보증금에서 우선적으로 변제받을 권리가 있다. 따라서 임대차가 종료되어 임대인이 목적물을 반환받게 될 때, 명백하고 명시적인 반대 약정이 없는 한, 임대인의 모든 채권액(예컨대 연체된 차임이나 임차물의 멸실·훼손 등으로 인한 손해배상대금 등)은 별도의 의사표시 없이 보증금으로부터 당연히 공제되므로 임대인은 임대차보증금에서 그 금액을 공제한 나머지만을 임차인에게 반환할 의무가 있다.

(3) 보증금의 반환

임대차계약이 종료되면 임대인은 보증금에서 임차인이 지불하지 않은 연체된 차임과 기타 손해배상금액을 공제한 잔액을 임차인에게 반환할 의무가 있다. 다만 임대차관계가 종료한 후에도 임차인이 목적물을 반환하지 않으면 임대인은 목적물을 반환받을 때까지 보증금을 반환하지 않을 수 있다. 임대인의 보증금반환의무와 임차인의 임차물반환의무는 동시이행관계에 있다.

Ⅱ. 전 세 권

〔1〕 전세권의 의의

전세권은 전세금을 지급하고 타인의 부동산을 점유하여 그 부동산의 용도에 좇아 사용·수익하고, 전세권이 소멸하면 그 부동산 전부에 대해 후순위 권리자 기타 채권자보다 전세금을 우선적으로 돌려받을 수 있는 권리이다(민법 제330조 제1항). 이미 앞에서 언급하였지만 전세 계약을 체결하고 전세권설정등기를 하게 되면 바로 이 전세권이 되는 것으로서, 외국에서는 유사한 예를 찾아볼 수 없는 우리나라의 특유한 제도이다.

〔2〕 전세권의 법적 성질

전세권은 타인의 부동산을 사용·수익할 수 있는 용익물권으로서, 건물뿐만 아니라 토지도 그 목적물이 될 수 있다(다만 농경지는 제외된다. 민법 제303조 제2항).

전세권은 등기를 하여야 성립하는 물권이다. 따라서 전세권자는 전세권을 제3자에게 양도하거나 담보로 제공할 수 있고, 전세권 존속기간 내에는 전세권자가 전세 목적물을 타인에게 다시 전세를 주는 전전세를 하거나 또는 임대할 수도 있지만, 이는 설정행위로 금지할 수도 있다(민법 제306조).

또한 전세금의 지급은 전세권이 설정되기 위한 필수적인 요건으로서, 전세금을 지급하지 않거나 지급하지 않는다는 특약을 한 경우에는 전세권은 성립되지 않는다. 전세금액은 당사자가 자유롭게 결정할 수 있지만, 그 금액은 등기하여야 하며, 등기하지 않으면 제3자에게 대항할 수 없다.

전세권의 중요한 특징 중의 하나는 다른 일반 채권자보다 우선변제를 받을 수 있는 우선변제권이 인정된다는 점이다(민법 제303조 제1항). 즉 전세권자에게는 전세 부동산 전부에 대하여 후순위권리자나 다른 일반 채권자보다 전세금을 우선적으로 변제받을 권리가 인정된다. 이 때문에 전세권은 전세금채권(전세금반환청구권)을 피담보채권(담보하는 채권)으로 하는 담보물권적 성질도 있는 것이다. 또한 전세권설정자가 전세금의 반환을 지체한 때에는 전세권자는 전세권의 목적물의 경매도 청구할 수 있다(민법 제318조).

〔3〕 전세권의 존속기간

1. 존속기간을 정한 경우

전세권의 존속기간은 당사자가 임의로 정할 수 있지만, 최장기간과 최단기간에 관하여 일정한 제한이 있다. 즉, 전세권의 존속기간은 10년을 넘지 못하며, 당사자가 약정한 기간이 10년을 초과하면 10년으로 단축된다(민법 제312조 제1항). 또한 건물에 대한 전세권의 존속기간을 1년 미만으로 정한 경우에는 그 기간은 1년으로 된다(민법 제312조 제2항).

2. 존속기간을 정하지 않는 경우

당사자가 전세권의 존속기간을 약정하지 않은 경우에는 각 당사자는 언제든지 상대방에 대하여 전세권의 소멸을 통고할 수 있고, 상대방이 전세권의 소멸통고를 받은 날로부터 6개월이 경과하면 전세권은 소멸한다(민법 제313조).

3. 전세권의 갱신

전세권의 존속기간이 만료되면 당사자는 합의하여 전세권설정계약을 갱신할 수 있다. 다만 그 갱신 기간은 갱신한 날로부터 10년을 넘지 못한다(민법 제312조 제3항).

전세권설정계약의 묵시적 갱신은 원칙적으로 인정되지 않지만, 다만 건물의 전세권에 대하여는 예외가 허용되고 있다. 즉, 전세권설정자가 전세권의 존속기간이 만료되기 전 6개월부터 1개월 사이에 전세권자에게 갱신 거절의 통지를 하지 않으면 그 기간이 만료된 때에 전의 전세권과 동일한 조건으로 다시 전세권을 설정한 것으로 본다. 이 경우 전세권의 존속기간은 정하지 않은 것으로 본다(민법

제312조 제4항). 이처럼 전세권이 법정갱신된 경우, 이는 법률의 규정에 의한 물권의 변동이므로 전세권갱신에 관한 등기는 필요하지 않으며, 전세권자는 등기 없이도 전세권설정자나 그 목적물을 취득한 제3자에 대하여 갱신된 권리를 주장할 수 있다(대판 2010. 3. 25, 2009다35743).

■ **전세권이 존속하는 동안에 전세권을 존속시키기로 하면서 전세금 반환채권만 전세권과 분리하여 제3자에게 양도할 수 있는가?**

판결요지

전세권은 전세금을 지급하고 타인의 부동산을 그 용도에 따라 사용·수익하는 권리로서 전세금의 지급이 없으면 전세권은 성립하지 아니하는 등으로 전세금은 전세권과 분리될 수 없는 요소일 뿐 아니라, 전세권에 있어서는 그 설정행위에서 금지하지 아니하는 한 전세권자는 전세권 자체를 처분하여 전세금으로 지출한 자본을 회수할 수 있도록 되어 있으므로 전세권이 존속하는 동안은 전세권을 존속시키기로 하면서 전세금반환채권만을 전세권과 분리하여 확정적으로 양도하는 것은 허용되지 않는 것이며, 다만 전세권 존속 중에는 장래에 그 전세권이 소멸하는 경우에 전세금 반환채권이 발생하는 것을 조건으로 그 장래의 조건부 채권을 양도할 수 있을 뿐이다(대판 2002. 8. 23, 2001다69122).

Ⅲ. 주택임대차

〔1〕 주택임대차보호법의 제정

무주택자가 집주인으로부터 집을 세 얻어 사는 경우, 그에 대한 법률관계는 민법상의 전세권이나 임대차 규정에 의하여 규율됨이 원칙이다.

그런데 민법상의 계약관계는 계약자유의 원칙이 지배하고 있고,

전세권이나 임대차에 관한 규정은 개인주의적 법률사항을 기초로 하여 당사자(집주인과 세든 사람)사이의 자유의사에 의한 계약관계를 중시하고 그 법률관계를 형식적으로 평등하게 규율하고 있을 뿐이므로 자연히 집주인의 지위가 강할 수밖에 없다.

즉, 현실적으로 볼 때 경제적 강자인 집주인의 횡포로 경제적 약자인 세든 사람은 부당한 요구를 강요당하거나 피해를 입는 경우가 빈번하게 발생하여 심각한 사회적 문제를 야기하고 있음은 우리가 이미 알고 있는 내용이다. 이러한 현실을 감안하여 주택의 이용관계에 대하여는 계약자유의 원칙이 적용되는 민법을 적용하지 않고 임차인의 주거생활과 경제적 지위를 보호한다는 차원에서 1981년 3월 5일 주택임대차보호법을 제정하여 적용하게 되었다.

〔2〕 주택임대차보호법의 적용범위

1. 주거용 건물

주택임대차 보호법은 주거용 건물, 즉 주택의 임대차에 한하여 적용된다.

주거용 건물, 즉 주택은 그것이 사회통념상 건물로 인정하기에 충분한 요건을 구비하고 주거용으로 사용되고 있는 것이면 가능하고, 시청이나 구청 등에 구비되어 있는 가옥대장이나 건축물 대장의 용도 란에 「주거용」으로 기재되어 있지 않더라도 이 법의 적용을 받게 된다. 따라서 공부상 공장용 건물이나 창고용 건물이라도 건물의 내부 구조를 주거용으로 사실상 변경한 경우에는 주택이라고 보아야 할 것이다.

또한 관할 관청으로부터 허가를 받지 아니하고 건축한 무허가 건물이나, 건축허가는 받았으나 준공검사를 필하지 못한 건물도 역시 이 법의 적용을 받게 되므로 무허가나 준공검사 미비상태의 주택에 관한 임대차계약을 체결한 경우에도 이 법의 보호를 받게 된다.

주택을 건축한 사람은 공사완공 후 준공검사를 받았으나 소유권 보존등기를 하지 않았더라도 그 주택의 소유권을 취득하는 것이므로 미등기 주택도 이 법의 적용을 받으며, 주택을 신축한 자는 그 주택을 임대할 수 있는 정당한 권리를 가지고 있으므로 미등기 주택이라는 것 때문에 임대차계약을 주저할 필요는 없다.

임차 주택의 일부가 주거외의 목적으로 사용되는 경우에도 적용된다. 임차목적물이 주거용 건물과 함께 사용되는 것인 이상 임차주택의 일부가 비주거용인 경우까지 이 법의 보호 대상이 된다. 따라서 주택에 딸린 가게에서 소규모 영업 및 공장을 하는 자도 이 법의 보호 대상이 된다.

또한 영농을 겸하는 주거용 건물도 여기에 해당된다. 그러나 원래가 비주거용 건물인데 주거의 목적으로 일부를 사용하는 경우에는 주택임대차보호법의 보호대상이 되지 않는다.

2. 미등기 전세

미등기 전세에도 적용된다. 미등기 전세는 우리나라에서 상당히 오래 전부터 부동산 임대차, 특히 건물 임대차의 한 형태로 관습상 발전해 온 제도이다. 건물의 소유자가 그 건물에 세들어 살고자 하는 사람에게서 전세금을 받고 일정한 기간 동안 그 건물을 점유·사용하게 한 후, 그 기간이 만료된 때에 그 건물을 인도받음과 동시에 전세금을 반환하는 것을 내용으로 하는 것이다. 전세의 경우에도 이 법의 보호대상이 된다.

3. 법인 명의의 주택

법인이 법인 명의로 주택을 임대차 하는 경우에는 원칙적으로 이 법이 적용되지 않는다(대판 1997. 7. 11, 96다7236). 그런데 최근에 주택임대차보호법을 개정하여, 주택도시기금을 재원으로 하여 저소득층 무주택자에게 주거생활 안정을 목적으로 전세임대주택을 지원하는 법인이 주택을 임차한 경우 및 중소기업법 제2조에 따른 중소기업에 해당하는 법인이 소속 직원의 주거용으로 주택을 임차한 경우에는 예외적으로 대항력과 우선변제권이 부여되므로(주택임대차보호법 제3조 제3항), 이러한 법인들도 보증금을 확보할 수 있게 되었다.

〔3〕 주택임대차 보호법의 보호 내용

1. 주택임차권의 대항력

주택임대차는 임대차 등기가 없는 경우에도 주택의 인도(입주)와 주민등록(전입신고)을 마친 때에는 그 다음날부터 제3자에 대하여 효력(대항력)이 생긴다(주택임대차보호법 제3조 제1항). 즉 임차인이 주택을 인도 받고 주민등록을 마친 그 다음날 오전 0시부터 대항력이 생긴다.

제3자에 대하여 효력이 생긴다는 의미는 임대인 이외의 사람에 대하여도 세든 사람은 그 주택의 임대차관계를 주장할 수 있다는 의미이다. 따라서 임대차 기간 중에 임대주택의 소유자가 변경되는 경우에도 임대인의 지위가 새로운 소유자에게 포괄적으로 승계됨으로써 임차인은 계약기간 동안(보증금을 준 경우에는 그 보증금을 반환받을 때까지) 그 집에서 쫓겨나지 않고 생활할 수 있다는 것이다.

주의할 점은 임차인이 입주와 전입신고를 하기 전에 그 집에 이미 저당권등기나 가압류, 압류등기, 가등기 등이 행하여졌고 그 결과로 경매나, 가등기에 의한 본등기가 됨으로써 소유권자가 변경된 경우에는 임차권은 소멸되어 임차인은 새로운 소유자에게는 대항할 수 없게 된다. 때문에 타인의 주택에 세 들고자(임대차든 전세든) 할 때에는 최소한 등기부를 열람하여 저당권설정이나 가등기가 설정되어 있는지의 여부를 확인할 필요가 있다.

또한 주민등록 전입신고는 신고한 그 다음날 오전 0시부터 효력이 발생하므로 임차인의 대항력은 주민등록 신고한 그 다음날부터 인정되는데 반하여, 임대인이 설정한 근저당권은 설정 등기가 되면 곧바로 효력이 발생하게 된다. 따라서 오전에 임대차 계약을 체결하고 곧바로 주민등록 전입시고를 하였다고 하더라도 오후에 임대인이 임차 주택에 저당권을 설정하게 되면 결국 임차인의 순위는 후순위가 될 수 있으므로 전입신고 후에도 등기부 등본을 확인할 필요가 있으며, 잔금을 지급할 때에 임차 주택에 관한 담보설정 금지 특약 등을 해두는 편이 안전하다고 할 것이다.

2. 임차 주택 양수인의 임대인 지위 승계

「임차 주택의 양수인」이란 매매나 교환 등의 계약에 의하여 임차 주택의 소유권을 취득한 자는 물론 상속, 공용징수, 판결, 경매 등 법률의 규정에 의하여 임차주택의 소유권을 취득한 자를 말한다.

여기서 주의할 점은 임차 주택의 양수인이라고 하여 모두 임대인의 지위를 승계하는 것은 아니라는 점이다. 앞에서도 설명한 바와 임차권 보다 선순위인 저당권이나 가등기에 기하여(경매 또는 본등기의 이행방법으로) 소유권을 취득한 사람은 그 임차 주택의 양수인인 것만은 틀림없으나 임차인은 이들에 대하여 임차권을 주장할 수 없으므로 이들은 「임차 주택의 양수인」의 범주에 포함시킬 수 없다.

임차 주택의 양수인이 임대인의 지위를 승계한다는 것은 종전 임대차 계약서에서 정하여진 권리와 의무를 모두 이어 받는 것을 의미한다. 따라서 임차 주택의 소유권 변동 후에 발생할 차임 청구권이 양수인에게 이전하는 것은 당연하지만 그전에 이미 발생하였으나 아직 지급되지 아니한 차임 청구권은 종전 임대인에게 이미 구체적으로 발생하였던 채권이므로 양수인에게 당연히 계승되는 것은 아니라고 보아야 한다.

또한 보증금 또는 전세금 반환채무는 임차 주택의 반환채무와 동시이행 관계에 있으므로 당연히 새로운 양수인이 부담하여야 한다.

3. 임차인의 순위에 의한 우선변제권

일정한 요건을 갖춘 임차인에게는 보증금에 대한 우선변제권이 인정된다. 주택의 임차인이 주택의 인도(입주)와 주민등록(전입신고)을 마치고 임대차계약증서상의 확정일자를 갖추었을 때에는 경매 또는 공매시 임차주택의 환가대금에서 후순위권리자 기타 채권자보다 우선하여 보증금을 받을 권리가 있다. 후순위 권리자 기타 채권자보다 우선하여 보증금을 변제받을 권리가 있을 뿐이므로 임차인이 인도와 주민등록 및 계약서상의 확정일자를 갖추기 전에 설정된 담보물권보다는 우선하지 못한다.

임대차 계약증서상의 확정일자란 주택소재지의 읍·면사무소, 동 주민센터 또는 시(특별시·광역시·특별자치시는 제외하고 특별자치도는 포함됨)·군·구(자치구를 말함)의 출장소, 지방법원 및 그 지원과 등기소 또는 공증인법에 따른 공증인이 그 날짜 현재에 임대차 계약서가 존재하고 있다는 것을 증명하기 위하여 확정일자부의 번호를 써넣거나 일자인을 찍는 것을 말하며, 확정일자인을 받는데 임대인의 동의는 필요 없다.

순위에 의한 우선변제권이 인정되는 보증금은 그 금액의 범위에 제한이 없으므로 다액의 보증금의 경우에도 적용이 된다. 우선 변제가 인정되더라도 임차인은 임차 주택을 양수인에게 인도하지 아니하면 보증금을 수령할 수 없다.

4. 존속기간의 보호

주택임대차의 기간은 당사자간에 자유로이 정할 수 있으나 기간을 정하지 않았거나 기간을 2년 미만으로 정한 임대차는 그 기간을 2년으로 본다.

임대인이 임대차 기간 만료 전 6월부터 1월까지에 임차인에 대하여 갱신거절의 통지 또는 조건을 변경하지 아니하면 갱신하지 아니한다는 뜻의 통지를 하지 아니한 경우에는 그 기간이 만료된 때에 전임대차와 동일한 조건으로 다시 임대차한 것으로 본다. 이 경우 임대차의 존속기간은 정함이 없는 것으로 본다고 규정되어 있으나 결국 2년으로 인정된다.

임대차 기간을 2년으로 정하여 임차인을 보호하려는 것은 임차인 자신의 의무를 다하지 않았을 때에도 무조건 보호해 준다는 취지는 아니므로 임차인이 2기에 달하는 차임을 연체하거나 기타 의무를 현저히 위반한 때에는 보호받지 못한다. 또한 임차인은 2년 미만으로 정한 기간이 유효함을 주장할 수 있다.

임대차기간이 끝난 경우에도 임차인이 보증금을 반환받을 때까지는 임대차관계가 존속되는 것으로 본다(주택임대차보호법 제4조 제2항).

5. 임대인의 차임증액 청구권 제한

민법상 임대차 계약의 당사자는 임대물에 대한 공과부담의 증감 기타 경제 사정의 변동으로 인하여 약정한 차임이 상당하지 아니할 때에는 증액이나 감액을 상대방에게 청구할 수 있다.

주택임대차보호법은 위와 같은 차임증감 청구권을 인정하되 임대인의 증액청구권만을 일방적으로 제한하여 임차인을 보호하고 있다. 즉, 차임(보증금)의 증액 청구는 임대차 계약 또는 약정한 차임의 증액이 있은 후 1년 이내에는 할 수 없고, 1년 후 올리게 되는 경우에도 기존 차임의 20분의 1(5%)의 금액을 초과하지 못한다.

6. 소액 보증금의 최우선변제권

임차인은 보증금중 일정한 금액 까지는 다른 담보물권자보다도 우선하여 변제받을 수 있다. 이 경우 임차인은 주택에 대한 경매신청의 등기 전에 대항요건(주택인도와 주민등록 전입신고)을 갖추고 있어야 한다.

주택임대차보호법시행령에 의하면, 수도권정비계획법에 의한 수도권 중 과밀억제지역(서울과 인천 및 경기도 일부 시·군)은 보증금이 9,500만 원 이하인 경우에 한하여 3,200만 원까지, 수도권정비계획법에 따른 과밀억제권역(서울특별시 제외)에서는 보증금 8,000만 원 이하인 경우에 한하여 2,700만 원까지, 광역시(수도권정비계획법에 따른 과밀억제권역에 포함된 지역과 군지역은 제외)·안산시·용인시·김포시 및 광주시에서는 보증금이 6,000만 원 이하인 경우에 한하여 2,000만 원까지, 그 밖의 지역에서는 보증금 4,500만 원 이하인 경우에 한하여 1,500만 원까지 우선변제를 받을 수 있다.

임차인의 보증금 중 일정액이 주택가액의 2분의 1을 초과하는 경우에는 주택가액의 2분의 1에 해당하는 금액까지만 우선변제권이 있다.

또한 한 주택에 임차인이 2명 이상이고, 그 각 보증금 중 일정액을 모두 합한 금액이 주택가액의 2분의 1을 초과하는 경우에는, 그 각 보증금 중 일정액을 모두 합한 금액에 대한 각 임차인의 보증금 중 일정액의 비율로 그 주택가액의 2분의 1에 해당하는 금액을 분할한 금액을 각 임차인의 보증금 중 일정액으로 본다. 한 주택에 임차인이 2명 이상이고 이들이 그 주택에서 가정공동생활을 하는 경우에는 이들을 1명의 임차인으로 보아 이들의 각 보증금을 합산한다.

7. 주택임차권의 승계

임차인의 사망은 임대차의 종료사유가 아니므로 임차권은 상속인에게 상속됨이 원칙이다. 그러나 상속의 일반원칙에 따를 경우, 임차인과 동거하던 상속권 없는 가족(예를 들면 사실혼 배우자, 사실상의 양자 등)은 그 주거를 잃게 되는 가혹한 결과가 생긴다. 특히 임차인과 사실상의 혼인관계에 있는 자는 민법상 재산상속권이 없으므로 임차인이 상속권자 없이 사망한 경우에는 문제가 된 주택 임차권 및 보증금 등 반환청구권은 국가에 귀속되며, 상속권자가 있는 경우에는 그 상속권자가 주택임차권 및 보증금 등 반환청구권을 상속하게 된다. 따라서 사실상의 혼인관계에 있는 자는 임차인이 사망함으로 인하여 그 임차 주택에서 쫓겨나는 신세가 되고 만다.

이러한 불합리를 제거하고 임차인과 사실상의 혼인관계에 있는 자의 주거 생활의 안정을 보장하기 위하여 임차권의 승계제도가 마련된 것이다. 즉, 임차인이 상속권자 없이 사망한 경우에는 임차권은 그 주택에서 함께 살고 있던 사실상의 혼인관계에 있는 자에게 승계된다. 상속권자가 있는 경우에도 그 상속권자가 임차인과 함께 살고 있지 않을 때에는 임차권은 사실상의 혼인관계에 있는 자와 동거하지 않고 있는 상속권자 중 2촌 이내의 친족이 공동으로 승계하도록 하고 있다. 물론 임차인이 사망할 당시 동거하던 상속인이 있는 경우에는 그 동거 상속인이 사실혼 배우자에 우선하여 임차권을 승계한다.

임차권을 승계하는 자는 임차인의 사망 당시 임차인과 그 주택에서 공동생활을 하였어야 한다. 가족공동생활이란 단순히 한 집에 사는 것만으로는 충분하지 않고 어느 정도의 공동의 생계가 따른 동거이어야 한다.

승계권의 포기도 인정된다. 즉 승계권자는 임차인이 사망한 후 1개월 이내에 임대인에 대하여 반대의사(즉 승계권의 포기의사)를 표시할 수 있다.

8. 임차권등기명령

임대차가 종료된 후 보증금을 반환받지 못한 임차인이 주택의 점유를 상실하거나(다른 곳으로 이사 가는 경우), 주민등록을 옮기게 되는 경우에 임차인의 보증금반환을 확보할 수 있도록 임차인은 단독으로 임차주택의 소재지를 관할하는 지방법원·지방법원지원 또는 시·군 법원에 임차권등기명령을 신청할 수 있다(주택임대차보호법 제3조의3). 이 경우 소요되는 경비는 임차인이 임대인에게 청구할 수 있다

이러한 임차권등기는 이미 임대차계약이 종료하였음에도 임대인이 그 보증금을 반환하지 않는 상태에서 이루어지므로, 임차인으로 하여금 기왕의 대항력이나 우선변제권을 유지하도록 해 주는 담보적 기능을 주목적으로 한다는 점에서 임대인의 임대차보증금의 반환의무가 임차인의 임차권등기 말소의무보다 먼저 이행되어야 한다(대판 2005. 6. 9, 2005다4529).

Ⅳ. 상가건물임대차

상가건물을 임차하여 소규모의 영업을 경영하는 경제적·사회적 약자인 상가 임차인을 특별히 보호하고자 민법에 대한 특례로 2001년 12월 29일 상가건물임대차보호법을 제정하여 2002년 11월 1일부터 시행하고 있다.

〔1〕 적용범위

1. 상가건물

상가건물임대차보호법은 사업자등록의 대상이 되는 상가건물의 임대차에 적용되고, 사업자 등록이 되지 않는 동창회, 교회, 종중 등 비영리목적의 임대차에는 적용되지 않는다. 건물의 일부분을 임차한 경우에는 임차한 부분을 특정하여 임대차계약 및 사업자등록신청을 하여야 한다. 상가용건물인지의 판단은 계약체결시를 기준으로 판단하며, 미등기건물에 대하여도 적용된다. 다만 일시 사용을 위한 임대차임이 명백한 경우에는 상가건물임대차보호법은 적용되지 않는다.

2. 보증금의 제한

상가건물임대차보호법은 보증금액이 대통령령이 정하는 일정한 범위 이내의 상가임대차에만 적용된다. 서울특별시는 4억 원, 수도권정비계획에 따른 과밀억제권역(서울특별시 제외)는 3억 원, 광역시(수도권정비계획법에 따른 과밀억제권역에 포함된 지역과 군 지역 제외) · 안산시 · 용인시 · 김포시 및 광주시는 2억4천만 원, 그 밖의 지역은 1억8천만 원의 보증금으로 제한된다.

이 경우 보증금액을 정할 때에는 그 지역의 경제 여건 등을 감안하여 지역별로 구분하여 규정하되, 보증금 외에 차임이 있는 경우에는 그 차임액에 은행법에 따른 은행의 대출금리 등을 고려하여 대통령령으로 정하는 비율(2016년 현재 1분의 100)을 곱하여 환산한 금액을 포함하여야 한다.

다만, 상가건물에 대한 대항력의 인정, 5년을 초과하지 않는 범위 내에서 이루어지는 임차인의 계약갱신요구권 보장, 임차인의 권리금 보호, 차임 연체액이 3기에 달하는 경우의 임대인의 해지권 발생,

상가건물임대차표준계약서의 작성 등에 관한 사항은 대통령이 정하는 보증금을 초과하는 임대차에도 적용된다.

〔2〕 상가건물임대차보호법의 보호 내용

1. 임차인의 대항력

상가건물에 대한 임대차는 임차권등기를 하지 않더라도 임차인이 건물의 인도와 부가가치세법, 소득세법 또는 법인세법 등의 규정에 의한 사업자등록을 신청하면 그 다음 날부터 제3자에 대하여 효력이 생긴다.

임차인이 상가 건물을 직접점유하는 경우는 물론, 간접점유하는 경우도 대항력이 인정된다. 임대인의 동의를 얻은 전대차의 경우는 대항력을 갖춘 이상 이 법의 보호를 받지만, 무단전대의 경우에는 전차인이 사업자등록을 마쳤어도 대항력을 취득하지 못한다.

사업자 등록은 법인에게도 가능하므로 법인은 이 법의 적용대상에서 제외되지 않는다(다만 비영리법인은 제외된다). 외국인도 사업자등록의 취득이 가능하므로 이 법의 적용대상이 된다.

임차건물이 양도되면 양도인인 임대인으로서의 지위는 임차건물의 양수인에게 이전된다. 임대인으로서의 지위의 승계에 임차인의 동의나 승낙은 필요하지 않으며, 임차인에게 통지할 필요도 없다. 양도인인 임대인으로서의 지위는 면책적으로 소멸되므로 임차보증금반환채무도 소멸한다. 임대인과 임차인 사이에 당연승계를 배제하는 내용의 특약은 임차인에게 불리한 약정으로서 효력이 없다.

2. 우선변제권

임차인이 위에 언급한 대항요건을 갖추고 관할 세무서장으로부터 임대차계약서상의 확정일자를 받은 경우에는 그 건물의 경매나 공매시 상가 건물(임대인 소유의 대지 포함)의 환가 대금에서 후순위권리자 기타 채권자보다 우선하여 보증금을 변제받을 권리를 가진다. 다만 임차인은 임차건물을 양수인에게 인도하지 아니하면 보증금을 받을 수 없다

3. 소액임차인의 최우선변제권

소액임차인의 경우에 임차 건물 가액의 3분의 1의 범위 내에서 보증금 중 일정액은 다른 담보물권자보다 우선하여 변제받을 권리가 있다. 즉, 순위에 관계없이 최선순위로 보증금의 변제를 받을 수 있다는 의미이다.

다만 우선변제를 받을 임차인은 그 보증금에 따라 다음 구분에 의한 금액 이하가 되어야 한다. 즉, 서울특별시는 6천500만 원, 수도권정비계획법에 따른 과밀억제권역(서울특별시 제외)는 5천500만 원, 광역시(수도권정비계획법에 따른 과밀억제권역에 포함된 지역과 군 지역 제외) · 안산시 · 용인시 · 김포시 및 광주시는 3천8백만 원, 그 밖의 지역은 3천만 원 이하의 보증금을 지급한 임차인이 해당된다.

우선변제를 받을 수 있는 보증금의 범위도 다음 구분에 의한 금액 이하로 된다.

서울특별시는 2천200만 원까지, 수도권정비계획법에 따른 과밀억제권역(서울특별시 제외)는 1천900만 원까지, 광역시(수도권정비계획법에 따른 과밀억제권역에 포함된 지역과 군 지역 제외) · 안산시 · 용인시 · 김포시 및 광주시는 1천300만 원까지, 그 밖의 지역은 1천만 원까지 우선변제를 받게 된다.

임차인의 보증금중 일정액이 상가건물의 가액의 2분의 1을 초과하는 경우에는 상가건물의 가액의 2분의 1에 해당하는 금액에 한하여 우선변제권이 있다. 한 개의 상가건물에 임차인이 2인 이상이고,

그 각 보증금 중 일정액의 합산 금액이 상가건물의 가액의 2분의 1을 초과하는 경우에는 그 각 보증금 중 일정액의 합산 금액에 대한 각 임차인의 보증금중 일정액의 비율로 그 상가건물의 가액의 2분의 1에 해당하는 금액을 분할한 금액을 각 임차인의 보증금중 일정액으로 본다.

4. 임차권등기명령

대항력 및 우선변제권을 취득한 임차인이 임대차가 종료한 후 보증금을 반환받지 못한 경우에는 임차 건물의 소재지를 관할하는 법원에 단독으로 임차권등기명령을 신청할 수 있다. 임차건물은 원칙적으로 등기된 경우에만 임차권등기명령의 대상이 되므로 무허가 건물은 임차권등기명령의 대상이 되지 않는다. 임차권등기명령의 효력이 발생된 후 그 집행에 의하여 임차권등기가 경료되면, 임차인은 대항력 및 우선변제권을 취득한다. 임차권등기명령 신청에 필요한 경비는 임대인이 부담한다.

5. 임대차 기간과 갱신

(1) 1년 보장

임대차 기간을 정하지 않았거나 기간을 1년 미만으로 정한 경우에는 그 임대차 기간은 1년으로 간주된다. 이를 위반하여 임차인에게 불리하게 약정한 것은 효력이 없지만, 임차인이 1년 미만으로 정한 기간의 유효함을 주장하면 임대차는 그 기간이 경과하면 종료한다.

임대차가 종료한 경우에도 임차인이 보증금을 반환받을 때까지는 임대차 관계는 존속하는 것으로 본다.

(2) 임차인의 요구에 의한 계약 갱신

임차인이 임대차기간 만료 전 6월부터 1월 까지 사이에 계약 갱신을 요구하면 임대인은 정당한 이유 없이 거절하지 못한다. 계약 갱신 요구는 서면이나 구두로 할 수 있으며, 임차인이 임대인에게 의사를 표시함으로써 효력이 발생한다.

다만 다음과 같은 사유가 있을 때에는 임대인은 임차인의 계약갱신요구를 거절할 수 있다.

① 임차인이 3기의 차임액에 해당하는 금액에 이르도록 차임을 연체한 사실이 있는 경우

② 임차인이 거짓이나 그 밖의 부정한 방법으로 임차한 경우

③ 서로 합의하여 임대인이 임차인에게 상당한 보상을 제공한 경우

④ 임차인이 임대인의 동의 없이 목적 건물의 전부 또는 일부를 전대한 경우

⑤ 임차인이 임차한 건물의 전부 또는 일부를 고의나 중대한 과실로 파손한 경우

⑥ 임차한 건물의 전부 또는 일부가 멸실되어 임대차의 목적을 달성하지 못할 경우

⑦ 임차인이 임차인으로서의 의무를 현저히 위반하거나 임대차를 계속하기 어려운 중대한 사유가 있는 경우

⑧ 임대차계약 체결 당시 공사시기 및 소요기간 등을 포함한 철거 또는 재건축 계획을 임차인에게 구체적으로 고지하고 그 계획에 따르는 경우

⑨ 건물이 노후·훼손 또는 일부 멸실되는 등 안전사고의 우려가 있는 경우

⑩ 다른 법령에 따라 철거 또는 재건축이 이루어지는 경우에 해

당하는 사유로 목적 건물의 전부 또는 대부분을 철거하거나 재건축하기 위하여 목적 건물의 점유를 회복할 필요가 있는 경우

임차인의 계약갱신요구권은 전체 임대차 기간이 5년을 초과하지 않는 범위 내에서만 가능하다. 갱신되는 임대차는 전 임대차와 동일한 조건으로 다시 계약된 것으로 보지만, 차임과 보증금은 일정한 범위에서 증감할 수 있다.

(3) 묵시적 갱신

임대인이 임대차 기간 만료 전 6개월부터 1개월까지 사이에 임차인에게 갱신거절의 통지 또는 조건의 변경에 대한 통지를 하지 아니한 경우에는 그 기간이 만료된 때에 전임대차와 동일한 조건으로 다시 임대차 한 것으로 본다. 이 경우에 임대차의 존속기간은 1년으로 본다.

6. 차임증감청구권

차임 또는 보증금이 임차건물에 관한 조세, 공과금, 그 밖의 부담의 증감이나 경제 사정의 변동으로 인하여 상당하지 아니하게 된 경우에는 당사자는 장래의 차임 또는 보증금에 대하여 증감을 청구할 수 있다. 그러나 증액의 경우에는 대통령령으로 정하는 기준에 따른 비율(청구당시의 차임 또는 보증금의 100분의 9의 금액)을 초과하지 못한다. 또한 보증금의 증액 청구는 임대차계약 또는 약정한 차임 등의 증액이 있은 후 1년 이내에는 하지 못한다.

경제사정의 변동은 임대차 계약 기간 중에 발생하여야 하며, 임차건물에 대한 조세·공과금 기타 부담의 증감이 있거나 경제사정이 변동되어야 한다.

임차건물 및 그 대지의 가격 상승과 하락, 임금지수의 변화, 임차건물의 유지·관리·개량비용의 상승과 하락·인근 유사 건물과의

차임의 차이 등 모든 경제사정의 변동은 차임증감 사유가 된다. 국가의 전반적인 경제사정의 변동이 아니라 임차건물이 소재하는 일정한 지역에 국한하여 발생한 경제적인 사정의 변동도 사유가 된다.

당사자 사이에 차임증액을 금지하는 특약이 없어야 하지만, 특약이 존재하더라도 당사자가 예견할 수 없었던 급격한 경제사정의 변동이 발생한 때에는 증액을 청구할 수 있다. 차임 감액금지의 특약은 임차인에게 불리하기 때문에 효력이 없다. 일시 사용을 위한 임대차에는 증감청구권이 인정되지 않는다.

7. 권리금 보호

(1) 권리금의 보호 필요성

이른바 목 좋은 곳에 위치한 점포에는 관례상 막대한 권리금이 붙어 있는 경우가 대부분이다. 임차권을 양도하거나 임차물을 전대할 경우에 양수인이나 전차인이 보증금(전세금)이나 월세 이외에 별도로 원임차인에게 권리금을 지불하는 관행이 있는 것이다.

이러한 권리금의 관행은 주로 도시 중심가의 점포임대차 양도에서 나타났으나, 근래에는 사무실을 비롯하여 토지나 공공주택의 임차권의 양도·전대에 확대되어 수요가 높은 공간이라면 어디든 권리금이 수수되고 있다. 대체적으로 그 위치가 교통이 편리하다든가, 사람의 왕래가 많다든가, 눈에 잘 띄는 지점에 있다든가 또는 개점한지 오래되어 세상에 널리 알려져 있으며 그 때문에 영업이 아주 잘 된다든가 하는 등등의 명분으로 권리금이 형성되고 그 액수도 증가하는 추세에 있는 실정이다.

그러나 민법전에는 권리금에 대한 아무런 규정도 두고 있지 않아 문제가 많았으며, 판례 역시 임대차 계약이 종료되었을 때, 임대인은 임차인에게 권리금을 지급해 줄 의무가 없다고 판시하여 임차인의 보호에 문제가 많았다. 다만 근래의 판례는 임대인의 사정으로 임대차기간이 종료되기 전에 임대차계약이 중도해지 된 경우에는, 임대인은 권리금의 전부나 일부를 반환할 의무가 있다고 판시하고 있다(대판 2008. 4. 10, 2007다76986, 75993).

그런데 최근 상가건물의 임차인을 보호하기 위하여 상가건물임대차보호법에 권리금에 대한 규정을 신설하게 되었다.

(2) 권리금의 의의

권리금이란 임대차 목적물인 상가건물에서 영업을 하는 자 또는 영업을 하려는 자가 영업시설·비품, 거래처, 신용, 영업상의 노하우, 상가건물의 위치에 따른 영업상의 이점 등 유형·무형의 재산적 가치의 양도 또는 이용대가로서 임대인, 임차인에게 보증금과 차임 이외에 지급하는 금전 등의 대가를 말하고(상가건물임대차보호법 제10조의 3 제1항), 권리금 계약이란 신규임차인이 되려는 자가 임차인에게 권리금을 지급하기로 하는 계약을 말한다(동법 제10조의 3 제2항).

(3) 권리금 보호

임대인은 임대차기간이 끝나기 3개월 전부터 임대차 종료 시까지 다음 사유에 해당하는 행위를 함으로써 권리금 계약에 따라 임차인이 주선한 신규임차인이 되려는 자로부터 권리금을 지급받는 것을 방해하여서는 아니 된다.

① 임차인이 주선한 신규임차인이 되려는 자에게 권리금을 요구하거나 임차인이 주선한 신규임차인이 되려는 자로부터 권리금을 수수하는 행위

② 임차인이 주선한 신규임차인이 되려는 자로 하여금 임차인에게 권리금을 지급하지 못하게 하는 행위

③ 임차인이 주선한 신규임차인이 되려는 자에게 상가건물에 관

한 조세, 공과금, 주변 상가건물의 차임 및 보증금, 그 밖의 부담에 따른 금액에 비추어 현저히 고액의 차임과 보증금을 요구하는 행위

④ 그 밖에 정당한 사유 없이 임대인이 임차인이 주선한 신규임차인이 되려는 자와 임대차계약의 체결을 거절하는 행위

다만, 다음 사유가 있는 경우에는 권리금 방해에 대한 정당한 사유가 있는 것으로 본다.

① 임차인이 주선한 신규임차인이 되려는 자가 보증금 또는 차임을 지급할 자력이 없는 경우

② 임차인이 주선한 신규임차인이 되려는 자가 임차인으로서의 의무를 위반할 우려가 있거나 그 밖에 임대차를 유지하기 어려운 상당한 사유가 있는 경우

③ 임대차 목적물인 상가건물을 1년 6개월 이상 영리목적으로 사용하지 아니한 경우

④ 임대인이 선택한 신규임차인이 임차인과 권리금 계약을 체결하고 그 권리금을 지급한 경우

임대인이 이를 위반하여 임차인에게 손해를 발생하게 한 때에는 그 손해를 배상할 책임이 있고, 그 손해배상액은 신규임차인이 임차인에게 지급하기로 한 권리금과 임대차 종료 당시의 권리금 중 낮은 금액을 넘지 못한다.

이 경우, 임차인의 임대인에게 손해배상을 청구할 권리는 임대차가 종료한 날부터 3년 이내에 행사하지 아니하면 시효의 완성으로 소멸한다.

또한 임차인은 임대인에게 임차인이 주선한 신규임차인이 되려는 자의 보증금 및 차임을 지급할 자력 또는 그 밖에 임차인으로서의 의무를 이행할 의사 및 능력에 관하여 자신이 알고 있는 정보를 제공하여야 한다.

제 4 장

금전거래와 담보제도

제4장 금전거래와 담보제도

제1절 금전채권의 보호

Ⅰ. 금전채무

〔1〕 금전채무의 의의

금전채무란 일정한 금액의 금전을 지급할 것을 목적으로 하는 채무이다. 예컨대 친구에게서 1,000만 원을 빌렸다면 1,000만 원을 갚아야 할 금전채무가 발생하게 되는 것이다.

금전이 강제 통용력을 가지는 한 채무자는 1종 또는 여러 종의 통화로 채무를 변제할 수 있다.

〔2〕 금전채무의 특칙

금전채무의 불이행은 언제나 이행지체로 되며, 이행불능은 인정되지 않는다. 금전채무는 가분물·가분채무의 전형적인 예이므로, 금전채권·채무에 대하여 당사자가 여러 명이 있을 때에는 원칙적으로 분할채권·분할채무관계가 성립한다. 즉 자신이 부담하게 되는 금액만 지급하면 된다.

Ⅱ. 금전채무 불이행책임의 특칙

1. 손해증명이 불필요함

채권자는 금전채무가 이행되지 않음으로써 발생한 손해를 증명할 필요가 없다. 금전채무를 이행하지 않은 경우에는 언제나 일정액의 손해(이자)가 발생하는 것으로 간주되므로, 채무자가 약속한 일자에 변제하지 않아서 채권자에게 손해가 발생했다는 사실이나 손해가 얼마나 발생했는지 손해정도를 증명할 필요가 없는 것이다. 따라서 채무자가 돈을 갚지 않아도 채권자에게 아무런 손해가 발생하지 않았음을 증명하더라도 면책될 수 없다.

2. 무과실 항변을 할 수 없음

금전채권의 채무자는 자신에게 과실이 없다고 항변하지 못한다. 금전채무를 이행하지 않은 경우에는 채무자의 과실이 언제나 인정되는 것이다.

3. 손해배상액

금전채무의 지체에 대한 손해배상액은 법정이율(민사 연5푼)에 따라 결정되고, 이보다 높은 이율을 당사자가 약정하거나, 특별히 손해배상액을 예정한 때에는 그 금액이 손해배상금액으로 된다. 이를테면 돈을 빌리면서 이자를 약정한 경우에는 갚을 날짜에 채무를 이행하지 못하면 그 약정된 이자가 손해배상금액으로 된다는 의미이다. 그러나 특별한 이자약정이 없었던 경우에는 연 5푼의 비율로 손해배상금액이 결정된다.

4. 연체이자(지연이자)와의 관계

거래계에서는 금전채무가 이행되지 않을 경우를 대비해 일정한 비율의 배상금을 예정하는 경우가 있는데, 이를 연체이자 또는 지연이자라고 한다.

연체이자는 금전채무를 이행하지 않게 되었을 때 지급할 이율을 말하는 것이므로 손해배상으로서의 성질을 가진다. 이자로서의 약정이율은 채무불이행에 빠지기 전에 지급하여야 할 이율을 의미한다는 점에서 연체이자와 구별된다.

약정이율 대신에 연체이율을 적용하도록 하는 연체이자 약정은 유효하다. 다만 연체이율이 부당히 높은 때에는 법원이 적당히 감액할 수 있다.

■ 금전채무를 이행하지 않을 경우에 지급하기로 약정한 손해배상액의 약정이율이 법정이율보다 낮은 경우에는 법정이율에 의하여 지연손해금을 받을 수 있는가?

판결요지

민법 제397조 제1항은 본문에서 금전채무불이행의 손해배상액을 법정이율에 의할 것을 규정하고 그 단서에서 “그러나 법령의 제한에 위반하지 아니한 약정이율이 있으면 그 이율에 의한다”고 정한다. 이 단서규정은 약정이율이 법정이율 이상인 경우에만 적용되고, 약정이율이 법정이율보다 낮은 경우에는 그 본문으로 돌아가 법정이율에 의하여 지연손해금을 정할 것이다. 우선 금전채무에 관하여 아예 이자약정이 없어서 이자청구를 전혀 할 수 없는 경우에도 채무자의 이행지체로 인한 지연손해금은 법정이율에 의하여 청구할 수 있으므로, 이자를 조금이라도 청구할 수 있었던 경우에는 더욱이나 법정이율에 의한 지연손해금을 청구할 수 있다(대판 2009. 12. 24, 2009다85342).

제2절 채권담보

I. 물적담보

〔1〕 담보제도

사업상 또는 친분관계에 의해 친구나 친지에게 일정한 금액의 금전을 빌려주는 금전소비대차계약을 체결할 때에는 항상 그 돈을 돌려받는 것이 문제될 수 있다. 금전을 빌려가는 채무자의 입장에서는 당연히 갚을 것을 전제로 하고, 빌려 주는 채권자의 입장에서도 일정한 시기가 경과하면 당연히 돌려받을 것을 기대하고 있지만, 실제 상황은 그렇게 순탄하지 않은 경우가 많다. 돈을 빌려갈 때는 금전채무자의 경제적 상황이 상당히 좋았지만, 약속한 일자가 도래하여 빌려간 돈을 갚아야 할 때 금전채무자의 경제적 상황이 급변하여 상당히 어렵게 된다면 정작 채무자는 갚겠다는 말만 되풀이 할 뿐, 실제 돈을 돌려받기가 쉽지 않을 수 있다. 이러한 경우에 금전채권자가 확실하게 변제받을 수 있는 법적 안전장치의 방안으로서 마련된 것이 담보제도이다.

〔2〕 물적담보와 인적담보

채권담보제도에는 물적담보와 인적담보가 있다.

물적담보는 채무자 또는 제3자의 일정한 물건 위에 채권자가 특별한 권리를 보유함으로써 채권의 담보에 충당하는 제도이다. 채권담보를 위하여 동산이나 부동산 또는 유가증권을 제공받은 경우에 「물적 담보가 제공되어 있다」고 한다. 민법상 유치권 · 질권 · 저당권 등의 담보물권이 이에 해당한다. 특히 저당권은 물적담보의 대표적 제도라고 할 수 있다.

반면에 채무자 이외의 사람이 그 채무 변제에 대한 보증을 서겠다는 보증계약을 채권자와 체결하는 경우에는 「인적담보가 제공되어 있다」고 하게 된다. 보증채무 · 연대채무가 이에 해당된다.

물적담보와 인적담보는 채권의 만족(변제)을 확보하기 위한 담보 제도라는 면에서 공통성을 가지지만, 담보재산의 특정성(물적담보는 제공된 특정물건으로 책임을 지지만, 보증인은 일반재산으로 책임진다)이나 물권(담보물권)과 채권(보증계약)이라는 점, 채무자의 숫자(물적 담보의 경우 채무자는 보통 한명이지만, 인적담보에서는 보증인의 수만큼 다수채무자가 존재함)등에서 차이가 있다.

인적담보는 담보하는 사람의 재산 상태에 의존하게 되는 한계가 있다는 점에서 대체적으로 물적담보가 인적담보보다 더 안전한 것으로 평가된다.

〔3〕 담보물권 및 비전형담보

1. 유 치 권

유치권이란 타인의 물건(동산, 부동산) 또는 유가증권을 점유하는 자가 그 물건이나 유가증권에 관하여 생긴 채권을 가지는 경우에 그 채권의 변제를 받을 때까지 그 물건 또는 유가증권을 유치할 수 있는 권리이다(민법 제320조).

예를 들면 고장 난 시계나 자동차를 수선한 자는 그 수선료나 수리비를 지급받을 때까지는 그 시계나 자동차의 반환을 거절할 수 있는 것이다. 특히 건물의 신축공사가 완공된 후 공사대금을 받지 못한 건축회사 측에서 그 건물에 대한 유치권을 행사한다는 공고를 하고 있는 예를 왕왕 볼 수 있다.

유치권은 법률의 규정에 의하여 당연히 성립하므로(법정 담보물권)

사전에 그와 같은 약정을 특별히 하지 않아도 채권자(유치권자)에게는 변제받을 때까지 점유하고 있는 물건을 유치할 권리가 발생한다.

또한 유치권자는 변제를 받기 위하여 유치물을 경매할 수 있으며, 정당한 이유가 있는 경우에는 감정인의 평가를 거쳐 유치물로서 변제에 충당할 것을 법원에 청구할 수 있다. 그렇지만 유치권자는 선량한 관리자의 주의로 유치물을 점유하여야 하고(민법 제324조), 채무자의 승낙 없이 유치물을 사용하거나 대여하지 못하며, 담보로 제공하지도 못한다.

■ 임차인이 건물을 반환할 때에 임대인으로부터 권리금을 반환받기로 약정한 경우, 임차인은 권리금반환청구권을 가지고 임차물에 대해 유치권을 행사할 수 있는가?

판결요지

임대인과 임차인 사이에 건물명도시 권리금을 반환하기로 하는 약정이 있었다 하더라도 그와 같은 권리금반환청구권은 건물에 관하여 생긴 채권이라 할 수 없으므로 그와 같은 채권을 가지고 건물에 대한 유치권을 행사할 수 없다(대판 1994. 10. 14, 93다62119).

2. 질 권

(1) 동산질권과 권리질권

질권은 동산질권과 권리질권으로 분류된다.

동산질권이란 채권자(질권자)가 채권의 담보로서 질권설정계약에 의하여 채무자(질권설정자) 또는 제3자(물상보증인)가 제공한 동산을 점유하고, 채무자가 채무를 이행하지 않으면 그 물건으로부터 다른 채권자보다 우선변제를 받을 수 있는 권리를 취득하게 되는 것을 말한다. 예컨대 A가 B에게 자신의 시계를 맡기고 돈을 빌렸다면, B

는 A가 그 돈을 갚을 때까지 A의 시계를 점유하고, 만약 A가 그 돈을 갚지 못하는 경우에는 그 시계로부터 우선변제를 받을 수 있다. 이 경우 B는 질권이라는 권리를 가지고 있기 때문이다.

질권설정계약의 당사자는 질권자와 질권설정자가 되는데, 질권자는 피담보채무의 채권자에 한정되지만, 질권설정자는 채무자 이외에 제3자도 무방하다. 위의 예에서 돈은 A가 빌리면서 C가 자신의 시계를 B에게 맡길 수 있다는 것이다. 이 경우 C를 물상보증인이라고 한다. 동산질권의 특색은 채권자가 채무자의 물건을 점유함으로써 변제를 간접적으로 강제하는 효과를 도모할 수 있다는 점이다.

채권자(질권자)가 담보물로서 물건이 아닌 채권이나 기타 재산권을 입질받는 경우에는 권리질권이 발생한다. 권리질권의 목적이 되는 것은 양도성이 있는 재산권이다. 다만 민법상 부동산을 목적으로 하는 부동산질권은 인정되지 않으므로 권리질권의 목적이 되는 중요한 것은 채권 · 주식 · 지적재산권 등이 된다.

(2) 유질계약의 무효

유질계약이란 질권설정자와 질권자가 피담보채무 변제기 전에 합의하여 채무불이행이 있으면 법률에 정한 방법(경매 등)에 의하지 않고 질물의 소유권을 질권자에게 곧바로 양도하기로 하는 계약으로서, 이는 무효가 된다(민법 제339조). 예컨대 A가 B에게 시계를 맡기고 돈을 빌리면서 A가 돈을 갚지 못하면 B가 곧바로 그 시계의 소유권을 취득하기로 합의하는 것이다. 이 경우 유질계약만 무효가 되고, 질권 계약 자체는 유효하다. 채무자의 곤궁이나 급박함을 이용하여 고가품에 대한 질권을 설정하도록 한 후, 채권자가 폭리를 취할 우려를 차단하기 위함이다.

3. 저 당 권

저당권이란 채무자 또는 제3자(물상보증인)가 채무의 담보로서 제공한 부동산 또는 부동산물권(지상권이나 전세권)을 채권자가 제공자로부터 인도받지 않고 그 목적물을 다만 관념상으로만 지배하여, 채무의 변제가 없는 경우에 그 목적물로부터 우선변제를 받는 담보물권이다. 목적물을 설정자의 수중에 남겨두고 계속 이용하게 하는 점에서 질권과 근본적인 차이가 있다. 이 경우 채권자를 저당권자라 하고, 채무자(또는 제3자가 담보 목적물을 제공하는 경우는 물상보증인)를 저당권설정자라고 한다.

저당권은 물권이므로 채권자와 채무자(또는 물상보증인) 사이에 저당권을 설정하기로 하는 계약(저당권설정계약)을 체결한 것만으로는 효력이 생기지 않고, 이에 따른 저당권설정등기를 하여야 그 효력이 발생한다.

저당권의 효력은 저당목적물은 물론이고, 거기에 부합된 물건과 종물에도 미친다(민법 제358조). 또한 저당목적물이 멸실·훼손되거나 공용징수 되어 저당권설정자가 받게 될 금전 기타 물건(예컨대 보험금, 손해배상, 수용보상금 등)에 대해서도 저당권이 미치게 된다. 이를 저당권의 물상대위라고 한다(민법 제370조, 제342조).

저당권은 피담보채권(원본채권)은 물론, 그 이자나 위약금 및 채무불이행으로 인한 손해배상과 저당권의 실행비용까지도 담보하게 되지만(민법 제360조 본문), 기일 내에 이행을 하지 않아 발생하게 되는 손해배상으로서 지연배상은 원본의 이행기일을 경과한 후의 1년분에 한해서만 저당권이 행사될 수 있다(민법 제360조 단서).

저당권의 가장 중요한 효력은 저당 목적물이 경매되었을 때, 다른 채권자들 보다 우선적으로 저당권자가 그 대금으로부터 자기 채권의 변제를 받을 수 있다는 점이다. 즉 저당권은 우선변제적 효력이 있다.

근저당은 계속적 거래관계에서 발생하는 불특정·다수의 채권을 일정 한도액 범위에서 담보하는 저당권이다. 따라서 근저당에서는 피담보채권의 금액이 확정되어 있지 않고 채권의 최고액만 정해서 장래 결산기 까지 이를 담보하게 된다. 금융기관에서는 일반인들이 대출할 때의 담보방법으로서 계속적 거래관계가 없어도 주로 근저당을 이용하고 있다.

4. 가등기담보

가등기담보란 채무자가 이행기에 채무이행을 하지 않을 때에는 채무자 또는 제3자가 소유하는 부동산의 소유권을 채권자에게 이전한다는 대물변제예약 또는 매매예약을 하고, 그 소유권이전 청구보전을 위한 가등기를 설정하여 부동산이라는 대물에 의한 변제받을 권리를 확보하는 담보방식이다.

예를 들면 A가 B로부터 5,000만원을 차용하고 변제기에 원금과 이자를 갚지 못할 때에는 A가 소유하고 있는 시가 7,000만 원 정도하는 부동산의 소유권을 B에게 이전한다는 것을 미리 약속하고(대물변제의 예약), 장차 A가 변제하지 못하여 발생할 소유권이전 청구권을 보전하기 위한 가등기를 미리 해두는 것이다.

가등기담보권자는 가등기에 기하여 본등기를 함으로써 질권이나 저당권보다도 훨씬 유리하고(가등기한 부동산의 가액이 채권액을 초과하는 경우), 간편하게(변제를 받고자 목적물을 경매할 필요가 없음) 목적부동산의 소유권을 취득할 수 있다.

채권자(가등기담보권자)는 자신의 권리를 실행해서 목적물의 소유권을 취득할 수 있지만, 목적물의 전가치를 취득할 수 있는 것은 아니고 피담보채권액의 범의 내에서만 목적물의 가치를 취득할 수 있을 뿐이다. 따라서 목적 부동산의 가액과 채권액의 차액은 청산금으로서 채무자에게 지급하여야 한다. 위의 예에서 A가 채무를 변제하지 못하면 가등기담보권자 B는 가등기에 의하여 본등기를 청구함으로써 그 부동산의 소유권을 취득하게 되지만, 원금과 이자를 제외한 차액(7,000만 원 - 5,000만 원과 이자 상당액)은 A에게 반환하여야 한다는 것이다.

Ⅱ. 인적담보

인적담보제도란 채무자의 일반 재산 이외에 제3자의 일반재산을 가지고 채권을 담보하는 것이다. 채무자 이외의 제3자로 하여금 보증이나 연대보증을 서도록 하는 것인데 제3자의 재력 등도 확인하여야 한다.

(1) 연대채무

연대채무란 여러 명의 채무자가 같은 내용의 급부에 관하여 각자 독립적으로 전부의 변제를 할 채무를 부담하고 그 가운데 한 사람이 변제를 하면 다른 채무자도 모두 그 채무를 면하는 것이다. 채무를 이행하는데 각 채무자간에 주·종의 차이가 없다는 점에서 보증채무와 다르고 보증채무보다 유리한 담보제도로 이용된다.

예컨대 A·B·C 세 사람이 D에게 3천만 원의 연대채무를 부담하고 있다면, D는 A·B·C 중 어느 한 사람에게 3천만 원 전액을 청구할 수도 있고, 3천만 원의 범위 내에서 A·B·C 중 한 사람이나 두 사람을 임의로 선택하여, 또는 전원에게 이행을 청구할 수 있다.

우리 민법은 분할채권관계를 다수당사자의 채권관계의 원칙적 형태로 규정하고 있으므로, 연대채무가 성립하기 위해서는 연대약정 등의 특별한 합의를 필요로 한다.

연대채무자 중의 1인이 채무를 변제하거나 또는 자기의 재산을 출연하여 공동면책이 된 경우에는 다른 연대채무자의 부담부분에 대하여 상환을 청구할 수 있다. 이 상환을 청구할 수 있는 권리를 구상권이라고 한다.

〔2〕 보증채무

1. 의 의

보증채무란 주채무자가 채무를 이행하지 않는 경우에 보증인이 그 채무를 이행하여야할 책임이 있는 채무로서, 채권자와 보증인 사이에 체결된 보증계약에 의하여 성립한다.

보증채무는 주채무의 이행을 담보하는 것이므로 주채무에 종속되며(보증채무의 부종성), 보증인은 주채무자가 채무를 이행하지 않는 경우에 그 채무를 이행할 책임을 진다(보증채무의 보충성).

보증은 불확정한 다수의 채무에 대해서도 할 수 있는데, 이 경우 보증하는 채무의 최고액을 서면으로 특정하여야 한다. 이를 근보증이라고 한다. 채무의 최고액을 보증인의 기명날인 또는 서명이 있는 서면으로 특정하지 않은 보증계약은 효력이 없다(민법 제428조의 3).

2. 보증계약

보증채무는 채권자와 보증인간의 보증계약으로 성립한다. 주채무자는 보증계약의 당사자가 아니다. 다만 주채무자는 보증인의 대리인이나 사자로서 보증계약을 체결할 수는 있다.

보증계약은 채권자와 보증인 사이의 명시적인 합의를 요하며, 보증의사가 보증인의 기명날인 또는 서명이 있는 서면으로 표시되어야 효력이 발생한다(민법 제482조의2 제항 본문). 따라서 보증계약은 일종의 요식행위가 된다. 다만 보증의 의사가 전자적 형태로 표시된 경우에는 효력이 없다.

3. 보증기간

민법은 보증기간에 대하여 명문 규정을 두고 있지 않지만, 일반인들이 아무런 대가도 받지 않고 호의로 금전채무의 보증을 한 경우에 적용되는 특별법으로서, 「보증인 보호를 위한 특별법」에는 이에 관한 규정을 두고 있다. 즉, 보증기간은 원칙적으로 당사자의 약정에 의하여 정해지지만, 약정이 없는 때에는 그 기간은 3년으로 된다(보증인보호를 위한 특별법 제7조 제1항). 또한 보증기간은 갱신할 수 있는데, 그 경우 보증기간을 다시 약정하지 않은 때에는 계약을 체결할 때의 보증기간을 다시 갱신된 기간으로 본다(보증인보호를 위한 특별법 제7조 제2항).

4. 보증인의 권리

(1) 부종성에 따른 권리

보증인은 주채무자가 채권자에게 행사할 수 있는 항변(예컨대 동시이행의 항변권 또는 주채무가 소멸되었다는 항변 등)을 가지고 채권자에게 대항할 수 있으며, 주채무자가 항변권을 포기하더라도 보증인에게는 그 효력이 미치지 않는다(민법 제433조). 예컨대, 주채무가 시효로 소멸한 때에는 보증인도 그 시효소멸을 원용할 수 있으며, 주채무자가 시효의 이익을 포기하더라도 보증인에게는 그 효력이 미치지 않으므로 보증인은 주채무의 소멸시효가 완성되었음을 주장할 수 있다(대판 1991. 1. 29, 89다카1114).

보증인에게는 계약을 해제할 권리(해제권)나 취소할 권리(취소권)는 인정되지 않는다.

(2) 보충성에 따른 권리

채권자가 보증인에게 채무이행을 청구한 때에는 보증인은 주채무자에게 변제할 자력(재산)이 있다는 사실과 그 집행이 쉽다는 사실을 증명하여 먼저 주채무자에게 청구할 것과 주채무자의 재산에 집행할 것을 청구할 수 있다(민법 제437조). 이를 보증인의 최고·검색의 항변권이라고 한다. 예컨대, A가 B에 대하여 부담하고 있는 3,000만 원의 금전채무를 C가 B와 보증계약을 체결하여 보증인이 된 경우, 채권자인 B가 주채무자인 A에게 청구하지 않고 먼저 보증인 C에게 3,000만 원을 지급하라고 청구하였다면, C는 A에게 재산이 있고 그 재산이 집행하기 쉽다는 것을 증명하여 「먼저 주채무자인 A에게 청구하라」고 항변할 수 있으며(최고의 항변권), 나아가 「먼저 주채무자인 A의 재산에 대하여 집행하라」고 항변할 수 있는 것이다(검색의 항변권).

보증인이 최고·검색의 항변권을 행사하면 채권자는 주채무자에게 이행을 청구하고 주채무자의 재산에 집행을 하지 않고서는 다시 보증인에게 보증채무의 이행을 청구할 수 없다.

보증인이 최고·검색의 항변권을 행사하였음에도 불구하고 채권자가 주채무자에 대한 이행청구나 집행을 게을리 하여 주채무자로부터 채권의 전부나 일부의 변제를 받지 못한 경우에는, 채권자가 게을리 하지 않았더라면 변제받았을 한도에서 보증인은 그 책임을 면하게 된다(민법 제438조).

(3) 구상권

보증인의 보증채무 이행은 채권자에 대한 관계에서는 자기채무의 변제가 되지만, 주채무자에 대한 관계에서는 타인의 채무변제가 된다. 따라서 보증채무를 이행한 보증인은 주채무자에게 구상권을 행사할 수 있다.

원칙적으로 구상권은 보증인이 재산을 출연하여 주채무를 소멸시킨 뒤에 행사할 수 있는 것이지만, 주채무자의 부탁을 받고 보증인이 된 자(수탁보증인이라고 함)는 예외적으로 주채무를 변제하기 전에 사전구상권을 행사할 수 있는 경우가 있다.

5. 채권자의 정보제공의무와 통지의무

종래 판례에 의하면, 보증인은 본질적으로 주채무자의 무자력으로 인한 채권자의 위험을 인수하는 것이므로 보증인이 주채무자의 자력에 대하여 조사한 후 보증계약을 체결할 것인지의 여부를 스스로 결정하여야 하는 것이지, 채권자가 보증인에게 주채무자의 신용상태를 고지할 신의칙상의 의무는 없다고 판시하였다(대판 1998. 7. 24, 97다35276).

그러나 보증인을 보호하기 위해서는 채권자가 알고 있는 주채무의 신용상태에 대한 정보를 보증인에게 알려주도록 하여야 한다는 일부 주장에 힘입어 결국 민법에 채권자의 정보제공의무를 명문 규정으로 인정하게 되었다.

따라서 채권자는 보증계약을 체결할 때 보증계약의 체결 여부 또는 그 내용에 영향을 미칠 수 있는 주채무자의 채무 관련 신용정보를 보유하고 있거나 알고 있는 경우에는 보증인에게 그 정보를 알려야 한다. 보증계약을 갱신할 때에도 동일한 의무가 부과된다.

또한 채권자는 보증인의 청구가 있으면 주채무의 내용 및 그 이행 여부를 알려야 하고, 보증계약을 체결한 후에 다음과 같은 사유가 발생한 때에는 지체 없이 보증인에게 그 사실을 알려야 한다.

① 주채무자가 원본, 이자, 위약금, 손해배상 또는 그 밖에 주채무에 종속한 채무를 3개월 이상 이행하지 아니하는 경우

② 주채무자가 이행기에 이행할 수 없음을 미리 안 경우

③ 주채무자의 채무 관련 신용정보에 중대한 변화가 생겼음을 알게 된 경우

채권자가 위 내용에 따른 의무를 위반하여 보증인에게 손해가 발생하였다면, 법원은 그 내용과 정도 등을 고려하여 보증채무를 감경하거나 면제할 수 있다(민법 제436조의2).

〔3〕 연대보증

연대보증이란 보증인이 주채무자와 연대하여 채무를 이행할 것을 내용으로 하는 보증채무이다. 연대보증채무도 보증채무이므로 부종성이 있지만, 보증채무와 달리 보충성은 인정되지 않는다. 따라서 채권자가 연대보증인에게 이행을 청구할 경우에 연대보증인은 최고·검색의 항변권을 행사할 수 없다는 점에서 채권의 담보력은 한층 강화된다고 할 수 있지만, 그 반면에 보증인의 책임은 한층 강화된다는 점에서 주의를 요한다. 상사보증에서는 연대보증이 원칙이다(상법 제57조 제2항).

제 5 장

손해배상

제5장 손해배상

제1절 손해배상책임

민법은 채무불이행책임에 관한 손해배상의 내용을 규정하고(민법 제393조-제399조), 그 조항을 불법행위책임에 준용함으로써(민법 제763조), 양 책임에 의한 손해배상의 내용을 하나의 법리로 규율하고 있다.

I. 채무불이행에 의한 손해배상책임

〔1〕 채무불이행

채무불이행이란 채무자에게 책임 있는 사유(고의 또는 과실)로 채무의 내용에 따른 이행을 하지 않아 채무의 내용이 지체되거나 불능으로 되거나 불완전하게 이행되는 등 제대로 실현되지 않고 있는 상태를 의미한다.

채무불이행이 된 경우에 늦게나마 채무 이행이 가능하다면 채권자는 강제집행의 방법으로 계약 내용을 강제로 실현할 수 있지만, 지체 후의 이행이 아무런 의미가 없게 되거나 더 이상 이행이 불가능한 경우에는 채권자는 이행에 갈음한 손해배상(이를 전보배상이라고 한다)으로 만족할 수밖에 없다.

다만 민법은 그 요건으로서 채무자의 책임 있는 사유를 요구하고 있으므로(민법 제390조 단서), 채무자의 책임 없는 사유(예컨대 불가항력 등)로 이행불능이 된 경우에는 채무자는 이행의무를 면하고, 채권자는 손해배상도 청구할 수 없게 된다. 또한 이행이 가능한 경우에도 이행이 지연됨으로 인한 손해배상(지연배상) 문제가 발생한다. 이 역시 이행이 지체된데 대하여 채무자에게 책임이 없다면 채권자는 지연배상을 청구하지 못한다.

채무자가 채무를 이행하기 위하여 사용하는 자(민법은 이를 이행보조자라고 한다)의 고의나 과실은 채무자의 고의나 과실과 동일하게 평가되어 채무자가 이로 인한 손해배상책임을 부담하게 된다(민법 제391조). 판례에 의하면, 이행보조자로서의 피용자는 일반적으로 채무자의 의사 관여 아래 그 채무의 이행행위에 속하는 활동을 하는 사람이면 충분하고, 반드시 채무자의 지시나 감독을 받는 관계에 있을 필요는 없다고 한다(대판 1999. 4. 13, 98다51077).

〔2〕 채무불이행의 유형

채무불이행에는 이행이 가능함에도 불구하고 이행하지 않고 있는 경우(이행지체), 이행이 불가능한 경우(이행불능), 이행을 하기는 했으나 불완전한 이행을 한 경우(불완전이행), 이행거절 등이 있다.

1. 이행지체

이행지체란 채무의 이행기가 도래했고 그 이행이 가능함에도 불구하고 채무자의 책임 있는 사유로 이행을 하지 않고 이행기를 경과하는 것을 말한다.

채무의 이행에 관한 확정기한이 있는 경우(예컨대 7월 1일까지 지불하라)에는 채무자는 그 기한이 도래한 때부터 지체책임이 있고, 채무이행에 불확정기한(예컨대 A가 사망하면 변제한다)을 정한 경우에는 채무자가 기한이 도래하였음을 안 때(위의 예에서 A가 사망하였음을 채무자가 안 때)부터 지체로 된다. 또한 채무이행의 기한을 정하지 않은 경우에는 채무자가 이행청구를 받은 때부터 지체책임이 있다.

다만 소비대차계약을 체결하면서 반환시기를 약정하지 않은 때에는 대주는 상당한 기간을 정하여 반환을 최고하여야 하므로(민법 제603조 제2항), 그 기간이 경과하여야 이행지체로 된다. 이를 테면 A가 B에게 돈을 빌려주면서 갚아야 할 기한을 정하지 않았다면, A가 상당한 기간을 정해서 돈을 갚으라고 한 뒤 그 기간이 경과하여야 지체책임을 지게 되는 것이다.

2. 이행불능

이행불능이란 채권이 성립한 후에 채무자에게 책임 있는 사유로 이행할 수 없게 된 것을 말한다. 이를테면 A가 B에게 자신이 소유하고 있는 건물을 매도하기로 B와 매매계약을 체결한 후에 A의 과실로 화재가 발생하여 그 건물이 소실된 경우를 들 수 있다.

이행불능으로 되려면 채권이 성립한 후에 불능으로 되었어야 한다. 이를 후발적 불능이라고 한다. 채권 성립 당시 이미 불능으로 된 경우에는 채권은 성립되지 않는다. 이를 원시적 불능이라고 하며, 계약을 체결할 때에 그 불능을 알았거나 알 수 있었을 자는 상대방이 그 계약이 유효하다고 믿은 때문에 입게 된 손해(신뢰이익의 손해)를 배상하여야 한다(민법 제535조).

이행이 불능으로 되었다는 것은 물리적·자연적·절대적 불능에 한하지 않고, 사회생활상의 경험법칙 또는 거래관념에 비추어 채무자가 이행할 수 있는 실현가능성이 없는 경우도 불능으로 인정된다. 또한 사실상으로는 가능하지만 법률상 이행이 불가능한 경우로서 법률상의 불능(예컨대 매매 목적물이 인도되기 전에 압류되거나 법률에 의하여 양도가 금지된 경우 등)도 포함된다. 그렇지만 경제적 불능은 이행불능의 성립요건으로서 불능이 아니다.

부동산을 2중으로 양도하고 매도인이 그 중 1인에게 먼저 소유권이전등기를 해준 경우에는 특별한 사정이 없는 한, 다른 1인에 대한 소유권이전등기의무는 이행불능으로 된다.

어떤 원인으로 채무가 이행불능으로 되면서, 이와 동일한 원인으로 채무자가 이익을 취득한 경우에 채권자는 채무의 목적물에 갈음하는 그 이익을 청구할 수 있다. 이를 대상청구권이라고 하며, 민법상의 명문 규정은 없지만 판례가 인정하고 있다. 이를 테면 매매 목적물인 토지가 국가에 의해 수용되었다면 매도인의 소유권 이전의무는 책임 없는 사유로 불능으로 되어 소멸되지만, 매수인은 목적물에 대신하는 이익으로서 매도인이 받은 수용보상금을 청구할 수 있는 것이다.

3. 불완전이행

불완전이행은 채무자가 채무의 이행으로서 이행을 하였지만 채무자의 책임 있는 사유로 그 이행에 흠이 있는 경우를 말한다. 이를테면 돼지를 사육하는 자가 새끼 돼지를 매수하였는데, 병든 돼지를 받은 경우를 들 수 있다. 민법상 명문 규정은 없지만 판례가 인정하고 있다.

4. 이행거절

이 역시 민법상 명문 규정은 없지만 판례가 인정하고 있는 채무불이행의 유형으로서, 쌍무계약에 있어서 상대방이 자신의 채무를 이행할 의사가 없음(이행거절)을 명백히 표시한 경우에는 신의성실의 원칙상 이행기 전이라도 자신의 채무의 이행제공이나 최고 없이도 계약을 해제할 수 있다(대판 2008. 10. 23, 2007다54979).

채무자가 채무를 이행하지 아니할 의사를 명백히 표시하였는지 여부는 채무 이행에 관한 당사자의 행동과 계약 전후의 구체적인 사정 등을 종합적으로 살펴서 판단하여야 할 것이다.

Ⅱ. 불법행위로 인한 손해배상

〔1〕 불법행위의 의의

불법행위란 고의 또는 과실로 인한 위법행위로 타인에게 손해를 가하는 행위를 말한다(민법 제750조). 불법행위를 한 자는 피해자에게 그 행위로 말미암아 생긴 손해를 배상하여야 한다. 불법행위의 직접적인 피해자 이외에 피해자의 근친자도 손해배상청구권을 가진다.

불법행위책임은 원칙적으로 고의나 과실이 있는 경우에만 인정되지만, 예외적으로 고의나 과실이 없는 경우에도 책임을 부담하는 경우가 있다. 또한 원칙적으로 피해자가 가해자의 고의·과실을 증명하는 때에 비로소 손해배상책임을 물을 수 있다.

그렇지만 현대산업사회에서 발생되는 사고는 외부에서 기업의 생산과정이나 기술상의 문제를 알기 어렵고, 과실의 존부를 확인하기 어려울 뿐만 아니라 과실이 있더라도 그 입증이 불가능한 경우가 많다. 이에 가해자에게 과실이 없더라도 가해자의 행위로 손해가 생겼다는 관계가 있으면 그것만으로 손해배상책임을 물을 수 있게 되었다(무과실책임주의).

우리나라에서는 환경오염 또는 한경훼손으로 피해가 발생한 경우에 그 환경오염 또는 환경훼손의 원인자가 부담하는 무과실책임(환경정책기본법), 원자력손해에 대한 원자력사업자의 무과실책임(원자력손해배상법), 자동차의 운행으로 인한 타인의 사망·부상에 대한 자동차운행자의 무과실책임(자동차손해배상보장법), 도로·하천 등 공공영조물의 설치나 관리에 하자가 있어서 타인에게 손해가 발생한 경우에 국가나 지방자치단체가 부담하는 무과실책임(국가배상법) 제조물의 결함으로 인한 손해에 대한 제조업자의 무과실책임(제조물책임법) 등 일부 제한된 영역에서 무과실책임을 인정하고 있다.

〔2〕 불법행위의 성립요건

일반적으로 불법행위가 성립하기 위해서는 불법행위자에게 책임능력이 있어야 하고, 고의 또는 과실로 가해행위를 하였어야 하며, 그 행위가 위법한 것이야 한다. 또한 그 위법행위로 인하여 손해가 발생하여야 하고, 손해발생과 가해자의 가해행위 사이에 상당인과관계가 존재하여야 한다. 가해행위와 손해발생 사이의 인과관계도 피해자 측에서 증명하여야 한다. 그런데 이러한 증명이 어려운 경우가 많으므로 일정한 경우에는 피해자의 증명책임을 상대방에게 전환하거나 완화하는 경우도 있다. 또한 생활방해(공해)나 제조물책임·의료과오 등에서는, 피해자는 인과관계가 존재한다는 상당한 정도의 개연성만 증명하면 되고 가해자 측에서 인과관계가 없음을 증명하지 못하면 인과관계가 인정된다는 개연성설도 주장되고 있다.

〔3〕 불법행위책임과 채무불이행으로 인한 책임의 관계

채무불이행의 사실이 동시에 불법행위책임의 요건도 갖추는 경우(예컨대 임차인이 임차물을 과실로 파손한 경우에는 임대차계약이 끝난 후 이를 반환하여야 할 채무가 이행불능으로 되어 채무불이행책임이 발생하나, 동시에 타인의 소유권을 침해하였다는 불법행위책임의 요건도 갖추는 것이 됨)에는 피해자는 어느 쪽이든 자신이 원하는 것을 자유롭게 선택하여 행사할 수 있다. 즉 위의 예에서 임대인은 임차인에게 채무불이행의 책임을 물을 수도 있고, 불법행위의 책임을 물을 수도 있다.

대체적으로 채무불이행으로 인한 책임을 묻는 것이 채권자에게 유리하다고 할 수 있다. 무엇보다도 불법행위책임에서는 피해자가 가해자의 고의나 과실을 증명하여야 하지만(민법 제750조), 채무불이행책임(계약책임)에서는 채무자가 자신에게 고의나 과실이 없었음을 증명하여야 하기 때문이다(민법 제390조).

제2절 손해배상의 방법

채무불이행책임이든 불법행위책임이든 손해배상의 방법은 금전배상을 원칙으로 한다. 다만 예외적으로 당사자가 다른 의사표시를 한 때, 또는 법률에 다른 규정이 있는 때에는 그에 따른다.

예컨대 특허권이나 전용실시권을 침해하여 특허권자나 전용실시권자의 업무상 신용이 실추된 경우에 신용회복청구가 가능하며, 실용신안법, 상표법 등에서도 원상회복 청구를 인정하고 있다.

판례 역시 민법 제763조에 의하여 불법행위에 준용되는 민법 제394조가 금전배상의 원칙을 규정하고 있으므로, 법률에 다른 규정이 있거나 당사자가 다른 의사표시를 하는 등 특별한 사정이 없는 이상 불법행위자에 대하여 원상회복청구는 할 수 없다고 한다(대판 1997. 3. 28, 96다10638).

제3절 손해배상의 범위

Ⅰ. 통상손해

통상손해란 그 채무불이행으로부터 생긴 현실적인 손해 중에서 이러한 채무불이행이 있으면 일반적으로 생길 것이라고 인정되는 손해(채무불이행 사실과 상당인과관계가 있는 범위의 손해)를 의미한다.

판례가 통상손해로 보는 구체적인 예로서는, 이행불능으로 계약이 해제된 경우에 계약당시의 시가와 불능 당시의 시가와의 차액, 임차인이 임차물을 멸실한 경우에 임차물의 시가, 매매에서 매도인의 불이행으로 매수인이 제3자로부터 대체물을 매수한 경우에 그 대금의 차액 및 비용, 교통사고로 입원 중인 피해자의 식사대금, 교통사고로 사망한 자의 묘비 설치비용 및 그 현장의 인부나 조객 등의 접대비등을 들 수 있다. 그러나 분묘설치를 위해 보통 임야보다 비싸게 매매된 경우의 가격이라든가 장래에 철거될 특별한 사정이 있는 건물이 불법행위로 소실된 경우 등은 통상손해가 아니라고 한다.

Ⅱ. 특별손해

특별손해는 통상손해에 속하지 않는 것으로서, 그 특별한 사정에 관하여 채무자의 예견 또는 예견가능성이 증명되는 경우에 한하여 채무자의 배상책임이 인정되는 손해이다.

판례가 특별손해라고 본 구체적인 예로서는, 도시사업 예정지를 은폐한 채 매도한 경우 매수인의 손해, 교육공무원이 정년 때 까지 승급할 것이라는 점을 전제로 일실이익을 산정한 경우, 선박이 사고로 경미한 손해를 입어 수리를 할 경우 이로 인한 일정비율의 교환가치의 감소액(수리 후 언제나 선박 가액이 단축되어 교환가치가 감소한다는 것은 경험칙이 아니다), 부당소송의 상대방이 승소해도 회복할 수 없는 정신적 고통에 대한 위자료, 부(父)의 부양의무 불이행으로 인한 자(子)의 정신적 고통 등이 있다. 또한 토지 매도인의 소유권이전등기의무가 이행불능 상태에 빠진 경우에 매매계약을 체결할 당시에 매수인이 그 토지를 매수하여 그 지상에 건물을 신축할 것이라는 사정을 알고 있었는데, 그 건물이 철거당하게 되었다면 매도인은 그 손해도 배상할 의무가 있다(대판 1992. 8. 14, 92다2028).

특별손해는 채무자가 특별한 사정을 알았거나 알 수 있었을 것이어야 하는데, 채무자가 특별한 사정을 알았거나 알 수 있었을 것이냐의 여부는 채무의 이행기를 표준으로 결정하여야 한다. 또한 채무자가 특별한 사정을 알았거나 알 수 있었으리라는 것을 입증할 책임은 채권자에게 있다.

판례에 의하면, 매도인이 매수인으로부터 매매대금을 약정된 기일에 지급받지 못한 결과 제3자로부터 부동산을 매수하고 그 잔대금을 지급하지 못하여 그 계약금을 몰수당함으로써 손해를 입었다고 하더라도 이는 특별한 사정으로 인한 손해이므로 매수인이 이를 알았거나 알 수 있었던 경우에만 그 손해를 배상할 책임이 있다고 한다(대판 1991. 10. 11, 91다25369).

Ⅲ. 손해배상범위에 관한 특수 문제

〔1〕 과실상계

과실상계란 채무불이행이나 불법행위로 인하여 손해가 발생하거나 또는 확대된 데 대하여 피해자(채권자)에게도 과실이 있다면, 손해배상책임의 유무 및 배상액의 범위를 결정할 때 그 과실을 참작하는 제도를 말한다(민법 제396조).

법원은 채무자(가해자)의 과실과 채권자(피해자)의 과실을 비교·형량하여 채무자(가해자)의 배상액을 감경할 수도 있고, 채권자(피해자)의 과실이 과다한 때에는 채무자(가해자)의 책임을 면하게 할 수 있다. 다만 판례에 의하면, 가해자의 손해배상책임을 면제하는 것은 실질적으로 가해자의 손해배상책임을 부정하는 것과 다름이 없으므로, 불법행위로 인한 피해자의 손해가 실질적으로 전부 회복되었다거나 손해를 전적으로 피해자에게 부담시키는 것이 합리적이라고 볼 수 있는 등의 특별한 사정이 없는 한, 가해자의 책임을 함부로 면제하여서는 아니 된다고 한다(대판 2014. 11. 27, 2011다68357).

법원은 불법행위로 인하여 배상할 손해의 범위를 정함에 있어서 상대방의 과실상계 항변이 없더라도 피해자의 과실을 참작하여야 하지만(대판 1987. 11. 10, 87다카473). 법원이 어느 정도로 채권자의 과실을 참작하느냐는 법원의 자유재량에 속한다(대판 1984. 7. 10, 84다카440).

〔2〕 손해배상액의 예정

1. 의　　의

채무불이행이 발생한 경우에 채무자가 채권자에게 지급하여야 할 손해배상액을 당사자가 미리 계약으로 정해 두는 것을 손해배상액의 예정이라고 한다(민법 제398조 제1항).

당사자는 법률의 규정(근로기준법 제20조에 의하면, 사용자는 근로자와 근로계약 불이행에 대한 배상액 예정 계약을 체결하지 못한다)이나 선량한 풍속에 반하지 않는 한 자유롭게 배상액 예정 계약을 체결할 수 있다.

손해배상액의 예정계약은 채무불이행이 발생하기 전에 체결되어야 한다.

2. 효　　과

손해배상액의 예정이 있는 경우, 채권자는 채무불이행 사실만 증명하면 손해의 발생 및 그 금액을 증명하지 않고서도 예정배상액을 청구할 수 있다. 즉 손해배상청구권은 배상예정액의 범위로 확정되므로 채무자는 실제 손해액이 예정액 보다 적다는 사실을 입증하더라도 면책되거나 감액 받을 수 없고, 채권자 역시 실제 발생한 손해액이 예정액 보다 많다는 것을 입증하더라도 증액을 청구하지 못한다(대판 1988. 9. 27, 86다카2375).

다만 계약 당시 당사자 사이에 손해배상액을 예정하는 내용의 약정이 있는 경우에는 그것은 계약상의 채무불이행으로 인한 손해액에 관한 것이고, 이를 그 계약과 관련된 불법행위상의 손해까지 예정한 것이라고는 볼 수 없다(대판 1999. 1. 15, 98다48033). 또한 손해배상의 예정액이 통상 채무불이행으로 인하여 발생한 것으로 생각되는 손해액보다 부당하게 과다한 경우에는 법원은 적당히 감액할 수 있다(민법 제398조 제2항). 판례에 의하면, 손해배상액의 예정이 있는 경우에는 과실상계를 적용하지 않는다(대판 1972. 3. 31, 72다108).

3. 위 약 금

위약금이란 채무불이행이 발생한 경우에 채무자가 채권자에게 지급할 것을 약정한 금전이다. 위약금을 약정하는 목적은 위약벌이나 손해배상액의 예정이 되겠지만, 민법은 위약금은 손해배상액의 예정을 위한 것으로 추정한다(민법 제398조 제4항).

제 6 장

성범죄와 법

제6장 성범죄와 법

제1절 성풍속에 관한 죄

Ⅰ. 간통죄 (2016년 1월 6일 삭제)

■ **배우자 있는 자의 간통행위 및 그와의 상간행위를 2년 이하의 징역에 처하도록 규정한 형법 제241조는 성적 자기결정권 및 사생활의 비밀과 자유를 침해하여 헌법에 위반되는가?**

결정요지

[재판관 박한철, 재판관 이진성, 재판관 김창종, 재판관 서기석, 재판관 조용호의 위헌의견]

사회 구조 및 결혼과 성에 관한 국민의 의식이 변화되고, 성적 자기결정권을 보다 중요시하는 인식이 확산됨에 따라 간통행위를 국가가 형벌로 다스리는 것이 적정한지에 대해서는 이제 더 이상 국민의 인식이 일치한다고 보기 어렵고, 비록 비도덕적인 행위라 할지라도 본질적으로 개인의 사생활에 속하고 사회에 끼치는 해악이 그다지 크지 않거나 구체적 법익에 대한 명백한 침해가 없는 경우에는 국가권력이 개입해서는 안 된다는 것이 현대 형법의 추세여서 전세계적으로 간통죄는 폐지되고 있다. 또한 간통죄의 보호법익인 혼인과 가정의 유지는 당사자의 자유로운 의지와 애정에 맡겨야지, 형벌을 통하여 타율적으로 강제될 수 없는 것이며, 현재 간통으로 처벌되는 비율이 매우 낮고, 간통행위에 대한 사회적 비난 역시 상당한 수준으로 낮아져 간통죄는 행위규제규범으로서 기능을 잃어가고, 형사정책상 일반예방 및 특별예방의 효과를 거두기도 어렵게 되었다. 부부 간 정조의무 및 여성 배우자의 보호는 간통한 배우자를 상대로 한 재판상 이혼 청구, 손해배상청구 등 민사상의 제도에 의해 보다 효과적으로 달성될 수 있고, 오히려 간통죄가 유책의 정도가 훨씬 큰 배우자를 상대로 한 재판상 이혼 청구, 손해배상청구 등 민사상의 제도에 의해 보다 효과적으로 달성될 수 있고, 오히려 간통죄가 유책의 정도가 훨씬 큰 배우자의 이혼수단으로 이용되거나 일시 탈선한 가정주부 등을 공갈하는 수단으로 악용되고 있기도 하다.

결국 심판대상조항은 과잉금지원칙에 위배하여 국민의 성적 자기결정권 및 사생활의 비밀과 자유를 침해하는 것으로서 헌법에 위반된다.

[재판관 김이수의 위헌의견]

간통죄의 본질은 자유로운 의사에 기하여 혼인이라는 사회제도를 선택한 자가 의도적으로 배우자에 대한 성적 성실의무를 위배하는 성적 배임행위를 저지른 데 있다.

혼인생활을 영위하고 있는 간통행위자 및 배우자 있는 상간자에 대한 형사처벌은 부부 간의 성적 성실의무에 기초한 혼인제도에 내포되어 있는 사회윤리적 기본질서를 최소한도로 보호하려는 정당한 목적하에 이루어지는 것으로서 개인의 성적 자기결정권에 대한 과도한 제한이라고 하기 어렵다. 그러나 사실상 혼인관계의 회복이 불가능한 파탄상태로 인해 배우자에 대한 성적 성실의무를 더 이상 부담하지 아니하는 간통행위자나 미혼인 상간자의 상간행위 같이 비난가능성 내지 반사회성이 없는 경우도 있다.

그럼에도 불구하고, 심판대상조항이 일률적으로 모든 간통행위자 및 상간자를 형사처벌하도록 규정한 것은 개인의 성적 자기결정권을 과도하게 제한하는 국가형벌권의 과잉행사로서 헌법에 위반된다.

[재판관 강일원의 위헌의견]

간통 및 상간행위가 내밀한 사생활의 영역에 속하는 것이라고 해도 이에 대한 법적 규제를 할 필요성은 인정되고, 그에 대한 규제의 정도는 원칙적으로 입법자가 결정할 사항이므로, 입법자가 간통행위를 예방하기 위하여 형벌이라는 제재수단을 도입한 것이 그 자체로 헌법에 위반된다고 볼 수는 없다.

그러나 형법은 간통죄를 친고죄로 규정하면서, 배우자의 종용이나 유서가 있는 경우 간통죄로 고소할 수 없도록 규정하고 있는데, 소극적

소추조건인 종용이나 유서의 개념이 명확하지 않아 수범자인 국민이 국가 공권력 행사의 범위와 한계를 확실하게 예측할 수 없으므로 심판대상조항은 명확성원칙에 위배되며, 간통 및 상간행위에는 행위의 태양에 따라 죄질이 현저하게 다른 수많은 경우가 존재함에도 반드시 징역형으로만 응징하도록 한 것은 구체적 사안의 개별성과 특수성을 고려할 수 있는 가능성을 배제 또는 제한하여 책임과 형벌간 비례의 원칙에 위배되어 헌법에 위반된다.

[재판관 이정미, 재판관 안창호의 반대의견]

간통은 일부일처제에 기초한 혼인이라는 사회적 제도를 훼손하고 가족공동체의 유지·보호에 파괴적인 영향을 미치는 행위라는 점에서 개인의 성적 자기결정권의 보호영역에 포함되어 있다고 보기 어렵다.

배우자 있는 자의 간통 및 그에 동조한 상간자의 행위는 단순한 윤리적·도덕적 차원의 문제를 넘어서 사회질서를 해치고 타인의 권리를 침해하는 것이라고 보는 우리 사회의 법의식은 여전히 유효하다. 특히 간통죄의 폐지는 우리 사회 전반에서 성도덕 의식의 하향화를 가져오고 성도덕의 문란을 초래할 수 있으며, 그 결과 혼인과 가족 공동체의 해체를 촉진시킬 수 있다는 점에서, 간통죄를 형사처벌하도록 한 입법자의 판단이 자의적인 것이라고 보기는 어렵다. 부부공동생활이 파탄되어 회복될 수 없을 정도의 상태에 이르러 더 이상 배우자에 대한 성적 성실의무를 부담한다고 볼 수 없는 경우에는 간통행위가 사회윤리 내지 사회상규에 위배되지 아니하는 행위로서 위법성이 조각될 여지가 있으므로 과잉처벌의 문제는 발생하지 않을 수 있다.

심판대상조항은 징역형만을 규정하고 있으나 법정형의 상한 자체가 높지 않아 지나치게 과중한 형벌을 규정하고 있다고 볼 수 없고, 벌금형에 의할 경우 간통행위자에 대하여 위하력을 가지기 어려우므로 형벌체계상 균형에 반하는 것이라고 할 수도 없다.

또한 현행 민법상의 제도나 재판실무에 비추어보면, 간통죄를 폐지할 경우 수많은 가족공동체가 파괴되고 가정 내 약자와 어린 자녀들의 인권과 복리가 침해되는 사태가 발생하게 될 것을 우려하지 않을 수 없다.

따라서 심판대상조항은 과잉금지원칙에 위반된다고 할 수도 없다(헌재 2015. 2. 26, 2009헌바17).

Ⅱ. 음행매개죄

〔1〕 의 의

음행매개죄는 영리목적으로 사람을 매개하여 간음하게 함으로써 성립되는 범죄로서 3년 이하의 징역 또는 1천5백만 원 이하의 벌금에 처한다. 과거에는 「미성년 또는 음행의 상습없는 부녀」를 매개하여 간음하게 한 것으로 되어 있었지만, 2012년 형법 개정으로 「사람」으로 바뀌었다.

〔2〕 행위주체와 객체

본 죄의 행위주체는 제한이 없다. 남녀를 불문하고, 미성년, 음행의 상습 없는 사람의 부모, 남편, 아내 또는 그 보호감독자도 주체가 될 수 있다.

형법이 개정되기 전에는 행위 객체를 「미성년 또는 음행의 상습 없는 부녀」라고 하였지만, 이제 본죄의 행위객체는 「사람」이다. 따라서 음행의 상습 여부를 불문하고 본죄가 성립될 수 있다.

〔3〕 행 위

본 죄의 행위는 사람을 매개하여 간음하게 하는 것이다. 매개란 사람을 간음에 이르도록 알선하는 행위로서, 당사자에게 간음할 의사가 있는지, 간음에 자진하여 동의하였는지의 여부는 문제되지 않는다. 간음은 혼인한 배우자 이외의 자와 성교하는 것을 의미한다. 간음에 이르지 않고 추행에 그친 경우는 여기에 해당되지 않는다.

〔4〕 아동 · 청소년의 성보호에 관한 법률

아동 · 청소년대상 성범죄의 처벌과 절차에 관한 특례를 규정하고 피해아동 · 청소년을 위한 구제 및 지원 절차를 마련하며 아동 · 청소년대상 성범죄자를 체계적으로 관리함으로써 아동 · 청소년을 성범죄로부터 보호하고 아동 · 청소년이 건강한 사회구성원으로 성장할 수 있도록 함을 목적으로 2000년에 제정된 법이 「아동 · 청소년의 성보호에 관한 법률」이다.

이 법에서 말하는 「아동 · 청소년」이란 19세 미만의 남녀를 말한다.

이 법에 의하면, 아동 · 청소년의 인신매매행위를 비롯하여 아동 · 청소년의 성을 사거나 이를 알선하는 행위, 아동 · 청소년을 이용하여 음란물을 제작 · 배포하는 행위 등은 가중처벌된다.

또한 아동 · 청소년을 대상으로 한 성폭력범죄자와 성범죄자에 대하여는 그 자의 성명 · 나이 · 주소 및 실제거주지 · 신체정보(키와 몸무게) · 사진 · 등록대상 성범죄 요지(판결일자, 죄명, 선고형량 포함) · 성폭력범죄 전과사실(죄명 및 횟수) · 전자장치 부착 여부 등의 신상정보를 공개하도록 판결과 함께 선고하는 제도를 두고 있다.

제2절 약취, 유인 및 인신매매의 죄

Ⅰ. 미성년자 약취 · 유인죄

〔1〕 약취와 유인의 죄

1. 의　　의

약취와 유인의 죄는 사람을 약취하거나 유인하여 자기 또는 제3자의 실력적 지배하에 두는 행위를 함으로써 개인의 신체적 활동이나 행동의 자유를 침해하는 범죄이다.

이처럼 개인의 신체적 활동이나 행동의 자유를 침해하는 범죄라는 점에서는 체포·감금의 죄와 성질이 동일하지만, 체포·감금의 죄는 일정한 장소에 체류하지 않을 자유(장소 이전의 자유)를 침해하는 범죄로서 일정한 장소를 기준으로 성립하는데 반하여, 약취와 유인의 죄는 장소의 제한 없이 피해자를 자기 또는 제3자의 실력적 지배하에 둔다는 점에서 다르다.

2. 약취와 유인죄의 보호법익

약취와 유인죄의 보호법익은 사람의 신체적 활동이나 행동이라는 개인의 자유권이다. 약취와 유인의 죄는 피인취자를 자기 또는 제3자의 실적적 지배하에 둠으로써 기수에 이르게 된다.

형법상 약취와 유인의 죄에는 미성년자 약취·유인죄(형법 제287조), 추행·간음·영리 목적의 약취·유인죄(형법 제288조 제1항), 노동력 착취·성매매와 성적 착취·장기적출 목적의 약취·유인죄(형법 제2882저 제2항), 국외이송목적의 약취·유인죄(형법 제288조 제3항) 등이 있다.

〔2〕 미성년자 약취·유인죄

1. 의 의

미성년자를 약취·유인함으로써 성립하는 범죄이다. 10년 이하의 징역에 처하게 되며, 미수범도 처벌된다(형법 제294조). 형법은 성인에 대한 일반적인 약취·유인행위는 벌하지 않고 일정한 목적(추행, 간음 등)에 의한 약취·유인만 벌하고 있지만, 미성년자에 대하여는 일반적인 약취·유인행위는 처벌의 대상이 된다.

2. 행위주체와 행위객체

(1) 행위주체

행위주체에는 제한이 없다. 미성년자의 친권자 · 후견인 · 보호자도 다른 보호자의 감호권을 침해하거나 자신의 감호권을 난용하여 미성년자 본인의 이익을 침해하는 경우에는 미성년자 약취 · 유인죄의 주체가 될 수 있다(대판 2008. 1. 31, 2007도8011).

(2) 행위객체

본죄의 객체는 미성년자이다. 즉, 19세에 이르지 않은 자를 의미한다(민법 제4조). 혼인한 미성년자는 민법상 성년으로 의제됨에 불과하므로 여전히 본 죄의 객체가 된다(본죄의 객체가 될 수 없다고 부정하는 소수 견해가 있음).

3. 약취와 유인

약취와 유인은 사람을 자유로운 생활관계 또는 보호관계로부터 자기 또는 제3자의 사실적 지배하에 옮기는 행위를 의미한다. 약취는 일반적으로 폭행이나 협박을 수단으로 하고, 유인은 기망이나 유혹을 수단으로 한다는 점에서 차이가 있다. 약취의 수단인 폭행이나 협박은 물리적 강제뿐만 아니라 폭행이나 협박 없이 수면 상태 또는 마취 상태에 있는 사람이나 유아를 자기 또는 제3자의 실력적 지배하에 옮기는 행위도 해당된다. 유인의 수단인 기망은 허위 사실로 사람을 착오에 빠지게 하는 것이며, 유혹은 기망의 정도에는 이르지 않지만 감언이설로써 상대방을 현혹시켜 판단을 그르치게 하는 것으로서 반드시 유혹의 내용이 허위일 것을 요하지 않는다(대판 1996. 2. 27, 95도2980).

또한 약취 · 유인의 결과 미성년자를 자기 또는 제3자의 사실적 지배에 두는 상태가 발생하여야 하고, 본 죄는 계속범이므로 미성년자에 대한 사실적 지배는 어느 정도 시간 계속을 필요로 한다.

그 밖에 본 죄는 고의를 필요로 하며, 고의란 미성년자의 약취·유인에 대한 인식과 의사이고 약취·유인의 동기·목적은 묻지 않는다. 따라서 미성년자를 부모 보다 더욱 잘 보호하고 양육할 목적으로 약취·유인하였다고 하더라도 본 죄는 성립한다.

4. 특별법의 가중처벌

유괴범을 엄하게 처벌하기 위하여 「특정범죄가중처벌 등에 관한 법률」에는 미성년자 약취·유인죄를 범행 목적에 따라 구분하여 가중처벌하는 규정을 두고 있다(동법 제5조의 2).

약취 또는 유인한 미성년자의 부모나 그 밖에 그 미성년자의 안전을 염려하는 사람의 우려를 이용하여 재물이나 재산상의 이익을 취득할 목적인 경우에는 무기 또는 5년 이상의 징역에 처한다.

약취 또는 유인한 미성년자를 살해할 목적인 경우에는 사형, 무기 또는 7년 이상의 징역에 처한다.

약취 또는 유인한 미성년자의 부모나 그 밖에 그 미성년자의 안전을 염려하는 사람의 우려를 이용하여 재물이나 재산상의 이익을 취득하거나 이를 요구한 경우에는 무기 또는 10년 이상의 징역에 처한다.

약취 또는 유인한 미성년자를 살해한 경우에는 사형 또는 무기징역에 처한다. 약취 또는 유인한 미성년자를 폭행·상해·감금 또는 유기하거나 그 미성년자에게 가혹한 행위를 한 경우에는 무기 또는 5년 이상의 징역에 처한다.

위의 죄를 범하여 미성년자를 사망에 이르게 한 경우에는 사형, 무기 또는 7년 이상의 징역에 처한다.

위 첫 번째 또는 두 번째의 죄를 범한 사람을 방조하여 약취 또는 유인된 미성년자를 은닉하거나 그 밖의 방법으로 귀가하지 못하게 한 사람은 5년 이상의 유기징역에 처한다.

Ⅱ. 추행 등 목적의 약취·유인죄

〔1〕 추행 · 간음 · 결혼 · 영리 목적의 약취 · 유인죄

추행, 간음, 결혼 또는 영리의 목적으로 사람을 약취 · 유인한 사람은 1년 이상 10년 이하의 징역에 처한다. 미수범도 처벌된다(형법 제294조). 이 죄의 객체는 성년 · 미성년, 남자 · 여자를 불문한다.

추행이란 일반인에게 성적 수치심 · 혐오감을 유발시키는 일체의 행위를 의미하며, 추행목적은 약취 · 유인된 자를 음란한 행위의 주체 또는 객체로 하려는 것이다. 간음 목적은 결혼 이외의 방법으로 성교 행위를 하기 위한 목적을 의미하고, 결혼 목적은 사실혼이나 법률혼을 불문한다. 영리 목적은 자기 또는 제3자의 재산적 이익을 얻기 위한 목적을 의미하고, 이익은 계속되거나 반복적일 필요는 없다.

〔2〕 노동력 착취 · 성매매와 성적 착취, 장기적출 목적의 약취 · 유인죄

노동력 착취, 성매매와 성적 착취, 장기 적출을 목적으로 사람을 약취 · 유인한 사람은 2년 이상 15년 이하의 징역에 처한다. 미수범도 처벌되며, 이 죄의 객체 역시 성년 · 미성년, 남자 · 여자를 불문한다.

〔3〕 국외 이송 목적의 약취 · 유인죄

국외에 이송할 목적으로 사람을 약취 · 유인하거나, 약취 · 유인된 사람을 국외로 이송한 사람도 2년 이상 15년 이하의 징역에 처한다. 미수범도 처벌된다.

국외란 대한민국 영역 외를 의미하므로 외국에서 대한민국으로 또는 외국에서 외국으로 이송하는 것은 본 죄에 해당되지 않는다. 약취 · 유인된 사람을 국외로 이송할 경우, 실제로 대한민국 영역 밖으로 이송함으로써 범죄는 성립하고 다른 국가의 영역 안으로 들어가야 하는 것은 아니다.

Ⅲ. 인신매매죄

사람을 매매한 사람은 7년 이하의 징역에 처한다(형법 제289조 제1항). 종래 「부녀」라고 한 것으로 「사람」으로 개정하였다. 역시 미수범도 처벌된다(형법 제294조).

인신매매의 대상이 되는 사람은 성년 · 미성년, 미혼 · 기혼 여부를 묻지 않는다. 「매매」란 사람의 신체를 유상으로 물건처럼 거래하여 상대방에게 넘겨주는 행위를 의미한다. 단순히 매매계약만 체결된 경우는 미수에 불과하고, 사실상의 지배관계가 이전되어야 기수가 된다.

제3절 강간과 추행의 죄

Ⅰ. 강 간 죄

⑴ 의 의

강간이란 폭행 또는 협박으로 사람을 강간함으로써 성립하는 범죄이다. 폭행 또는 협박으로 사람을 강간한 자는 3년 이상의 유기징역에 처하며, 그 미수범도 처벌된다.

상대방이 전혀 반항할 수 없을 정도의 폭행이나 협박으로, 또는 반항하기가 현저히 곤란할 정도의 폭행·협박으로 사람을 강제로 간음한 자는 3년 이상의 유기징역에 처한다는 것이다. 형을 최저로 선고할 때의 하한선이 징역 3년이라는 것이며, 사건 내용 여하에 따라서는 징역형의 상한선인 15년까지도 선고할 수 있으며, 형을 가중할 경우에는 25년까지도 선고가 가능하다.

⑵ 행위주체

강간죄의 주체는 남자와 여자 모두 될 수 있다. 종래의 강간죄는 「부녀」를 강간하는 것으로서 간음행위는 남자만 가능하다고 보았고, 여자는 남자가 강간하는 사이에 망을 보거나 할 경우에 강간죄의 공동정범이 되는 것으로 하였지만, 이제 성교행위는 성중립적인 것으로서 성별을 구분하지 않는다. 따라서 여자가 단독으로 폭행·협박에 의한 성교행위를 한 경우 강간죄가 성립될 수 있다.

⑶ 행위객체

종래 강간죄의 객체는 부녀로 한정되었고, 남자는 강간죄의 객체가 되지 않는다고 하였으나, 2012년 형법 개정으로 강간죄의 대상을 「사람」으로 바꾸었다.

사회현상의 변화에 따라 남성도 성범죄의 피해자가 되는 사례가 다수 발생하고 있음을 감안하여 여성뿐만 아니라 남성도 성범죄의 객체로 인정하여야 할 필요성이 대두하였던 것이다.

따라서 사람인 이상 여성·남성, 미혼·기혼, 성년·미성년을 묻지 않는다. 또한 음행의 상습 여부, 성관계 유무, 성교 능력의 유무도 묻지 않는다. 판례에 의하면, 부부 사이의 강간죄 성립도 인정된다. 즉, 「부부 사이에 민법상의 동거의무가 인정된다고 하더라도 거기에 폭행, 협박에 의하여 강요된 성관계를 감내할 의무가 내포되어 있다고 할 수 없다. 혼인이 개인의 성적 자기결정권에 대한 포기를 의미한다고 할 수 없고, 성적으로 억압된 삶을 인내하는 과정일 수도 없기 때문이다. 결론적으로 헌법이 보장하는 혼인과 가족생활의 내용, 가정에서의 성폭력에 대한 인식의 변화, 형법의 체계와 그 개정 경과, 강간죄의 보호법익과 부부의 동거의무의 내용 등에 비추어 보면, 형법 제297조가 정한 강간죄의 객체인 '부녀'에는 법률상 처가 포함되고, 혼인관계가 파탄된 경우뿐만 아니라 혼인관계가 실질적으로 유지되고 있는 경우에도 남편이 반항을 불가능하게 하거나 현저히 곤란하게 할 정도의 폭행이나 협박을 가하여 아내를 간음한 경우에는 강간죄가 성립한다」고 한다(대판 2013. 5. 16, 2012도14788 전원합의체).

또한 과거 강간죄의 객체가 부녀로 한정될 때에, 성전환자도 강간죄의 객체인 부녀에 해당되는지 문제가 되었다. 판례에 의하면, 성전환자를 여성으로 인식하여 강간한 경우에는 강간죄의 성립을 인정하고 있다. 즉, 성의 결정에 있어서는 생물학적 요소와 정신적·사회적 요소를 종합적으로 고려하여야 하고, 「피해자가 성장기부터 남성에 대한 불일치감과 여성으로의 성귀속감을 나타냈고, 성전환 수술로 여성으로서의 신체와 외관을 갖추었으며, 수술 이후 30여 년간 개인적·사회적으로 여성으로서의 생활을 영위해 가고 있는 점 등을 고려할 때, 사회통념상 여성으로 평가되는 성전환자로서 강간죄의 객체인 '부녀'에 해당한다」고 판시하였다(대판 2009. 9. 10, 2009도3580).

〔4〕 강간행위

1. 폭행 · 협박

강간이란 폭행·협박에 의하여 상대방의 반항을 곤란하게 하고 사람을 간음하는 것을 말한다. 판례에 의하면, 강간죄가 성립하게 되는 폭행·협박은, 「피해자의 항거를 불가능하게 하거나 현저히 곤란하게 할 정도의 것이어야 하고, 그 판단 여부는 폭행·협박의 내용과 정도는 물론, 유형력을 행사하게 된 경위, 피해자와의 관계, 성교 당시와 그 후의 정황 등 모든 사정을 종합하여 판단하여야 한다」고 한다(대판 2001. 10. 30, 2001도4462).

이제 강간죄의 객체가 부녀에서 사람으로 바뀌었기 때문에, 남자와 여자에 대한 폭행·협박의 정도, 항거불능, 반항의 현저한 곤란 등을 판단하게 될 때에 남자와 여자 사이에 어느 정도의 차별을 둘 것인지의 여부는 판례가 결정할 과제라고 할 수 있다.

2. 강 간

강간이란 상대방의 반항 불능 또는 현저한 반항 곤란을 이용하여 사람에 대하여 성교행위를 하는 것을 의미한다. 형법이 개정되기 전에는 「간음」이라고 하여 남자의 성기를 여자의 성기 속에 삽입하는 행위를 의미하였고 주체를 남자로 한정하였다. 그러나 이제 개정된 형법 내용은 강간의 주체 및 객체를 모두 개방하여 사람으로 확대되어 규정되었기 때문에 강간 개념은 간음 보다는 성교행위로 확대될 필요가 있다.

성교행위는 남녀 성기간의 삽입행위이다. 또한 형법은 「유사강간죄」을 신설하여, 폭행 또는 협박으로 사람에 대하여 구강, 항문 등 신체(성기는 제외한다)의 내부에 성기를 넣거나 성기나 항문에 손가락 등 신체(성기는 제외한다)의 일부 또는 도구를 넣는 행위를 한 사람은 2년 이상의 유기징역에 처하는 것으로 규정하고 있다(형법 제297조의 2).

강간죄는 사람을 강간하기 위해 폭행하거나 협박을 개시한 때 실행착수가 있게 된다. 그리고 남성의 성기가 여성의 성기에 삽입되는 순간 기수가 된다.

〔5〕 친고죄(2012년 12월 삭제)

종래 강간죄는 친고죄이기 때문에 피해 여성의 고소가 있어야만 범인을 처벌할 수 있었다. 그런데 강간죄가 매우 중대한 범죄임에도 불구하고 피해자가 수치심이나 보복을 두려워 한 나머지 고소권을 제대로 행사하지 못하고 있다는 현실을 감안하여 피해자들을 실질적으로 보호한다는 측면에서 친고죄 규정을 삭제하였다. 따라서 이제는 강간죄는 피해자의 고소 없이도 처벌되는 범죄이다.

〔6〕 준강간죄 · 준강제추행죄

1. 의 의

사람의 심신상실 또는 항거불능의 상태를 이용하여 간음 또는 추행함으로써 성립되는 범죄이다. 미수범도 처벌된다. 폭행이나 협박의 방법으로 간음 또는 추행한 것은 아니지만 심신상실 또는 항거불능의 상태를 이용하여 동일한 결과를 초래한 것은 폭행·협박의 수단으로 피해자의 의사를 굴복시켜 강간·강제추행하는 경우와 동일한 불법성이 인정된다고 평가하여 이를 강간 또는 강제추행죄와 동일하게 처벌한다(형법 제299조).

2. 행 위

본 죄의 객체는 심신상실 또는 항거불능의 상태에 있는 사람이다. 「심신상실의 상태」에 있는 경우란 무의식 상태·백치·수면 중·만취된 상태 등인 경우를 의미한다. 판례는 깊은 잠에 빠져있는 상태는 심신상실의 상태라고 하여 그러한 수면상태를 이용하여 간음하면 준강간에 해당된다고 한다.

「항거불능의 상태」란 심리적·육체적으로 반항이 불가능한 경우를 말한다. 심리적으로 항거가 불가능한 경우로는 의사가 자기를 신뢰한 여자환자를 치료하는 것처럼 하면서 간음·추행한 경우를 들 수 있으며, 손과 발이 포박되어 있거나 수회에 걸친 강간으로 탈진되어 있는 부녀는 육체적으로 반항이 불가능한 경우에 해당된다.

그러나 남자가 여자에게 수면제를 먹이거나 마취제를 사용하여 고의적으로 심신상실 또는 항거불능한 상태에 빠지게 만들어 놓고 간음하는 것은 준강간죄가 아니라 강간죄에 해당한다.

본 죄의 행위는 심신상실 또는 항거불능의 상태를 이용하여 간음하거나 추행하는 것이다. 심신상실 또는 항거불능의 상태를 이용한다는 의미는 행위자가 피해자의 심신상실 또는 항거불능의 상태를 인식하였을 뿐만 아니라 그러한 상태 때문에 간음이나 추행이 가능하였거나 용이하였음을 의미한다.

Ⅱ. 강제추행죄

〔1〕 의 의

폭행 또는 협박으로 사람에 대하여 추행을 한 자는 10년 이하의 징역 또는 1천500만 원 이하의 벌금에 처한다(형법 제298조). 강제추행죄는 폭행 또는 협박으로 사람을 추행을 함으로써 성립한다.

〔2〕 행위객체

본죄는 폭행 · 협박으로 사람에 대하여 추행함으로써 성립하므로 객체는 사람이다. 남자뿐만 아니라 여자도 포함되며, 기혼 · 미혼 또는 연령의 고하를 묻지 않는다.

〔3〕 행 위

1. 폭행 · 협박

강제추행의 수단은 폭행 · 협박이다. 강제추행의 수단인 폭행 또는 협박의 정도는 강간죄에서의 폭행 · 협박과 동일하게 「상대방의 반항을 불가능하게 하거나 현저히 곤란하게 할 정도」에 이를 것을 요한다.

2. 추 행

추행이란 건전한 상식을 가진 일반인의 성적 수치심이나 혐오감을 불러일으킬 수 있는 일체의 행위를 말한다. 판례에 의하면, 추행이란 「객관적으로 일반인에게 성적 수치심이나 혐오감을 일으키게 하고 선량한 성적 도덕관념에 반하는 행위로서 피해자의 성적 자유를 침해하는 것」이며, 이에 해당하는지 여부는 피해자의 의사, 성별, 연령, 행위자와 피해자의 이전부터의 관계, 그 행위에 이르게 된 경위, 구체적인 행위의 모습, 주위의 객관적 상황과 그 시대의 성적 도덕관념 등을 종합적으로 고려하여 신중히 결정된다(대판 2002. 4. 26, 2001도2417). 위 판례에 의하면, 피해자와 춤을 추면서 피해자의 유방을 만진 행위가 순간적인 행위에 불과하더라도 피해자의 의사에 반하여 행하여진 유형력의 행사에 해당하고 피해자의 성적 자유를 침해할 뿐만 아니라 일반인의 입장에서도 추행행위라고 평가될 수 있는 것으로서, 폭행행위 자체가 추행행위라고 인정되어 강제추행에 해당된다.

제4절 성폭력처벌법

Ⅰ. 성폭력범죄의 처벌 등에 관한 특례법

성폭력범죄의 처벌 및 그 절차에 관한 특례를 규정하여 성폭력범죄 피해자의 생명과 신체의 안전을 보장하고 건강한 사회질서의 확립에 이바지할 목적으로 제정된 법이 「성폭력범죄의 처벌 등에 관한 특례법」이다. 일명 성폭력처벌법이라고도 한다.

Ⅱ. 성폭력범죄의 처벌에 관한 특례

〔1〕 성폭력 범죄

이 법에서 말하는 성폭력 범죄란, 성풍속에 관한 죄로서 음행매개죄(형법 242조) 등을 비롯하여 약취(略取)·유인(誘引) 및 인신매매죄에 해당하는 추행·간음 또는 성매매와 성적 착취 목적의 약취·

유인죄(형법 제288조), 추행 · 간음 내지 성매매와 성적 착취를 목적으로 한 인신매매죄(형법 제289조) 등과 강간과 추행의 죄로서, 강간죄(형법 제297조) · 유사강간죄(형법 제297조의2) · 강제추행죄(형법 제298조) · 준강간 · 준강제추행죄(형법 제299조) · 미성년자 또는 심신미약자에 대한 위계 또는 위력으로 인한 간음죄(형법 제302조) · 13세 미만인 사람에 대한 간음 · 추행죄(형법 제305조) 등의 범죄가 해당된다.

〔2〕 성폭력범죄의 처벌에 관한 특례

대중교통수단, 공연 · 집회 장소, 그 밖에 공중이 밀집하는 장소에서 사람을 추행한 사람은 1년 이하의 징역 또는 300만 원 이하의 벌금에 처한다(제11조. 공중 밀집장소에서의 추행).

자기의 성적 욕망을 만족시킬 목적으로 공중화장실 및 목욕장 등 대통령령으로 정하는 공공장소에 침입하거나 같은 장소에서 퇴거의 요구를 받고 응하지 아니하는 사람은 1년 이하의 징역 또는 300만 원 이하의 벌금에 처한다(제12조. 성적 목적을 위한 공공장소 침입행위).

자기 또는 다른 사람의 성적 욕망을 유발하거나 만족시킬 목적으로 전화 · 우편 · 컴퓨터 · 그 밖의 통신매체를 통하여 성적 수치심이나 혐오감을 일으키는 말 · 음향 · 글 · 그림 · 영상 또는 물건을 상대방에게 도달하게 한 사람은 2년 이하의 징역 또는 500만 원 이하의 벌금에 처한다(제13조. 통신매체를 이용한 음란행위).

카메라나 그 밖에 이와 유사한 기능을 갖춘 기계장치를 이용하여 성적 욕망 또는 수치심을 유발할 수 있는 다른 사람의 신체를 그 의사에 반하여 촬영하거나 그 촬영물을 반포 · 판매 · 임대 · 제공하거나 또는 공공연하게 전시 · 상영한 자는 5년 이하의 징역 또는 1천만 원 이하의 벌금에 처한다(제14조. 카메라 등을 이용한 촬영).

찾아보기

ㅇ

저자약력

영남대학교 법학과 졸업(법학사)
경북대학교 대학원 졸업(법학박사)
효성여자대학교(현 대구가톨릭대학교) 법학과 부교수
L'Université de Lyon Ⅱ 객원교수
L'Institu de Droit Comparé(L'Université de Paris Ⅱ) 객원 연구원
南開大學 法學院 방문교수
변호사시험, 사법시험, 행정고시, 입법고시, 변리사시험 등 시험위원
현재 영남대학교 법학전문대학원 · 법과대학 교수

〈저서〉
주석민법 채권총칙(1) (공저)
주석민법 채권총칙(7) (공저)
Quick Review 채권총론
Quick Review 채권각론
민법강의 Ⅰ(공저)
법학! 어떻게 공부할 것인가?
민법개정안의견서 (공저)
로스쿨 민법총칙 (공저)
로스쿨 물권법 (공저)
로스쿨 채권총론 (공저)
로스쿨 계약법 (공저)
로스쿨 불법행위법 (공저)
로스쿨강의교재 물권법 (공저)
기업회생법강의 (공저)
생활법률 (공저)
법학개론 (공저)
중국계약법전 (역) 외 논문 다수

여성과 법

2016년 3월 25일 초판 인쇄
2017년 2월 25일 초판 2쇄발행

저 자 이 상 욱
발 행 인 배 효 선
발행처 도서출판 法 文 社
주 소 10881 경기도 파주시 회동길 37-29
등 록 1957년 12월 12일/제2-76호(윤)
전 화 (031)955-6500~6 FAX (031)955-6525
E-mail (영업) bms@bobmunsa.co.kr
(편집) edit66@bobmunsa.co.kr
홈페이지 http://www.bobmunsa.co.kr
조 판 법 문 사 전 산 실

정가 22,000원 ISBN 978-89-18-08466-4